阐释党的二十大精神国家社科基金重大项目"超大规模国内市场优势与国内外市场联动的理论机制与实现路径研究（23ZDA054）"子课题

国内外市场协同联动视角下我国能源转型与发展研究

孙云鹏　包群　著

南开大学出版社
NANKAI UNIVERSITY PRESS

天　津

图书在版编目(CIP)数据

国内外市场协同联动视角下我国能源转型与发展研究 / 孙云鹏，包群著. —天津：南开大学出版社，2024. 10. —ISBN 978-7-310-06651-3

Ⅰ.F426.2

中国国家版本馆 CIP 数据核字第 2024ED5930 号

版权所有　侵权必究

国内外市场协同联动视角下我国能源转型与发展研究
GUONEIWAI SHICHANG XIETONG LIANDONG SHIJIAO XIA
WOGUO NENGYUAN ZHUANXING YU FAZHAN YANJIU

南开大学出版社出版发行
出版人：刘文华
地址：天津市南开区卫津路 94 号　邮政编码：300071
营销部电话：(022)23508339　营销部传真：(022)23508542
https://nkup.nankai.edu.cn

天津创先河普业印刷有限公司印刷　全国各地新华书店经销
2024 年 10 月第 1 版　2024 年 10 月第 1 次印刷
240×170 毫米　16 开本　16.75 印张　2 插页　274 千字
定价：86.00 元

如遇图书印装质量问题，请与本社营销部联系调换，电话：(022)23508339

目　录

1　引　言 ·· 1
　1.1　研究背景和意义 ··· 1
　1.2　国内外研究现状 ··· 5
　1.3　研究内容和思路 ·· 22
　1.4　研究方法 ··· 25
　1.5　创新点 ·· 27
2　主要概念界定及理论基础 ·· **29**
　2.1　主要概念界定 ··· 29
　2.2　理论基础 ··· 39
3　国内市场协同联动现状 ·· **46**
　3.1　重大发展战略区域协同联动现状 ·· 46
　3.2　产业部门协同联动现状 ··· 59
4　国外市场协同联动现状 ·· **79**
　4.1　重大发展战略区与国外市场协同联动现状 ································ 79
　4.2　产业部门与国外市场协同联动现状 ··· 95
5　重大国家发展战略区经济发展与能源转型发展现状 ························· **102**
　5.1　重大国家发展战略区的经济发展现状 ···································· 102
　5.2　重大国家发展战略区的能源转型发展现状 ······························ 134
　5.3　中国能源转型发展的必要性 ·· 150
6　产业部门能源转型发展现状 ·· **154**
　6.1　农业部门的能源转型发展现状分析 ······································· 154
　6.2　制造业部门的能源转型发展现状分析 ···································· 161

  6.3 服务业部门的能源转型现状分析 ·················· **168**
  6.4 交通运输业部门的能源转型现状分析 ············· **175**
7 **长三角区域协同联动对能源转型的分析** ················ **182**
  7.1 长三角区域协同联动对能源转型的实证分析 ······ **182**
  7.2 长三角区域协同联动对能源转型的案例分析 ······ **189**
8 **重大国家发展战略区协同联动对能源转型的分析** ······· **195**
  8.1 重大国家发展战略区协同联动对能源转型的实证分析 ········ **195**
  8.2 煤炭行业能源系统转型案例分析 ··················· **216**
9 **国外市场协同联动对能源发展的分析** ·················· **222**
  9.1 国外市场协同联动对能源发展的实证分析 ········· **222**
  9.2 跨国并购协同联动对能源发展的案例分析 ········· **238**
10 **结论与政策建议** ······································· **248**
  10.1 结论 ·· **248**
  10.2 政策建议 ·· **249**

参考文献 ··· **260**

1 引言

1.1 研究背景和意义

1.1.1 研究背景

2022年5月10日，国家发展和改革委员会（以下简称"国家发展改革委"）发布了首个五年生物经济发展战略纲要，指出：在"十四五"时期，我国将加速发展生物科技产业，以生物经济为主要驱动力量，将生态环境保护和管理体制建设作为发展目标，支持生态经济的发展，这不仅有助于推动"美丽中国"的建设，也丰富了"绿色发展"的内涵，对促进中国经济社会可持续发展起到了至关重要的作用。

同时，能源问题也是全球面临的共同难题，能源消耗与经济发展之间存在着矛盾的关系。在21世纪，全球能源危机日益严重，国际上相继发生了若干次能源危机，给全球经济造成了巨大的损失，因此能源已成为世界各国共同关注的难题。自中华人民共和国成立以来，能源问题一直关系着我国的国计民生，是人们赖以生存和发展的基础动力。石油、煤和天然气为人们的生活提供了基本生活保障和物质基础，提供了有机工业原料。然而在能源需求日益增长的情况下，化石能源供需失衡，石油、煤炭和其他非再生性化石能源正在耗尽，能源形势十分严峻。由于经济高速发展，能源消耗也随之增加，而化石能源的燃烧也带来了环境污染、生态失衡、温室效应等一系列问题。中国的能源问题涉及以下四个方面：首先，中国的能源资源相对较少且分布不均，使得各地区间的能源产量和消费量存在着很大的差距。其次，化石燃料在中国的能源消费结构中占主导地位，而清洁能源的使用则相对较少。尽管近年来中国对可再生能源的发展有所加强，但仍需努力优化中国的能源结构，以减少对传统能源的依赖。再次，中国的能源强度高，能源利用效率低，导致单位国内生产总值（GDP）的能耗较高。最后，中国的能源供需矛盾突出，长期以来对外依存度很高。在面对储存量减少和环境污染问题日益严峻的情况下，中国需要构建多元化能源供给保障机制，加强能源韧性、降低碳排放和发展可再生能源。

中国能源转型与发展的国内外市场协同联动背景复杂且层次多，涉及政治、经济、社会和环境等多个方面的因素。首先是环境与气候压力。国际社会对气候变化的关注不断增加，各国纷纷承诺减少碳排放。中国作为全球最大的温室气体排放国，面临着巨大的减缓气候变化的国际压力。海平面上升、全球气温升高及极端天气事件的增多，使气候变化成为世界范围内的紧迫挑战。中国积极参与《巴黎协定》等国际环保协议，承诺在2030年前达到二氧化碳排放峰值并努力提高非化石能源占比。为应对这一挑战，中国不仅在国内加大对清洁能源的投资，还通过国际市场协同联动，加强与其他国家的合作，希望多方努力共同推动全球应对气候变化的措施。在减缓气候变化的过程中，中国还注重发展绿色技术和推动生态文明建设。通过技术创新，中国力求在可再生能源、能源储存、智能能源管理等领域取得突破，为全球提供更加可持续的能源解决方案。这一努力不仅有助于降低中国自身的碳排放，也为其他国家提供了可参考的经验和技术支持，促进了全球清洁能源技术的共同进步。在国内外市场协同联动中，中国在推动可再生能源国际贸易和投资方面扮演着积极的角色。通过出口清洁技术和设备，中国不仅促进了本国清洁能源产业的发展，还为其他国家提供了实现可持续能源转型的支持。与此同时，中国也加大了对国际清洁能源项目的投资，促进了全球清洁能源市场的繁荣，实现了环境保护和经济发展的双赢。

在国际能源市场变化时，中国也面临着国际油价波动和天然气供应安全等因素的挑战，因此迫切需要寻找更加稳定和可持续的能源供应。通过与国际市场合作，中国不仅能够获取更多的清洁能源资源，还能推动国际市场的发展。同时由于外部能源供应的不确定性，中国加强了对本国能源安全的关注。通过在国际市场上推动清洁能源的合作，中国可以减轻能源进口的战略风险。在全球产业链的发展方面，清洁能源产业已成为全球竞争的焦点，中国通过参与全球产业链，旨在提高本国清洁能源产业的国际竞争力，同时为经济发展创造更多就业机会。在国际合作与多边主义方面，中国积极参与全球能源治理体系，推动多边主义，与其他国家合作应对全球性能源挑战，以取得共赢的结果。

总体而言，中国能源转型与发展的国内外市场协同联动背景体现了一个综合性的战略，旨在平衡国内经济增长与环境可持续性的需求，同时通过国际合作实现共同发展的目标。中国经济社会的可持续发展也面临着严峻的考验、挑战和机遇。为应对这些挑战，我们需要采取相应的措施促进新能源的发展和使用，改善能源消费结构，提高能源使用效率。《"十四五"生物经济发展规划》提出，生物能源是最重要的可再生能源之一，具有清洁、高效和可持续的特点。到 2025 年，生物能源将成为促进我国高质量发展的一个强有力的驱动力。生物能源是由生物材料加工得到的新型能源。生物能源涉及能源、农业和环境三大领域，是一个战略性的新兴产业。生物能源行业的崛起不仅可以替代传统能源，而且有利于维护整个能源行业的生态平衡，促进能源行业的持续发展，缓解能源行业与自然环境的冲突，促进国民经济和谐健康发展。生物经济领域的品种繁多、环节复杂，原有的单一管理模式已经限制了生物经济的创新和发展。此外，在生物技术领域，我国缺乏原创力，生物能源方面的总体技术水平落后于发达国家。高精尖仪器设备及关键核心技术主要依赖外部，而在生物能源领域的科技投入相对较少。为实现生物经济高质量发展，需要进一步改善科技创新环境，全面释放政策红利，加强主体企业间协同创新能力建设，通过优化要素资源配置实现 1+1＞2 的生长效果。技术协同创新将为生物能源产业的发展赋能增质，促进经济社会高质量可持续发展。在低碳发展目标下，关于生物能源技术协同创新和经济社会可持续发展的研究具有举足轻重的地位。当前，我国生物能源经济的发展现状如何？国家重大区域发展战略面临的困境有哪些？在"碳中和"和"碳达峰"目标下，生物能源系统如何转型？技术协同创新如何实现经济社会的可持续发展？这些问题的解答，对于理解生物能源技术协同创新和经济社会可持续发展之间的关系及作用机制非常重要。

1.1.2　研究意义

1.1.2.1　实践意义

为推进美丽中国和生态文明建设，党的二十大报告提出了大力推进美丽中国建设的倡议，强调"以人为本"的发展理念，并将建设美丽中国的重要内涵提升到新的高度。在这样的背景下，我们应积极响应国家的发展需求，自觉将"碳达峰"和"碳中和"愿景转化为企业行为，将低碳发展理念落实到企业的生产经营中。发展生物能源是减少碳排放的重要途径。生物能源是一种清洁能源，可以保护环境、减少二氧化碳排放量。在整个碳循环中，生物能源的使用实现了零排放，生物质能源的开发对保护环境和减少二氧化碳排放量起到了积极的作用。

生物能源的合理开发利用可以为我国能源供应提供保障，缓解当前我国能源供求紧张局面，改善单一的能源结构，提高能源利用效率，减少我国对原油的依赖。这样的发展路径可以为中国创造更多的环保空间，为建设美丽中国和生态文明做出贡献，因此发展生物能源是实现低碳经济的重要途径之一，也是实现经济社会可持续发展的重要保障。中国是世界上最大的原油进口国和第二大石油消费国。随着经济和社会的发展，我国对石油的依赖度逐年增加，然而石油需求的持续增长和油价的不断上涨已经对我国的能源供应和经济发展形成了严重的威胁。为确保能源安全和促进可持续发展，我们需要采取措施来扩大能源供应，降低石油和煤的消费比例，促进我国能源消费体系的多样化，提高能源利用效率。在这方面，发展可再生的生物质能源是一个具有巨大潜力的选择。通过大力发展生物能源，可以有效缓解我国资源短缺和需求过大的问题，进一步提高能源供应的可靠性和可持续性。同时生物能源作为一种清洁能源，可以对环境保护产生积极作用，有助于促进社会、环保和谐发展。

目前，技术协作对经济发展的推动作用已经变得愈发重要。在国际金融风暴的冲击下，我国在生物科技，尤其是在能源领域，正迎来难得的战略机遇。发展生物能源技术，既是应对国际金融危机、能源危机和生态危机的重要途径，也是我国长期发展的重要战略措施。如今，全球科技大国正处于技术领先与优势地位转换的转型时期，生物技术作为我国主导产业发展的核心战略，必须发展现代生物技术，加大科技研发力度，促进我国生物能源的利用和提高国内生物能源的使用效率，缩小我国与世界先进水平的差距。这样的举措不仅可以弥补传统能源短缺，保障我国能源供应，同时也能够提升我国生物能源的产量和利用率，实现可持续发展。

1.1.2.2　理论意义

生物经济研究是对能源经济学领域的拓展。生物能源是能源产业的重要组成部分，在当前国内的发展过程中占据着重要地位。以往的研究多从化石能源推动经济发展角度探讨，而很少将生物能源作为主题来探讨其在经济发展上的贡献。实际上，生物经济作为传统能源经济发展的一个重要补充，具有很高的理论价值。

协同生物技术研究为我国的发展提供了强大的支持。当前，我国的经济发展面临着资源短缺、人口规模大、生态环境恶化三大挑战。在此背景下，开展生物技术的协同创新，将有助于打破传统的资源和发展的限制，激发不同区域和不同行业的积极性，促进不同企业主体之间在生物技术方面的深入合作。生物能源可再生、可持续、低碳的特性将使其成为未来能源发展的重要趋势，尽管国内关于生物能源的研究已经有了一定的进展，但我们在生物经济发展的研究和应用上与发达国家还有一定的差距。因此，为了实现可持续发展目标，需要进一步加强对生物经济领域的研究和应用，推动生物能源的开发和利用，降低对化石能源的依赖，促进国家能源结构的多样化和可持续发展。

1.2 国内外研究现状

1.2.1 市场协同联动相关研究

市场协同联动是一个多学科交叉的研究领域，涉及经济学、管理学、信息技术等多个学科。本节将对市场协同联动的定义、范畴、研究方法、主要发现及面临的挑战等方面进行探讨。

首先，市场协同联动的定义在学术界并没有统一的标准。一方面，一些研究强调市场参与方之间的合作与协同。例如王建冬和童楠楠（2020）指出，在数字经济背景下，数据与其他生产要素之间的协同联动被看作是一种新型的市场动力。这种协同联动涉及基础层的数字产业化和支撑层的产业数字化，它们促进了生产效率和经营效益的提升。陈寒松等（2020）在其研究中，运用了创业学习和商业模式创新理论，以及模糊集定性比较分析方法（fsQCA），探究经验学习、认知学习、新颖型商业模式创新和效率型商业模式创新对创新绩效的影响路径和机制。研究的主要目标是深入理解创新绩效的内部机制以及不同因素之间的相互关系。他们的研究发现，新颖型商业模式创新在这些关键路径中起到了重要的作用，相较效率型商业模式创新，新颖型商业模式创新更容易提高创新绩效。这一发现强调了创新性商业模式的重要性，因为它们能够为创业企业带来更显著的创新绩效。另外，市场协同联动验证了各要素之间的替代性关系，这意味着不同要素之间的组合可以产生相似的影响，并为创业企业提供更多的灵活性和选择空间。这项研究的结论丰富了对创新绩效内部机制的理解，为创业企业提供了有益的指导和借鉴，有助于推动创业领域的进一步发展。另一方面，唐葆君等（2023）的研究聚焦市场整体生态系统中不同市场之间的相互作用，尤其关注碳市场与电力市场之间的联动机制和协同效应。为了深入理解这种联动，研究团队构建了系统动力学模型，旨在探索未来不同市场发展情景下，碳市场与电力市场之间的相互影响和联动效果。这种联动机制被认为是市场机制发展的重要特征之一，具有重要的政策和商业意义，对其探索有助于更好地理解碳市场和电力市场之间的协同作用，以及它们如何相互影响，为政府和企业决策者提供有关未来市场发展的战略信息，有助于优化碳排放管理和电力供应链的运作。此外，了解不同市场情景下的联动效应也有助于市场参与者更好地规划资源和风险管理策略。

刘志彪等（2024）针对长江经济带区域协同融通问题的分析表明，一方面是市场分割与地方政府保护，另一方面是各地发展不均衡的实际阻碍了各省市获取规模经济和范围经济的能力，它们是限制和阻碍长江经济带区域协同融通的主要原因。推进区域协同一体化实现区域协同融通发展，一方面要大力推进地方政府之间的一体化合作，另一方面要形成商品要素资源的自由流动和公平竞争的统一大市场，在"战略一盘棋、规划一张图、环保一把尺、交通一张网"的基础上，推动长江经济带共建长江科技创新走廊、推动长江经济带世界级先进制造业集群协同融通发展及合作建设内需主导的国内国际双循环新发展格局。

苏屹和曹铮（2023）运用社会网络分析法（SNA）对协同创新网络结构进行分析，对影响京津冀区域协同创新网络的空间交易成本邻近性、技术邻近性、地理邻近性、社会邻近性和制度邻近性进行必要性检验与充分性检验，构建二次指派程序（QAP）回归模型研究五个邻近维度对协同创新网络演化的作用机制。研究表明，京津冀区域各节点城市之间的联系愈发紧密，最大节点在三个阶段内吸收资源和获取信息的能力相对其他节点无明显变化，协同创新网络满足以北京市为核心的小世界特征，北京和天津分别占据京津冀区域协同创新网络中第一、第二核心位置，协同创新网络中的节点在网络中地位、控制能力和自主性方面呈现不同梯度且10年间均有所提高，网络由核心节点为主转变为多节点协同发展的态势；空间交易成本邻近性为影响京津冀区域协同创新网络的充分必要条件，其余邻近维度均为影响京津冀区域协同创新网络的充分不必要条件；空间交易成本邻近性和地理邻近性对京津冀区域协同创新网络影响的显著程度逐阶段降低，技术邻近性对京津冀区域协同创新网络的影响较为显著且显著程度呈现出倒U型态势，社会邻近性和制度邻近性对京津冀区域协同创新网络影响的显著程度逐阶段上升。

陈浩和罗力菲（2023）将《京津冀协同发展规划纲要》的实施作为一

项准自然实验，使用 2010—2019 年京津冀区域内城市和周边参照城市的面板数据，利用双重差分法系统考察区域协同发展政策对要素流动与配置的影响。实证分析结果表明，区域协同发展政策具有显著的要素流动促进效应和全要素生产率提升效应，与对照组相比，京津冀区域内城市的要素流强度和全要素生产率经历了更高水平的增长。

王兆华等（2022）认为区域协同发展布局和产业绿色低碳转型是实现经济高质量发展的必然要求。其在分析黄河流域社会经济发展现状、隐含能和虚拟水流动的基础上，评估了经济-能源-水耦合协调发展程度及时空演变特征，进而从经济-能源-水耦合视角提出黄河流域上中下游协同发展路径。其发现黄河流域经济-能源-水耦合协调发展程度呈逐步升高趋势，但整体偏低。其中，山东和四川耦合协调度较高，主要得益于经济发展质量和水资源利用效率较高，以及可再生能源发展较快，而宁夏、山西和内蒙古由于清洁能源替代缓慢，水资源短缺问题突出，耦合协调度偏低。

苏屹等（2016）认为区域创新系统是一个结构复杂、功能多样的复杂社会系统，其主要包含创新主体子系统、创新资源子系统、创新环境子系统三个部分，并具有非线性、不确定性、自组织性、涌现性等复杂性系统特征。

原毅军和高康（2020）基于省级面板数据考察空间关联视角下产业协同集聚对区域创新效率的本地效应及溢出效应，并对创新效率空间溢出效应的地理衰减边界进行测算。研究发现，我国的区域创新效率和制造业与生产性服务业的协同集聚均呈现出"中心-外围"的空间格局，具有明显的空间集聚特征；并且，区域创新效率具有正向空间外溢效应，能够对周边地区的创新效率提升产生"涓滴效应"，但这种外溢效应具有随地理距离增加而衰减的特征，溢出效应在 1000 千米内较高，1000 千米外则出现衰减。

鲁继通（2015）运用复合系统协同度模型，从知识创造和获取能力、技术创新和应用能力、创新协同配置能力、创新环境支撑能力、创新经济溢出能力 5 个要素中，选取 31 个有代表性的评价指标，测度 2008—2013 年京津冀区域各子系统协同创新有序度及整体协同度。研究表明，北京区域协同创新能力最强，天津其次，河北最弱，各子系统区域协同创新有序性差异较大，导致京津冀整体区域创新协同程度较低。

刘志彪和孔令池（2019）在系统归纳长三角区域一体化发展逻辑主线的基础上，量化测度2000—2018年长三角区域一体化发展的进程。研究发现，地区间差距持续缩小，上海的龙头作用未充分发挥；要素市场一体化发展滞后于商品市场；地区间专业化分工水平不高；创新合作能力增强，产学研协同创新潜力较大；铁路交通地区分布差异较大；信息基础设施建设和信息化应用水平不断提升；存在一定程度的地方保护和各自为战；社会保障差距明显扩大，文化基础设施差距趋于缩小；生态环境相对脆弱；区域合作不断走向纵深，但依然存在制度掣肘。

徐宜青等（2018）利用2001—2015年合作专利数据，通过块模型分析、凝聚子群分析、知识复杂度测算等方法，论述了长三角城市群协同创新的发展过程，分析了不同区域在协同创新过程中的技术知识差异。研究发现：2001—2015年长三角城市群创新模式实现了由外部型向综合型的转变，"Z"字形交通主轴沿线城市协同创新能力提升最快；上海、南京创新带头作用显著，多层级创新板块组合模式是提升区域协同创新能力的有效方式；长三角内部城市技术知识生产水平与其技术知识复杂度相关性较低，有必要构建分工协作的区域创新共同体，为长三角一体化高质量发展服务。

程恩富和王新建（2015）认为京津冀协同发展存在着诸如"大树底下不长草"与"虹吸"现象，以及行政区划级差效应对城镇化进程的迟滞，环境污染严重和交通基础设施建设滞后，科学、权威而有效的协同管理机制缺乏等区域协同发展所亟须破解的难题。要以解放思想改变观念为先导，彻底打破固守自己"一亩三分地"的区划分割和利益分配观念，以积极探索京津冀协同发展的体制机制创新为统领，以大力促进城市群建设为核心，以治理环境污染和加强交通基础设施建设为突破口，打开京津冀协同发展的新局面。

孙瑜康和李国平（2017）从缩小京津冀三地间创新水平差距和推动跨地区、跨主体的创新协作两个视角构建了协同创新指数，对京津冀协同创新水平进行了测度评价。测度结果显示，2010—2014年，京津冀整体的创新能力有了明显提升，但不同地区间、不同主体间的协同创新水平仍然差距较大。从综合创新水平来看，北京在创新的投入、产出和环境方面都遥遥领先，天津在创新投入和产业创新产出方面进步很快，河北在产业创新产出方面也有较快增长，但创新环境优化方面进展缓慢。从主体间协同创新水平来看，企业的主体地位较低，高校和研究机构的知识创新产出丰富但产业化程度较低。从区域间的协同创新水平来看，北京技术转移在全国范围内呈现"跳跃式"扩散特征，但对津冀主要产业的创新带动贡献不大。

周春山等（2018）以协同学为基础并参考了相关研究，将区域协同发展分为孤立、扩散、共生和融合4个阶段，并以粤港澳大湾区为例，通过梳理其协同发展进程，从经济、城乡、交通、政策与规划5个方面分析了现阶段（共生阶段）的协同发展特征，剖析了区域协同发展的机制。粤港澳大湾区在资源禀赋差异与发展条件互补、市场力量与资本驱动、制度引导与政府的促进作用、外部环境变化与重大事件发生这四种主要力量的交替作用下，不断向协同度高的融合方向演进。具体来看，孤立阶段，区域协作主要由资源环境、发展条件推动，呈现出自然生长的态势；扩散阶段，市场资本的驱动力加强，区域协作主要集中在经贸方面，联系较为薄弱；共生阶段，由于交通信息网络的高速发展，比较优势与市场要素的推动作用逐渐减弱，区域协同在很大程度上受到制度和政府影响，协同内容也拓展至交通设施建设、规划制定等方面。而外部环境变化与重大事件发生在各个阶段都对协同进程产生一定影响。

郭湖斌和齐源（2018）在理论分析的基础上，结合复合系统理论和耦合度模型，首先构建了区域物流和区域经济综合发展水平的评价指标体系。其次，借助2001—2016年的数据，对长三角区域物流和区域经济的综合发展水平、区域内协同度、区域间协同度进行了具体计算。最后，对长三角区域物流与区域经济协同发展的演化规律和空间协同特征进行了分析。结果显示，两系统之间存在显著的协同关系，区域物流综合发展水平每提升1个百分点，就可以推动区域经济综合发展水平提升1.051个百分点。同时两个子系统对协同发展的贡献机制并不一样，上海市、浙江省的情况正好与江苏省相反。在空间协同发展特征上，整体协同度伴随着区域内地区之间协同度的趋同性而逐步提升，体现出良好的协同发展特征。

何俊阳等（2016）利用超效率数据包络分析（DEA）方法测度了2005—2014年泛珠九省的入境旅游发展效率，并借助波士顿矩阵分析了区域内部的市场竞争态势，进而采用面板数据模型验证了影响效率的因素。研究表明，泛珠九省的发展效率总体上呈现出改善趋势但也存在波折，海南、湖南及江西的发展效率表现相对优良；9省的发展效率高于全国平均水平而略低于泛长三角区域的水平。

刘毅等（2019）通过 GDELT 全球新闻事件数据库梳理了粤港澳大湾区一体化发展的历史和现状，对粤港澳三地互动关系进行了研究。结果发现：内地与香港关系呈现出"M"型波动，新闻媒体使两者之间的冲突有所强化；内地与澳门之间的政策与民意表现出较高的一致性，两者之间的言语合作是互动关系的主导因素；内地与香港和澳门之间的互动关系总体上变得更加紧密，合作与冲突的频率都在上涨，内地－香港关系在粤港澳互动关系中的重要性不断凸显。

吕海萍等（2017）以中国 31 个省域为空间样本，运用趋势面、引力模型和探索性空间数据分析法研究了中国创新资源协同空间联系的动态变化特征，通过构建创新资源协同势能与区域经济增长空间面板计量模型，实证探讨了创新资源协同空间联系与区域经济增长关系。研究结果表明，2003—2024 年中国各省域创新资源协同状况整体呈现"东南高，西北低"的空间分布特征；创新资源协同空间联系呈现显著的区域不平衡性，空间网络结构分布格局变化显著：从简单雏形逐渐发育为"鸡爪型"、多核心复杂化的"网络型"空间结构；创新资源协同势能呈现出显著的空间正相关性，主要向东部沿海地区集聚。

孙振清和李欢欢（2021）基于 2005—2018 年地级市数据，以京津冀、山东半岛、长三角和珠三角城市群为研究对象，采用三阶段 DEA 方法测算四大城市群协同创新效率并分析其时空特征，利用截尾回归模型（Tobit）分析不同城市群协同创新效率的主要影响因素，结果表明：剔除外部环境与随机因素的影响，除山东半岛城市群外，其他三大城市群的平均综合效率值均较第一阶段下降；外部环境因素对协同创新效率具有显著影响，区域经济水平和政府财政支持力度与协同创新效率呈负相关关系，研发支持力度、产业结构和对外开放水平与协同创新效率呈正相关关系；协同创新效率总体呈上升趋势，但内部城市等级存在空间不平衡性；不同城市群协同创新效率的主要影响因素也存在差异。

陈子真和雷振丹（2018）将生产性服务业细分为基础性生产服务业和支持性生产服务业，不同城市规模条件下，两种类型生产性服务业与制造业协同集聚对区域经济的影响路径和影响效果表现为：目前，协同集聚对中国区域经济的影响路径仍以降低中间品投入成本和劳动力共享为主，知识共享和技术溢出为辅；生产性服务业与制造业协同集聚对区域经济的作用效果受城市规模的影响,规模较大的城市支持性生产服务业制造业协同集聚对区域经济的影响效果明显强于中小规模城市;反之,中小规模城市基础性生产服务业制造业协同集聚的影响效果更大。

张贵和温科(2017)运用2002—2014年京津冀、长三角、珠三角三大区域省际或各地市数据,应用复合系统协同度模型与数据包络法度量协同创新度和创新绩效,构建了协同创新对创新绩效影响的计量模型;应用空间计量技术对区域一体化与创新绩效的关系进行了分析。结果表明:除珠三角外,长三角和京津冀协同创新活动对创新绩效无显著影响;区域一体化程度越高,区域内部创新绩效分布越均衡;"企业自身投入"与"政府资助"等内生要素是促进区域一体化和提升创新绩效的主要动力。

汤长安和张丽家(2020)以2003—2016年我国30个省级数据为样本,测度制造业与生产性服务业协同集聚水平,并引入ESDA分析方法和空间计量模型,探讨两产业协同集聚对区域技术创新的空间效应。结果显示,时间层面上,产业协同集聚水平总体较低,2013年后逐渐上升。东部变化平稳,中西部呈反方向变化。空间层面上,产业协同集聚水平呈东-中-西梯度递减,各省市技术创新空间集聚趋势明显,具有"核心-外围"地理分布特征。两产业协同集聚对地区技术创新存在显著的正向空间溢出效应。

刘军等(2020)基于2009—2016年中国省级面板数据,实证检验了产业协同集聚对区域绿色创新的影响及区域差异。运用考虑非期望产出的SBM模型测算了各地区的绿色创新效率以衡量区域绿色创新水平,基于产业协同集聚指数和绿色创新效率两个指标,将30个省份聚类划分为4种发展模式;在控制了地区经济增长水平、外商直接投资、人力资本水平、政府支持力度及环境规制等变量后,回归结果表明,产业协同集聚显著促进了区域绿色创新的提升;分区域回归结果显示,产业协同集聚对区域绿色创新的影响存在显著的区域差异,产业协同集聚对东部地区绿色创新的影响高于中西部地区;中西部地区需进一步发挥要素投入在产业协同集聚中的作用,激发创新活力,提高区域绿色创新水平。

樊霞等(2019)构建协同度测度模型对长三角和珠三角1202项创新政策展开了量化评价与特征比较。研究发现,政策主体以主管科技资源、掌握行政和经济资源部门协同为主,协同深度不够理想;目标协同存在差异且与区域经济发展模式有关;需求导向措施严重缺位,长三角的需求型政策与环境型政策表现更为协同，环境型政策措施与政策目标的协同性较好，而珠三角供给型政策和环境型政策协同度更高，需求导向型措施与政策目标的协同性优于长三角；两区域的措施协同、措施与目标协同整体呈上升趋势。

崔志新和陈耀（2019）基于 DEA-BCC 模型和 Malmquist 指数模型，分别测度了 2006—2016 年京津冀和长三角区域技术协同创新效率及其演变趋势，并对其进行了对比分析。研究结果显示，从静态演变趋势来看，2006—2016 年京津冀和长三角两个区域的技术协同创新效率平均值处于 DEA 无效状态，区域内部效率变化分异现象明显，其中京津冀技术协同创新效率低于长三角区域，尤其是津冀两地的效率水平偏低，但这种差距也有逐渐缩小的趋势；从动态演变趋势来看，2006—2016 年京津冀和长三角两个区域的技术协同创新效率呈现快速增长的趋势。总体来看，技术进步是效率提升的重要动力源泉，但在不同阶段，部分地区的技术效率变化对总效率提升的拉动作用不同。

何喜军等（2016）采用 2010—2014 年京津冀、长三角和珠三角区域相关数据，构建要素与制造业协同发展度评价模型，结果显示：区域要素与制造业协同发展水平处于由中度向高度协同过渡阶段；区域间协同对要素与制造业协同发展水平的提升作用较显著；技术要素和资本要素驱动制造业发展的态势较为明显；各区域要素禀赋差异性导致制造业发展的要素驱动模式呈现多元化。

张虎等（2017）构建了产业协同集聚指数，利用了两区制空间自回归模型分析协同集聚的非对称效应，从产业空间分布的产业地理集中与产业集聚角度测度了制造业与生产性服务业协同集聚指数，通过空间计量模型分析了制造业与生产性服务业协同集聚的空间相关和溢出效应。研究发现，制造业与生产性服务业协同集聚空间相关程度整体不高，协同集聚具有空间溢出效应和空间反馈机制；知识溢出、技术创新与层级分工程度对制造业与生产性服务业协同集聚有正向的影响。

崔书会等（2019）利用 2003—2016 年我国 280 个地级市的数据，分别测算了产业协同集聚指数、资本错配指数和劳动力错配指数，采用差分 GMM 方法考察了产业协同集聚对资源错配的影响。结果发现，随着产业协同集聚提高，资本错配指数和劳动力错配指数会显著降低。分地区回归分析发现，东部地区产业协同集聚改善了资本错配，对劳动力错配的负向作用不显著；中部地区产业协同集聚会改善资本错配，但会恶化劳动力错配；西部地区产业协同集聚则加剧了资本错配，但可以缓解劳动力错配情况。进一步的作用机制分析表明，随着产业协同集聚水平提高，金融业的专业化分工会显著提升，进而改善资本错配，同时会提高劳动力成本，改善劳动力错配。

吕平和袁易明（2020）基于2008—2018年30个省级行政区面板数据构建了空间计量模型，考量生产性服务业与高技术制造业产业协同集聚、技术创新对经济高质量发展的影响。结果显示，生产性服务业与高技术制造业协同集聚对经济高质量发展具有显著的正向效应，且不具有非线性关系；技术创新在两产业协同集聚促进经济高质量发展的过程中起到了部分中介作用，且呈显著的区域差异性和行业异质性。

赵青霞等（2019）基于Cobb-Douglas生产函数构建了面板数据模型，对科技人才集聚、产业集聚及其交互作用对区域创新能力的影响进行了实证研究。研究发现，制造业集聚和生产性服务业集聚都与科技人才集聚形成了正向的交互效应，推动着区域创新能力的提升。科技人才集聚对区域创新能力的贡献更大，科技人才集聚对区域创新能力的影响显著为正，而产业协同集聚的效应则显著为负，产业协同集聚对区域创新能力影响存在门槛效应，当科技人才集聚的对数值超过0.2543时，产业协同集聚对区域创新能力的总效应为正；低于0.2543时，产业协同集聚则对区域创新起抑制作用。

伍先福（2019）在借助一般门槛模型估计门槛值的基础上，利用门槛值生成虚拟变量来构建分段函数以求解模型参数，并进一步利用中国246个地级及以上城市2003—2016年的面板数据进行实证检验。结果发现，当制造业专业化集聚度分别跨越门槛值1.0299、2.1741、2.0651后，生产性服务业与制造业协同集聚对全要素生产率、纯效率改善和生产规模变化的影响均由负转正，而跨过门槛值2.1741后，其对纯技术进步的正向影响却由正转负；当以生产性服务业专业化集聚度为门槛变量时，生产性服务业与制造业协同集聚对全要素生产率及其分解指标的门槛效应不显著或不存在。

向晓梅和杨娟（2018）认为粤港澳大湾区拥有发达的城市群和世界级海港群、空港群及高效的物流体系，产业结构互补性强，具有独特的区位优势和资源禀赋。粤港澳大湾区产业协同发展需要创新产业分工与产业链全面融合机制、协同研发与新业态共育机制及国际国内市场双向拓展机制。在粤港澳大湾区产业协同发展模式选择上，制造业要以产业链分工和协作配套为重点；现代服务业要以产业间和产业链合作为重点；产业全面融合要以协同研发和市场的共同开拓为重点。

在研究方法方面，许多研究采用了实证研究方法，如案例分析、调查研究和统计分析，这些方法有助于深入理解协同联动在不同市场环境中的影响因素和效果。例如关于中国碳市场和电力市场的研究指出，两个市场之间的联系非常紧密，但价格传导机制尚不完善，这一发现提示了市场协同联动研究中需要关注的问题。另外，一些研究聚焦市场协同联动的动因，如资源互补性、风险分担、成本降低等，这有助于揭示企业选择协同联动的背后动机。例如关于新型储能与新能源的协同发展研究提出了顶层设计、价格疏导、技术创新等策略，以促进市场主体共同分担成本，推动市场的整体发展。

市场协同联动作为一个多领域的复杂课题，在经济学、管理学、信息技术等学科中占有重要地位。近年来的研究显示，市场协同联动不仅关注经济要素间的互动，还涉及技术、环境政策等多个方面。首先，数字经济的崛起带来了新的市场协同联动模式。在数字经济背景下，数据作为一种新的生产要素，与传统要素（如人才、资本、创新等）相结合，推动了生产效率和经营效益的提升。这种新型的市场协同联动体现在数据的集成和应用上，尤其是在支撑层面，数据与商业流程的结合，优化了生产和管理过程，实现了知识共享和协同增效。其次，生产性服务业与制造业之间的协同集聚也是一个关键研究领域。在以长三角城市群为例的研究中，产业数字化和实体经济的融合成为推动区域协调发展的重要力量。这种协同集聚模式不仅涉及产业联动，还包括空间集聚联动，体现了产业和空间的双重属性。这种模式的发展，尤其在制度环境的优化和匹配上，对打破行业和地区的锁定具有重要意义。最后，环境政策和市场机制的融合也在市场协同联动研究中占有一席之地。以中国的碳市场与电力市场为例，这两个市场的联动互促发展已成为市场机制发展的重要特征。研究表明，碳市场的发展有助于优化电力市场的资源配置，促进可再生能源的发展，从而推动整个能源体系向低碳转型。市场结构方面，碳市场在淘汰高碳落后机组、优化电力资源配置等方面发挥了重要作用。

然而，市场协同联动的成功也受到一些关键因素的制约。首先，信息不对称是一个严重的问题，不同市场参与者可能拥有不同的信息水平，这可能导致不公平的合作条件和决策，因此需要建立更加透明和公平的信息共享机制，以确保信息对称化。其次，监管和法律框架的不完善也是制约市场协同联动成功的重要因素之一。在一些国家，监管机构可能缺乏足够的权力和资源来有效监督市场活动，导致市场参与者有机会逃避规定，从而损害整体市场秩序。因此建立健全的监管机制，加强监管机构的执法能力，以及更新和完善相关法律法规，都是确保市场协同联动顺利进行的重要举措。最后，跨国合作和协调也是至关重要的。市场协同联动往往涉及跨国企业和国际市场，不同国家之间的法律制度、监管标准和商业文化差异可能会导致合作障碍。因此加强国家间的交流与合作，制定统一的国际标准和规范，有助于降低跨国合作的摩擦和成本，促进市场协同联动的顺利实施。

除此之外，合作伙伴的选择困难也是一个挑战，市场参与者需要仔细考虑选择哪些合作伙伴，以最大限度地发挥协同联动的优势。这需要建立更加精确的合作伙伴筛选标准和评估方法，以提高合作伙伴选择的准确性。此外，制度环境的不确定性也可能对市场协同联动造成不利影响，因此需要研究者和政府部门共同努力，制定更加稳定和可预测的法规和政策，以为市场参与者提供更好的环境。总之，面对这些挑战，研究者和市场参与者需要共同努力，探索创新的解决方案，以确保市场协同联动能够顺利进行，为经济和社会带来更多的利益和发展机会。

总的来说，市场协同联动的研究不断拓展其研究领域，涵盖了更广泛的经济和社会领域，为政策制定者、企业家和学者提供了更多的有益信息，以指导实际操作和决策制定。这个领域的不断演进将有助于推动经济和社会的发展，促进合作与创新。市场协同联动的研究正处于一个充满活力和创新的时期，这一领域不断向更加多元和综合的方向发展。传统领域（如经济学和管理学领域）一直在研究市场协同联动的各个方面，包括合作策略、竞争动态、风险管理等，这些研究为我们提供了深刻的理论洞见。然而随着社会和经济的不断发展，新的问题和挑战也不断涌现，因此市场协同联动的研究也不断扩展到新兴领域。信息技术在市场协同联动中发挥着越来越重要的作用，数字化、物联网和人工智能等技术的应用，正在改变市场参与者之间的互动方式和合作模式。这些新技术为实现更高效的协同联动提供了巨大的潜力，并且促使研究者探索数字化转型对市场协同联动的影响。另外，环境政策也成为市场协同联动研究的一个重要方向。随着全球环境问题日益严重，企业和政府机构需要更紧密地合作来解决气候变化、资源管理等问题。因此研究者开始关注市场协同联动在可持续发展和环保方面的应用，以寻求更加可持续和绿色的发展路径。

1.2.2 能源转型发展相关研究

能源转型发展是当前全球面临的迫切问题之一，不仅涵盖了多个学科领域，还具有广泛的定义和多样性的研究方向。这一议题的重要性体现在其对人类社会和环境的深远影响，它涉及能源工程、环境科学、经济学等多个交叉融合的学科。在能源转型的研究中，其定义存在多样性，这反映了不同学者和利益相关者对问题的关注点和目标的差异。一些研究强调了能源转型的概念与能源结构的转变有关，这包括从传统化石燃料能源向可再生能源和低碳能源的转变，以减少温室气体排放和提高能源效率。这种定义强调了能源来源的变化和可持续性。另一些研究更侧重能源系统的全面升级和创新，这不仅仅意味着能源结构的改变，还包括能源生产、传输、分配和利用方面的革命性变革。这种定义下的能源转型关注如何将智能技术、数字化、储能技术等应用于能源领域，以构建更加智能、高效、可持续的能源系统。无论采用哪种定义，能源转型都是一个复杂而具有挑战性的过程，它需要政府、企业和社会各界的紧密合作，以应对气候变化、能源安全和可持续发展等全球性问题。这一领域的研究不仅有助于推动能源系统的创新和升级，还能为解决当今世界面临的能源问题提供深刻的见解和解决方案。因此能源转型的研究将继续引领未来能源领域的发展方向，为构建更加可持续和繁荣的社会做出贡献。

邹才能等（2021）认为能源转型是指人类所利用的能源从木柴到煤炭、从煤炭到油气、从油气到新能源、从有碳到无碳的发展趋势，是能源形态、能源技术、能源结构、能源管理等能源体系主体要素发生根本性转变的过程。以清洁、无碳、智能、高效为核心的"新能源"+"智能源"能源体系是世界能源转型的发展趋势与方向。研究认为，世界能源转型具有两个驱动力和一个推动力：世界能源格局的空间、地域不均衡是内部驱动力，新能源竞争力逐渐上升是外部驱动力，以科学创新和技术进步为核心的科技革命是推动力。

赵云龙等（2021）提出了一种用于能源战略分析的"SEGO"系统分析方法，从能源挑战、能源系统、能源治理和能源市场4个要素及其关系出发，对全球能源转型及我国能源革命战略进行了系统分析。研究表明，全球面临能源公平、能源安全和能源绿色化多重能源挑战，但缺乏强有力的全球能源治理，导致全球能源系统转型总体较为缓慢，中国被期望在推动全球能源系统转型中起到更加积极主动的作用；我国的能源可持续发展逐步推进，在能源革命过程中面临能源系统集成等挑战，但政治意愿坚定，有效推动了能源转型，实现了少耗能、少排放。

高丹等（2021）针对京津冀、长江三角洲（长三角）、珠江三角洲（珠三角）、老工业基地、中部地区、能源富集地区、西南地区七大区域，从能源生产、消费、流向等方面分析了各区域的能源发展现状，梳理了各区域的能源消费强度差异和能耗增长驱动力情况，研判了各区域面向2035年的中长期能源转型发展趋势及战略重点。研究表明，各区域能源革命的战略布局重点分别是：京津冀区域为推进能源与经济、环境的协同发展，长三角区域为集成优化区域联动的能源系统，珠三角地区为构建清洁能源产储运基地，老工业基地为以能源高值化、多元化推进经济转型，中部地区为打造综合能源枢纽，能源富集地区为建成绿色可持续的能源安全保障基地，西南地区为清洁能源消纳。为统筹各区域能源发展，该文章从因地制宜、精准推进能源革命，以区域能源革命推动区域社会发展和生态环境保护，以推动区域协调发展为抓手，实现区域能源协作与合作共赢等方面提出了对策建议。

学者们普遍认为，气候变化、能源安全和可持续发展的需求是推动能源转型的主要背景。众多文献探讨了全球范围内不同国家和地区的能源转型背景差异。许多研究采用模型和仿真方法，以评估不同的能源转型路径和政策的效果。这些模型涵盖了能源生产、分配、消费等方面，有助于预测未来的发展趋势。能源转型的研究常常采用多指标评估方法，包括经济效益、环境影响、社会可接受性等。一些文献对不同指标的权衡与权重分配进行了深入讨论，强调了可再生能源在能源结构转型中的关键作用。研究者们关注太阳能、风能、水能等可再生资源的开发和利用，以实现对传统能源的替代。一些研究集中在新能源技术的创新上，如太阳能电池、储能技术、核聚变等。这些技术的发展对能源转型的可行性和效果有着重要的影响。与此同时，也有文献分析了不同国家和地区制定的能源政策，包括补贴政策、排放标准、碳市场等。研究者们关注政策在推动能源转型中的作用和影响，研究了市场机制在能源转型中的引导和调控作用，包括碳交易市场、新能源市场的建设等，对市场机制的设计和实施进行了深入剖析。

此外，一些研究还关注了公众在能源转型中的关键作用。学者们研究了公众对可再生能源的接受度，探究了人们对太阳能、风能等清洁能源的态度和使用习惯。这些研究不仅有助于了解公众对新能源技术的看法，还可以为政府和企业制定更具吸引力和可持续性的能源政策提供重要的参考依据。研究者们还研究了公众在能源决策和政策制定中的参与度，强调了民主参与和社会接受度对能源转型的成功至关重要。通过公众的积极参与，可以确保能源政策更贴近社会的需求和期望，从而提高其实施的可行性和可持续性。这种民主参与也有助于建立更具透明度和更令人信任的政府与社会关系。当然，还有文献探讨能源转型与可持续发展目标之间的密切关系。研究者们深入分析了能源转型对社会、经济和环境可持续性的影响，包括减少碳排放、提高能源效率、创造就业机会等方面的潜在好处。这种研究有助于强调能源转型不仅仅是为了满足能源需求，更是为了实现全球可持续发展的目标。通过采纳可持续性的能源解决方案，社会可以更好地应对气候变化挑战，同时创造更多的就业机会，促进经济增长，实现社会的繁荣和环境的保护。由此，能源转型作为实现可持续发展的关键要素之一，对未来的全球发展具有重要意义。

陈国平等（2020）通过对我国新能源发展现状和趋势进行总结，分析了能源转型背景下新能源发展面临的顶层政策设计、新能源消纳、电力市场建设、电力系统运行安全、发展目标统筹、系统效益等方面的挑战，总结了国外促进高比例新能源接入措施及我国的可借鉴之处，提出了适应我国能源转型的新能源高质量发展的六项基本原则，并对我国新能源高质量发展的关键问题进行了分析与思考，构建了新能源高质量发展评价指标体系。

马丽梅等（2018）通过跨国比较及 CGE 模型研究了中国的能源转型与经济发展。跨国比较分析发现，人均收入水平及一定的产业结构基础是能源转型的重要条件，从产业结构及人均 GDP 的比较来看，若中国在近 5 年注重实施节能减排政策以提升能源利用效率，人均二氧化碳将在 2035 年甚至更早进入排放的"下降期"。

张所续和马伯永（2019）认为当前生态文明建设处于"三期叠加"的历史关口。能源转型之路艰难且复杂，任何一个国家都无法独立实现能源转型和脱碳，必须以全球思维应对能源领域的挑战。我国要依托"一带一路"倡议，扩大和深化国际能源合作体系，同时立足国内，构建多元化的能源储备体系。

杨宇等（2020）的论文展示了主持人与9位学界或业界访谈嘉宾基于不同视角的问答内容。双方围绕能源安全的内涵与全球能源治理模式、我国能源安全面临的挑战与对策、全球能源地缘政治形势的新变化、世界能源生产空间和消费空间不平等地理格局下的能源安全、全球能源低碳转型趋势下的中国能源高质量发展、重大突发公共卫生事件影响下的全球能源供需格局变化、未来能源地理学的研究前景与重要研究方向等一系列内容提问、发表观点，以期达成一定共识，从而更好地研讨世界能源地理学的关键问题，并为积极应对世界能源的百年变局，提出保障国家能源安全的应对措施等。

王利宁等（2021）基于所开发的"世界与中国能源展望模型"，通过设定碳排放约束，模拟了2060年实现碳中和目标的中国能源减排及转型路径。研究结果表明，当前发展模式下（即参考情景下），中国实现碳中和目标面临较大的挑战和难度，中国能源体系须更早、更大力度转型。碳中和情景下，中国能源相关碳排放量须于2025年前后达峰，2050年降至24亿吨左右，脱碳路径为向边际减排成本低或为负的行业推进，电力和工业部门是减排的重点和优先领域。能源系统须加快低碳转型，一次能源需求在2035年前后达峰，非化石能源成为新增用能的主要来源；并加速对传统化石能源的替代，2050年非化石能源占比将达到65.6%。

舒印彪等（2018）提出基于技术－经济－行为统计学模型－真实人混合交互仿真及反复推演，协调优化转型目标与路径的新范式，该范式能够结合实验经济学与多代理模型各自的优点，提高对参与者行为的分析能力。即使其与真实描述人的行为仍然存在距离，但在提高能源转型决策的科学性方面，它仍迈出了重要一步。

范英和衣博文（2021）就我国能源转型的现实挑战和驱动机制进行了深入的探究，分析了"碳中和"目标引导下的能源转型新趋势，剖析了转型所面临的体制机制障碍和外部性定价障碍，并从市场驱动、政策驱动、创新驱动、行为驱动等多个维度提出了我国持续推动能源转型的着力点和突破点，形成了能源转型的中国路径。

李洪言等（2022）对最新公布的《BP世界能源统计年鉴（2022）》进

行了分析。分析结果表明，2021年全球一次能源消费量大幅反弹，增长了近6%，碳排放量上升了5.7%，接近2019年的水平，扭转了2020年新冠疫情期间全球大部分地区能源消费急剧下降的趋势；全球石油消费量在2021年增长了534.2万桶，但产量处于1998年以来最低水平；全球天然气需求在2021年增长了5.3%，恢复到了新冠疫情前的水平；煤炭消费量在2021年增长超过了6%，达到了产量与消费量相匹配的目标；可再生能源在2021年增长了15%，高于当年任何其他燃料的增幅。

高虎（2021）认为要想早日实现"双碳"目标，必须加强节能工作，降低能源消费总量；要大幅增加风能和太阳能发电，加快建立高比例可再生能源体系；增加能源系统的储备和调节能力，适应波动性能源增加的趋势；加大终端电气化比重，不断增强电能替代；大力发展氢能，这是一些难以减排领域重要的深度减排途径；加快碳捕集封存和利用技术创新及产业化，这是建设碳中和社会的重要准备。

李世峰和朱国云（2021）通过对全球能源现状及转型路径进行分析，并结合我国能源禀赋和基础，统筹兼顾"清洁用能"和"能源供需平衡"，提出在能源供给侧打造多元化、有韧性的低碳能源供给体系；在能源需求侧打造高效、清洁的能源消费体系，最终构建以新能源为主体，以基于碳捕捉的化石能源为保障的低碳、安全、高效的能源格局。

曾诗鸿等（2021）阐述了"双碳"目标下能源转型的重要意义，认为能源转型是实现"双碳"目标的关键手段，能为未来能源安全稳定供给提供保障。但我国的"双碳"目标时间紧、任务重、难度大，在能源转型、能源体制机制升级等方面仍面临诸多挑战。建议分阶段加大节能减排力度，大力发展可再生能源，集成应用示范绿色低碳技术，构建现代能源体系，以助力"双碳"目标的实现。

张抗等（2022）认为碳减排是能源转型的核心问题，对不同地区、不同行业的碳减排要求应该有一定的差异，不能搞"一刀切"；应继续加大第三产业在经济中的比重，调整工业结构。碳中和是能源转型的有效手段，为实现碳中和，除了实施碳捕集、利用和封存（CCUS）外，还必须关注并强化自然界的碳汇作用。

目前，能源转型面临多方面的挑战。首先，技术成本一直是关键问题之一。在早期阶段，清洁能源技术的投资成本可能相对较高，然而随着技术的发展和规模化生产，这些成本有望逐渐降低。例如国际可再生能源机构（IRENA）的报告指出，到 2050 年，能源转型的总投资需求将达到 131 万亿美元，但预计能带来至少 61 万亿美元的回报，显示出投资在长期内的可持续性和回报性。其次，社会接受度也是能源转型过程中的一个重要影响因素。公众可能会对新能源技术的安全性、可靠性和环境影响表示担忧，因此获得公众的支持和参与是实现能源转型的关键。国际能源署的报告强调了需要对发展中经济体提供必要的资金和技术支持，以确保能源转型的全球性和公平性。能源存储是解决可再生能源不稳定性的一个挑战。随着太阳能和风能等可再生能源的增加，高效的储能解决方案变得尤为重要。毕马威中国的报告分析了各种储能方式及其在不同应用场景下的商业模式，表明储能技术的发展对能源转型至关重要。未来的能源转型研究还需要关注诸多问题，如区域差异等。不同地区的能源资源和需求状况各异，因此需要制定灵活且适应性强的能源转型策略。最后，国际层面的合作对实现全球可持续能源发展目标至关重要。例如中国能源建设集团在推动新技术应用和开展低碳能源电力业务方面采取了一系列措施，显示了国际合作的潜力。

总体来说，能源转型是一个复杂且多方面的过程。它需要政府、企业、研究机构和公众的合作与支持，以实现目标。政府在制定法律法规和政策方面扮演着重要角色，以激励可再生能源的发展、减少碳排放和支持研究创新。企业则需要投资并采用更环保的技术和能源来源，同时考虑社会和环境责任。研究机构的科学知识和创新推动了新技术的发展，为能源领域的进步提供了关键支持。然而公众也扮演着重要的角色，因为公众的意识和行为可以影响整个能源系统。教育和意识提升活动可以帮助人们理解能源转型的重要性，鼓励他们采取更可持续的生活方式，如减少能源浪费和选择绿色能源。此外，公众还可以通过政治投票和消费选择来支持可持续能源发展，推动政府和企业采取更具环保意识的行动。通过共同努力，政府、企业、研究机构和公众可以共创更清洁、更可持续的能源未来。这将有助于减少气候变化的影响，改善环境质量，提高能源安全性，并创造就业机会，同时为下一代留下更健康的地球。

谢克昌（2022）从能源总量、能源结构、综合能效、能源科技、体制机制、能源安全 6 个方面阐述了我国能源发展现状，重点分析了未来一段时期内能源发展的关键问题，涵盖煤炭兜底保障作用、能源消费增量的可再生能源替代、油气供给安全、核电发展立足自主、氢能和储能全产业链规模化发展等。着眼 2035 年能源领域高质量发展，其提出了能源革命、碳达峰、碳中和等阶段的战略目标。

刘明明（2022）指出，中国可再生能源发展规划的实施尚面临国土空间约束、土地利用冲突、生态环境约束、邻避效应等多重困境。在中东部地区，国土空间约束主要表现为可再生能源用地的来源稀少，应当重点通过国土空间的立体化开发，以及污染地块和矿山废弃地的再利用拓展可再生能源大规模开发用地的来源。在西部地区，虽然有较大面积的未利用地，但囿于生态保护红线约束或电网、储能等基础设施薄弱，可再生能源大规模开发用地的有效供给尚显不足，应当重点通过建立可再生能源规划区制度和完善生态保护红线制度，实现可再生能源发展规划与国土空间规划、生态环境分区管控之间的协同。风能、光伏和太阳能热利用等可再生能源发电主要通过改变土地利用方式对生态环境产生影响，进而可能导致生物多样性、水土保持等生态系统服务的损失。

林冬（2022）认为，我国可再生能源资源丰富的地区主要在西部、北部和东北部，而高用电需求集中在中部、东部和南部，大量可再生能源电力必须从资源丰富地区输送到高电力负荷地区，如果不能统筹协调可再生能源并网、传输和消纳工作，那么上网问题必然成为可再生能源发电的最大瓶颈。同时在可再生能源领域，一些关键核心技术研发能力偏弱，如技术研发能力、装备制造质量、工程技术创新等方面仍有待加强。因此要加快对我国电网格局认知的转变，坚持"集中式与分布式开发相结合，以分布式开发为主，就近开发优先"的可再生能源开发方针，进一步优化地域间能源供给格局，打破发展不平衡状态。

1.3 研究内容和思路

第 1 章，引言。本章聚焦市场协同联动和能源转型发展的大背景，通过深入剖析国内外市场协同联动的背景和意义，以及能源转型的研究现状，揭示两者之间的关联。通过对市场协同联动和能源转型的研究现状进行综合分析，本章旨在通过文献研究、理论研究与实证分析，以及系统分析与重点研究，提出创新点，为解析市场协同联动对能源转型的影响提供理论和实践指导。

第 2 章，主要概念界定及理论基础。本章主要探讨了市场协同联动和能源转型发展这两个核心概念，通过详细界定它们的内涵和发展演变过程，深入剖析了它们在不同领域的应用案例。在理论基础方面，本章着重介绍了市场协同发展理论、能源转型发展理论和经济持续发展理论，从历史渊源到主要观点，通过系统探讨，本章旨在为读者提供对市场协同联动和能源转型发展的全面理解，为研究提供坚实的理论支持。

第3章，国内市场协同联动现状。本章深入分析了国内市场协同联动的现状，并通过分析不同地理区域内企业、产业和市场之间的合作情况揭示了区域协同联动的潜在优势和挑战。第一，关注重大发展区域内的协同联动情况。通过对不同地区的关系进行研究，可以发现地区在资源共享、市场拓展和技术创新方面存在着较为密切的合作关系，这有助于提高整个地区的经济效益和竞争力。然而也有一些地区存在合作不足的情况，可能源于竞争激烈或者资源分配不均等，这些问题需要进一步研究和解决。第二，分析不同产业协同联动的情况。在同一产业内部，不同企业之间的资源共享、技术创新和市场拓展对于提高整个产业的竞争力至关重要。通过研究产业内部的合作情况，可以发现一些企业已经建立了稳固的合作关系，他们共同推动产业的发展和壮大。但与此同时，也存在一些挑战，比如企业间存在竞争关系而不愿意合作或者合作效率低下等问题。

第4章，国外市场协同联动现状。本章深入研究了国外市场协同联动的现状，特别关注重大发展战略区、产业部门与国外市场之间的关系，以及跨国企业的合作模式和国际市场的竞争格局。重点比较了国内外市场协同联动的异同之处，以便为未来研究和实践提供基础和参考。第一，探讨不同重大发展战略区在国外市场协同联动方面的政策和实践。例如一些区域可能采取出口导向型政策，鼓励企业在国际市场上竞争，而另一些企业可能更倾向于通过跨国投资和合作来扩大市场份额。第二，研究不同产业部门在国外市场协同联动中的角色和地位。一些产业部门可能更容易实现跨国合作，而另一些则可能受到贸易壁垒或技术壁垒的限制。通过深入研究和比较国内外市场协同联动的现状与趋势，本章可以更好地把握全球经济的发展动向，为企业和政策制定者提供更有效的建议和决策支持。

第5章，重大发展战略区经济发展与能源转型发展现状。本章研究了我国重大发展战略区的经济和能源转型现状，为全面了解和推动区域发展提供了支持。本章聚焦京津冀协同发展战略区，综合分析了其产业结构、GDP增长、就业等方面，全面把握了该区域的经济脉络。随后，探讨了长江经济带、长三角、粤港澳大湾区及黄河流域的经济发展现状，关注了协同发展、创新能力、科技产业等要素。在能源转型方面，本章关注了京津冀、长江经济带、长三角、粤港澳大湾区的能源结构、可再生能源利用、碳排放控制等现状，为实现清洁能源转型提供了指导和战略方针。

第6章，产业部门能源转型发展现状。本章深入分析了我国不同产业部门的能源转型发展现状。首先，聚焦农业部门，探讨其能源转型的内涵、战略意义、挑战及对策措施。农业部门的能源转型意味着采用更加环保和可持续的能源形式，减少对化石燃料的依赖，从而减少温室气体排放，保护生态环境。然而农业部门面临着技术更新、投资不足、市场需求不明确等挑战，为应对这些挑战，可以推动农业机械化、智能化发展，采用新型能源设备，提高能源利用效率，同时加强政策支持和资金投入。其次，关注制造业部门，研究其转型发展内涵、挑战、战略意义和对策。最后，考察交通运输业部门和服务业部门，分析其能源转型的内涵、挑战、战略意义及相应的对策措施。服务业部门需要提高能源利用效率，采用清洁能源，减少碳排放，促进服务业的可持续发展。这些部门的能源转型不仅对企业自身具有重要意义，也对我国能源结构调整和环境保护具有重要影响。本章通过全面的产业部门分析，为推动我国不同领域的能源清洁转型提供了深刻洞察和战略指导，促进了经济高质量发展和生态环境保护的有机结合。

第7章，长三角区域协同联动对能源转型的分析。本章深入研究长三角区域协同联动与能源转型，包括实证分析和长三角区域的案例分析。在实证分析方面，首先进行了理论分析与假设提出，随后确定了变量并进行了数据收集，构建了相关指标体系和实证模型，最后对实证结果进行了深入分析。这一过程为更全面地理解长三角区域协同联动与能源转型关系提供了理论基础和实证支持。同时，通过详细的案例分析，考察了该区域在协同联动与能源转型方面的具体实践经验。通过这些深入的研究，本章旨在为未来提升区域协同发展和推动清洁能源转型提供实用的理论指导和经验借鉴。

第8章，重大国家发展战略区协同联动对能源转型的分析。本章聚焦重大国家发展战略区联动与能源转型，首先进行了实证分析。在理论分析与假设提出阶段，通过变量选择与数据来源明确了研究范围，进而构建了相关指标体系和实证模型。在实证结果分析阶段，深入剖析了重大国家发展战略区协同联动对能源转型的影响。此外，本章介绍了煤炭行业能源转型的案例分析，通过具体案例深入阐释了煤炭行业在能源转型中的角色和影响。本章旨在系统研究重大国家发展战略区的协同与能源转型之间的关系，为深化理论认识、指导实践应用提供全面的分析框架和实证支持。通过理论构建和实证研究，本章有助于更好地理解重大国家发展战略区协同联动对能源转型的作用机制，并从煤炭业案例中得出有益的经验教训，为未来能源转型决策提供有力的参考和指导。

第 9 章，国外市场协同联动对能源发展的分析。本章通过国外市场协同联动对能源发展进行了深入分析，参考了其他国家的经验，特别是跨国并购对能源发展的影响。首先进行了国外市场协同联动与能源发展的实证分析，包括理论分析与假设提出、变量选择与数据来源明确、相关指标体系构建、相关实证模型构建及实证结果分析。随后，重点进行了跨国并购对能源发展的案例分析，深入探讨了跨国并购在能源领域的实际影响和推动作用。本章的研究有助于我们更全面地了解国外市场协同联动对能源发展的实际效果，为我国的能源战略提供借鉴和启示。

第 10 章，结论与政策建议。在国内外市场协同联动视角下，研究表明协同联动推动了我国能源转型，尤其是跨国并购对清洁能源发展具有积极作用。尽管取得了成果，仍需政府出台更明确的政策，强化国际合作，优化跨国并购政策，深化能源转型产业政策，以及激励绿色投资。这些政策建议旨在引导企业参与全球价值链，确保并购活动有益于我国能源发展，同时推动能源行业向低碳、可持续方向迈进，为我国能源未来提供科学指导和战略措施。

1.4 研究方法

1.4.1 文献研究与理论研究

在深入研究国内外市场协同联动视角下我国能源转型与发展的课题时，本书通过对大量文献进行了梳理，系统地归纳了国内外学者对相关领域的研究成果，为本研究提供了坚实的理论基础。特别是在生物能源技术发展方面的研究进展方面，本书从国内外的视角出发，对相关研究成果进行了深入分析和综合总结。

通过理论分析和文献综合分析，本书进一步提出了系统而全面的研究思路和研究计划。采用了微观经济学、能源经济学、技术经济学、农业经济学、信息经济学等多学科理论，同时结合了定性与定量、文献综合与实证分析相结合的研究方法，以企业技术协同创新理论、生态经济学理论和经济可持续发展理论为辅助，运用层次分析法、实证分析和案例分析相结合的研究方法，系统研究了中国经济发展的"双碳"目标，并探讨了不同产业部门的能源系统转型路径。在融合学术研究与实际情况的基础上，本书形成了一个基本的研究思路和框架，为深入分析国内外市场协同联动视角下我国能源转型与发展提供了有力的理论和实证支持。通过引入企业技术协同创新、生态经济学和经济可持续发展理论，本书致力于揭示中国经济发展的可持续路径，为推动我国能源转型与发展提供有益的参考。

未来的研究可以进一步拓展以下方面：首先，可以深入分析国际市场对中国能源转型的影响，特别是在国际能源合作和碳排放交易方面的机会与挑战；其次，可以对不同地区和城市在能源转型方面的实践经验进行案例研究，以寻找最佳实践和可借鉴的经验；最后，可以加强与政策制定者和产业界的合作，以确保研究成果能够更好地指导实际政策和战略的制定与执行。这些扩展将有助于更全面地理解和推动我国能源转型与发展的可持续性。

1.4.2 理论研究和实证分析

在深入探讨生物能源产业技术创新与经济可持续发展的理论基础上，本研究以具有典型代表性的地区为研究对象，通过实证分析结合当地资源条件和产业发展现状，提出了科学合理的发展思路。本书的目的在于探讨国内外市场协同联动对能源转型发展的重要影响，特别是在生物能源领域。通过对重大国家区域发展战略区的经济社会发展与能源系统现状进行实证分析，深入研究了在"双碳"目标下生物能源企业所面临的困境与机遇，以及在该战略区域内生物能源企业实现经济可持续发展的路径。本研究不仅关注了国内市场的情况，还聚焦了国际市场与国内市场之间的互动和合作，为深化国内外市场协同联动提供了实际案例与政策建议。

进一步，本书对事物的变化规律和发展趋势进行了系统分析，为未来经济可持续发展决策提供了科学依据；强调了国内外市场协同联动在能源转型中的战略重要性，并探讨了全球市场趋势与国内生物能源产业的竞争优势，以及如何在这一背景下制定长期可持续的战略规划；总结了生物能源技术协同对经济可持续发展的影响，并提出了促进生物能源企业技术协同创新发展的对策。本书强调了国内外市场协同联动对技术创新的重要推动作用，并讨论了如何建立国际合作网络以加快技术进步，满足可持续能源需求。通过对生物能源产业进行实证研究，本书揭示了其在国内外市场协同联动的背景下的发展趋势，为我国能源转型与发展提供了具体而深入的指导建议，为政策制定和企业发展提供了有力的理论支持，同时也为全球能源转型提供了有益的经验与启示。我们相信，国内外市场协同联动将在未来能源转型中发挥更大的作用，为可持续发展目标的实现贡献更大的力量。

1.4.3 定量分析与定性分析

为深入探讨国内外市场协同联动视角下我国能源转型与发展问题，本书旨在综合分析生物能源产业技术创新与经济可持续发展的潜力，以期为相关政策制定提供有力支持；采用系统分析方法，选择对经济增长具有关键影响的产业部门进行深入研究，以制定全面而可行的可持续发展方案。同时，本书充分考虑全局因素，突出重点，旨在将生物能源产业技术创新与经济可持续发展作为一个整体来进行综合评估。

在研究方法上，本书采用定性分析和定量研究相结合的方法，以更全面地理解和解释问题。具体而言，将运用技术创新学、系统科学等学科的基本理论，结合文献法、归纳法、逻辑分析法等对生物能源产业技术创新与经济可持续发展结合体系进行深入的定性分析。同时，为了提供更具说服力的支持，本书将采用统计学、计量经济等多种数学方法进行定量研究，以量化问题的影响和趋势。此外，本书还将在充分继承现有研究成果的基础上，实现研究方法的创新突破，拓宽研究视野，以更好地适应国内外市场协同联动的新形势。通过这一全面而深入的研究，本书旨在为我国能源转型与发展提供更为科学、可行的战略方向和政策建议。

1.5 创新点

本书旨在深入探讨国内外市场协同联动的视角下，如何推动中国生物能源技术创新与经济可持续发展，以及在不同产业中发展生物能源的路径。通过结合当前我国的能源形势和经济可持续发展的现实，采用企业技术协同创新理论、生态经济学理论和经济可持续发展理论分析框架，系统研究中国生物技术产业的发展。本书创新性地关注各种具体能源的特点，提出了促进产业发展的技术创新和法律制度。与其他研究不同，本书特别关注了技术创新和法律制度在促进产业发展中的不可或缺作用。通过全面分析当前生物能源企业所面临的挑战和机遇，本研究提出了切实可行的解决途径，以协助这些企业更好地应对复杂的市场环境。

最后，本书的研究成果不仅对推动中国生物能源技术的发展具有重要的应用价值，同时也为实现"双碳"目标和经济可持续发展提供了有力的支持。通过深入探讨市场协同联动的角度，本书也为我国能源转型和发展提供了新的理论视角和实践指导，同时为企业在国内外市场中进行协同创新提供了宝贵的经验借鉴。

总的来说，本研究致力于为生物能源企业在国际市场竞争中争取竞争优势，以及在国内外市场之间实现协同联动提供深刻见解。这不仅有助于我国在能源领域取得更大的突破，还为全球能源转型提供了有益的经验和示范。因此本研究具有重要的理论和实际意义，对能源转型和可持续发展的实现都有着积极的作用。

2 主要概念界定及理论基础

2.1 主要概念界定

2.1.1 市场协同联动

一方面,"协同联动"的目标与手段包括短期平衡,但更侧重中长期发展与互利共赢。在实践中,这一理念意味着通过有效的协作和资源整合,各方能够在当前短期目标的基础上,共同追求更为长远的发展规划。这可能包括共同投资研发、技术创新,以及共享市场渠道和客户资源,以实现更稳健、可持续的合作模式。在追求中长期发展时,协同联动的另一个重要方面是跨领域的合作。通过跨界合作,各方能够更好地利用彼此的专业知识和资源,实现创新和协同效应的最大化。例如一家科技公司与一家制造企业可以合作开发新产品,充分发挥各自的优势,实现技术与制造的协同创新。这样的合作不仅有助于提升短期业绩,还能够为各方带来更广泛的市场份额和长期竞争优势。另外,协同联动还需要建立起有效的信息共享和沟通机制。在中长期发展过程中,及时、准确的信息流通对合作各方的战略决策至关重要。建立数字化平台、共享数据库等工具,可以帮助各方更高效地分享关键信息,促进合作伙伴之间的理解和信任,从而增强整体协同效果。在协同联动的实践中,法律与合规问题也需要被重视。建立清晰的合同和协议,确保各方的权益得到充分保障,有助于降低潜在的合作风险。同时,制定合规性政策,遵循相关法规,有助于维护协同联动的可持续性,促使各方更加合法合规地共同发展。

另一方面,"协同联动"理念更具包容性,机制更具创新性。这种包容性不仅在于建立不同利益相关方之间开放、灵活的合作关系,更在于倡导共赢共享的合作精神。通过构建开放的平台和灵活的联动机制,各方能够在共同利益的基础上实现互利共赢,形成一个更为有机的合作网络。在这种开放的合作环境中,各方能够充分发挥自身的专长和优势,共同协作应对复杂多变的挑战,实现资源的优化配置和最大化利用。与此同时,机制的创新性体现在引入新的合作模式、共享平台和协同工具,以推动信息的自由流通和资源的高效配置。通过采用先进的科技手段,如云计算、大数据分析等,协同联动机制能够更加智能地连接各方,促使信息在不同节点间快速传递,从而实现信息的实时共享和及时反馈。这种创新性的机制有助于打破传统合作的局限性,激发参与方的创新活力,促进知识和经验的跨界交流,从而推动整体合作体系朝着更高效、更灵活的方向发展。这样的协同联动不仅能够应对当前快速变化的市场环境,更能够为各方提供更为可持续的合作平台。通过持续创新和不断优化机制,"协同联动"理念将成为推动企业、组织和社会发展的强大引擎,为构建更加开放、融合的合作生态奠定坚实基础。

总体而言,"协同联动"的理念在追求中长期发展的同时,强调了合作伙伴之间的相互依存和共同利益。这一概念倡导通过包容性和创新性的机制促使各方更积极主动地参与协作,从而共同创造更为繁荣和可持续的商业生态系统。"协同联动"认识到不同组织和利益相关者之间的相互依存性。这意味着各方需要彼此合作,以实现共同的目标和利益,这种依存性可以激发合作伙伴之间更紧密联系和协作的意愿。并且,"协同联动"强调合作伙伴之间的共同利益。通过明确共同的目标和愿景,各方可以更容易地找到合作的动力,并在协作中实现共同的成功。这种共同利益的明确性有助于建立长期的合作关系。为了实现"协同联动",需要采用包容性的机制,确保各方都有平等的机会参与和贡献。这可以包括多元文化的团队和决策制定过程中的透明度,以确保各方的意见都能被听取。

2.1.2 能源转型发展

能源转型是人类在能源利用方面经历的一系列演变过程。这一演变包括从最早的木柴时代到后来的煤炭时代,再到石油和天然气的时代,最终趋向于新能源的利用。这种转型不仅涉及能源的形态,还牵涉到能源技术、能源结构及能源管理等诸多主体要素,形成了一个综合而复杂的能源体系。在这一演变过程中,最为显著的特征是从有碳能源向无碳能源的过渡,标志着能源的根本性转变。清洁、无碳、智能、高效作为核心的新能源,结合智能源,已经成为全球能源转型的主要发展趋势与方向。这一能源体系的核心理念在于实现能源的清洁化,减少碳排放,并整合智能技术以提高能源的效率。这种趋势反映了对可持续发展和环境友好日益迫切的需求。新能源的广泛应用,以及智能源的引入,有望在未来推动全球能源结构的根本性变革,推动人类社会迈向更加可持续、环保和智能化的能源未来。

与此同时，世界能源转型包括经济、政治、社会和科技等多方面的具体内涵：在经济层面上，全球能源转型也需要加强国际经济合作和投资，以促进清洁能源技术的研发和推广。各国应当共同努力，建立开放、包容的国际贸易体系，为清洁能源企业提供更加公平和有利的市场环境。同时，促使跨国公司在清洁能源领域加大投资力度，推动全球能源产业向更加可持续和环保的方向发展。在政治层面，积极推进国际社会共同建立共商共议、全球协作机制，这是实现能源转型的重要步骤，要求各国政府采取协同行动，共同制定和实施符合全球利益的能源政策，以推动清洁、可持续和智能化的能源发展。在社会层面，能源转型需要积极引导社会舆论，提高公众对清洁能源的认知和支持。政府应当采取有效的宣传教育措施，强调清洁能源对环境、健康和可持续发展的重要性，鼓励公众采用绿色能源，倡导低碳生活方式。此外，应当注重社会公正，确保能源转型过程中各阶层都能够共享清洁能源带来的红利，避免不平等现象的出现。在科技层面，国际社会应当加强科技创新合作，共同推动清洁能源技术的研究和发展，促使各国加大对清洁能源科研领域的投入，加速新能源技术的突破和应用。同时，通过国际合作共享科技成果，降低清洁能源技术的成本，使其更加普及和可负担。只有各国携手合作，形成全球共识，才能共同应对气候变化和能源安全等全球性挑战，推动清洁、可持续和智能化的能源发展迈上新的台阶。

此外，在能源领域，也强调国际合作和跨领域合作的重要性，因为全球性的能源挑战需要共同应对。跨国合作可以促使各国共享技术和经验，共同应对气候变化等全球性问题。同时，建立国际标准和规范，以确保全球能源市场的公平竞争和可持续发展。在这种背景下，国际组织和多边合作平台的角色变得更加关键，它们可以促使各国共同努力，制定全球性的能源治理框架，共同推动清洁能源和可再生能源的发展。除了技术和管理方面的挑战，教育和培训也是推动能源转型不可忽视的一环。需要建立全球范围内的培训机制，培养更多的专业人才，以满足新能源技术和管理领域的需求。加强能源教育，提高公众对可持续能源的认知，鼓励更多人参与到能源转型的过程中。此外，社会参与和达成的共识也是推动能源转型的关键因素，政府和企业需要更主动地与公众进行沟通，建立透明的决策过程，使社会各界更容易接受并支持能源转型政策。

商业领域的转型也需要注重企业社会责任的履行。推动企业从传统国际油气公司向国际综合能源公司的演变，不仅要关注经济效益，还应将环境和社会责任纳入企业战略的核心。企业需要制定并实施可持续经营战略，确保其业务活动对环境和社会的影响最小化。这包括采取更加环保的生产技术，降低碳排放，实施循环经济原则，以及与社区共建共享，促进当地社会的可持续发展。在商业方面，创新金融机制也是促进能源领域可持续发展的关键。通过发展绿色金融和可持续投资工具，可以为企业提供更多融资选择，降低清洁能源项目的融资成本，激发更多的私人资本进入可持续发展领域。同时，建立国际合作平台，促使不同国家和企业分享绿色金融的最佳实践，形成全球绿色金融的共同标准，有助于形成更加稳定和健康的绿色金融市场。为了鼓励企业参与可持续发展的能源领域，政府可以通过税收政策、补贴和其他经济激励措施来引导企业向更环保和可持续的方向发展。建立清晰的产业政策和市场规则，为企业提供稳定的政策环境，有助于降低投资风险，提高企业参与可持续能源领域的积极性。在这一过程中，公私合作也显得尤为关键，政府和企业可以携手合作，共同推动可持续发展的能源产业链。

2.1.3 技术协同创新

"创新"是一个被广泛应用和接受的术语，但如果没有进行准确定义，其概念就会变得模糊。熊彼特首先系统地从经济学和商业运营的角度阐述了创新的概念，包括市场创新和组织创新等。其中，技术创新是创新的重要方向之一。根据熊彼特的定义，创新是指通过引入新的生产资料和生产状况，实现产品功能的改变。这个"新组合"包括五个方面：开发新商品、使用新的生产方式或商业模式、开辟新市场、获得或掌握新的原料或半成品，以及对工业组织或公司结构进行新形式的调整。20世纪60年代，罗斯托提出了"起飞"六阶段理论，把技术创新视为创新的核心。伊诺斯也给技术创新下了一个清晰的定义，认为它是由多种行动组合而成的，包括发明、投资、组织、规划、招聘和市场开发等。林恩指出，技术创新是始于对技术商业潜力的认识，最终将其完全转化为商业化产品的整个行为过程。曼斯菲尔德认为，产品创新是一项探索行为，从企业的产品构想开始，到新产品的销售和交货结束。阿特巴克指出，技术创新不同于发明和技术样品，它是真正的技术被采纳或首次使用。库兹涅茨认为，创新是使用新的方式达到有益目的，关键在于推广和成功应用。我国学者彭玉冰和白国红（1999）将技术革新定义为通过重新组合生产要素、生产条件和组织结构，建立更好、更高效的生产系统，实现更高经济效益的企业家行为。

企业的创新和发展是在外部和内部条件的共同影响下实现的，技术创新的方式也随着内外环境的变化不断演变。基于技术推动的创新流程模式逐渐结束，而基于需求推动的创新流程模式在20世纪六七十年代早期形成。综合这两种模式形成了第三代技术创新，"技术与营销一体化"的创新模式从20世纪80年代初期到20世纪90年代初期开始发展。20世纪80年代末至90年代，系统整合与网络模式相继问世。通过对前四个阶段的创新流程模式进行归纳，罗斯韦尔（Rothwell）发现某些主要的创新家已经开始转变为较少时间、较少系统和网络化整合的第五代创新阶段。先进的技术、组织、制度和生产越来越一体化，各公司的垂直和水平关系也越来越密切，使用的是更为精密和复杂的电子资讯工具。安索夫在1965年对公司进行了多元化研究，第一次提出了"协同"问题。协同的基本理念是企业内部或不同企业间的协作。虽然20世纪六七十年代对协同的研究很广泛，但是在企业实施多元化过程中，协同问题又一次被忽略了。曾经有一段时间，人们认为把各自的工作做得更好，比做其他事情更有意义。近年来，"协同"思维越来越受到理论家的重视，在企业的创新进程中，将协同思维融入企业的创新进程已经成为一种潮流。在激烈的市场环境下，各大公司都逐渐认识到合作的重要性，忽略合作的战略已经过时。20世纪70年代，弗里曼、多尔西和约翰·齐曼等人从技术、组织、制度、管理、文化等方面进行了全方位的重新界定。熊彼特重新定义了创新，认为创新是包括技术、组织和管理创新在内的一个完整的系统体系，这一概念后来成为学术研究中的主流。

协同创新是提高企业技术水平的有效途径，已经引起我国学术界和实践界的广泛关注。我国已经对协同创新进行了很多理论探讨，但在这个问题上，学术界还没有达成一致意见。企业技术创新是我国企业发展的一个重要组成部分，因此学者们的研究重心放了企业技术创新方面。在公司的发展过程中，个人技术创新通常很难产生显著的影响，而公司的技术创新通常是集体进行的。这种集体的创新需要各方面的相互配合和协调，才能推动公司长远发展。因此对协同创新，我们需要从战略视角和系统化的视角出发，进行深入探讨。需要注意的是，浙江大学徐庆瑞领导的创新研究小组自 1997 年以来一直采用多种研究手段，从多角度深入地研究企业的协作创新。他们注重综合性、连续性和系统性，并在 2006 年进一步扩展了协作创新理念，认为它包括各种创新要素（技术、战略、文化、组织、制度、市场）在全员参与和全时空域的框架下进行的全方位整合与协调。这一现象引起了国内外学者对"全要素"协作创新的重视。近年来，中外学者在合作创新方面做了很多有益的尝试，并取得了不少的成果。相对于创新系统理论，基于系统创新理论视角的研究在研究对象上更为微观，基于企业层次的理论研究也更为丰富，甚至一些学者提出了系统创新的模型和诊断工具。

简言之，技术协同创新指的是突破技术主体间的障碍，充分发挥企业的资源、技术、资金、信息等要素的潜力，以知识为中心，在企业、高校、科研院所、政府、教育部门等多方合作下，形成深度技术协作的过程，旨在实现规模化综合价值创造。政府引导和安排下的技术协同创新可以借助企业、高校、科研院所等各方优势，实现有效的技术集成，促进技术推广和产业化，推动产业技术创新，是当今科技创新的新范式。开放、合作和共享的创新方式已经成为提高创新效率的有效手段。技术协同创新是指企业内部不同技术要素的集成，以及这些要素自由流通，以促进创新资源的充分利用。而"产学研合作"则是我国科技体制改革的一个重要组成部分，同时也是一项重大突破。企业间的协作效能与经营模式息息相关。在知识经济时代，传统的投资回报逐渐降低，而信息和知识成为最重要的财富来源。学习是一个持续的过程，在这个过程中，大量的知识从知识库中被抽取并转化为资金，产生了规模效应，为社会带来了巨大的经济和社会效益。

2011 年，我国启动了"高等学校创新能力提升计划"（也称"2011"计划），旨在提高高校的自主创新能力，建立一系列"高校协同创新中心"。该计划强调加强大学、科研机构、企业、地方政府和国外科研机构之间的深度协作，积极探讨各种协作方式，为企业创造良好的协同发展环境和条件。根据国家"2011"计划对核心需求的分类，该计划被划分为四大类型：知识前沿型、文化传承型和创新型、产业型和地区型。知识前沿型是面向科学边界、以自然科学为主体、面向世界的"协作"，旨在促进我国科技人才的发展。文化传承型和创新型则以哲学和社会科学为主，旨在通过高校、科研机构、政府部门、行业和国际学术界的合作，形成"文化继承和创新"的"协同创新"平台，增强民族的文化软实力和国际影响力。产业型则以工业为主、技术为主，旨在重点扶持战略性新兴工业，对原有工业进行改造，形成工业联合创新体系。地区型则以当地政府为主体，以服务地区的经济和社会发展为核心，旨在促进省内高校与当地骨干工业或工业基地的深入整合，形成区域发展的协调和创新平台。该计划的实施目的是加强各方之间的合作，形成资源共享、优势互补的创新网络，提高我国创新能力和核心竞争力。

在当今竞争激烈且快速发展的技术领域，技术协同创新已经成为实现突破性进展和提高竞争力的重要策略之一。本书接下来将深入探讨技术协同创新的各种特征，包括合作伙伴关系的建立、知识共享、风险分担、跨界融合等方面的关键元素，以及它们对创新过程和成果的影响。通过分析这些特征，我们将更好地理解技术协同创新的本质，以及如何在不同领域和组织之间实现成功的协同创新。

第一，是创新资源的可及性。创新资源的可及性对于技术革新是不可或缺的。创新资源包括人才、资金、技术和信息等，其必须具有可获得性。此外，这些资源还必须满足两个条件：一是对企业具有一定的价值，且获取这些资源可以为企业提供价值和潜在的竞争优势；二是这些资源必须具有独特的、不可替代的特性，能为企业的发展提供良好的基础。协作创新是一种以技术创新为目的而产生的新型网络化组织创新方式，在协同创新过程中，可以更好地解决创新资源的不确定性、稀缺性及自身技术创新水平受到限制等问题。因此，协同创新有利于提高创新主体的核心竞争力。

第二，是创新环境的生态性。技术合作环境是以开放和网络化为基础的各种创新元素的集合。在这个环境中，创新网络的不同节点相互联系、相互依存，并通过及时反馈和良性互动不断增强核心竞争力。创新系统的多样性、适应性和开放性等特点使得创新要素可以聚集、有机反应，促进创新主体共生和创新体制的持续发展，实现自我超越。当一个创新主体在其创新中获得成功时，它将会改变现有的市场结构，并在不同的市场中重新配置利益。这样，新型的合作伙伴将会产生，并启动一个新的变革进程。这种竞争促使企业的资源得到最大限度的优化，从而在寻找最佳的适应性和匹配时，不断创造新的创新要求，保障创新体系的整体效能。

第三，是创新成果的共享性。知识共享是指知识的传递、吸收、共享、整合、利用和再创造的过程,是推动知识转化和促进创新的重要环节。企业、大学和科研机构各自拥有的隐性知识和显性知识在这一过程中得以相互转换和提升,形成了各种类型的协作创新。通过专利授权、联合研发、联合参会、学术创业、非正式研讨会、项目培训和人员交流等方式,不同主体之间实现了大范围的集成,从而推动了企业的自主创新。

技术、资金和信息资源的共享可以促进知识的整合与学习,从而推动科技创新和提升科技创新成果的工业化水平。这种共享可以促进衍生知识和隐性知识的转化,从而推动企业的创新发展。知识共享可以使不同的主体在创新领域中相互交流和合作,从而加速新技术、新产品和新服务的推出,提高整个创新生态系统的效率和效益。

在日益复杂和快速变化的技术环境中,各组织和利益相关者之间的合作变得至关重要,能推动创新、降低风险、提高效率,并实现共同的目标。本书将深入探讨技术协同创新的原则,探讨如何最大化协同效应,促使不同技术领域的合作伙伴更有效地共同创造价值。无论是在工业界、学术界还是政府部门,这些原则都可以为实现创新和可持续发展提供有力的指导。下文将详细介绍四项关键的技术协同创新原则,以帮助读者更好地理解和应用这一战略。

首先,资源互补原则。技术协同创新着眼于企业创新能力和资源的优势互补,这一概念在当今竞争激烈的市场中变得越来越重要。企业合作伙伴的合作程度越高,合作的效果就越明显,这有助于实现更大的创新突破和市场竞争优势。

在技术协同创新中,创业主体或研究单位通过具有资金、装备和产业化优势的核心技术和技术资源,能够快速提高创新能力。这种合作使得各方能够充分发挥各自的专长,实现资源的共享和协同创新。例如一家创业公司可能拥有创新的理念和研发能力,但缺乏足够的生产能力和市场渠道,而与一家拥有生产能力和市场资源的大型企业合作,却可以实现优势互补,共同推动产品的开发和市场推广。合作创新的优势包括企业间的相似性、平衡性和有效性。相似性指的是合作伙伴之间在某些关键领域具有相似的技术或市场背景,这有助于他们更容易地理解和支持协同工作。平衡性意味着合作伙伴之间的资源贡献和回报是平衡的,各方都能从合作中受益。有效性则强调了合作的效率,企业内部的资源数量和使用效率应该是一致的,由此才能确保合作不会受到内部瓶颈和不平衡的影响。

总的来说，技术协同创新通过充分利用企业和合作伙伴的优势，加强资源共享和合作，加速创新过程，提高竞争力，并在不同领域实现更多的突破性创新。因此企业应该积极寻找合适的合作伙伴，建立有效的合作关系，以实现共同的创新目标。

其次，路径协同原理。路径合作是企业合作中的一种重要方式，它要求各成员在战略目标上保持一致、协调。尽管在文化观念、核心优势、经营状况等方面存在差异，但当双方深入交流并理解彼此的发展目标，共同制定策略并达成共识时，彼此间的联系将更加紧密，协同效应也会更好。若协作型企业的适应性强，那么其创新效能高；反之，适应性弱则创新效能低。如果企业合作存在问题，可能会导致利益、知识产权等冲突，因此企业需要全面评估自身优势、背景和发展趋势，确定合作目标和途径。企业的合作程度越高，合作的表现就越显著。以资金、装备和产业化为优势的创业主体或研究单位，其优势在于核心技术和技术资源。合作创新的优势是指企业间的相似性、平衡性和有效性，也就是说，企业内部的资源数量和使用效率是相当一致的。在不断变化的环境中，企业要实现各种不同的效益。

再次，组织协同原则。技术合作的实现不仅取决于企业对资源的理解，也取决于企业对整体行动的理解，同时也有赖广泛的微观组织的积极合作。企业内部的协同是各成员通过共同努力实现价值创造的一种密切合作形式。协同型企业具有自我组织能力，协作双方必须经常与外界环境进行物质、能量、信息的交换，激发协作和竞争的非线性耦合作用。

在组织协同原则中，协作可以是跨部门、跨组织、跨地区、跨系统的协作，也可以是建立在上下游供应商、中间商，甚至顾客基础之上的协作。这种多维度的协同不仅扩展了企业内部的合作范围，还在更广泛的生态系统中促进了合作和创新。跨部门协作能够消除信息孤岛，促进知识共享，从而加快问题解决和策略制定的速度。跨组织协作则帮助企业拓展市场、降低成本、提高效率、增强竞争力。跨地区和跨系统协作使企业更适应多元化的市场需求和复杂的供应链网络。企业间的协作创新结构越合理、协作关系越密切，其转化效率就越高。这种高效的协同关系有助于企业快速响应市场变化，创造创新性产品和服务，并实现可持续增长。同时，协同也需要建立适当的激励机制和沟通渠道，以确保各方的利益得到平衡和满足，从而维持长期稳定的协作关系。

最后，成本和风险最小化原则。技术合作的核心在于实现企业间的利益互补，以减少不确定性，提升企业整体效益。然而，要确保技术合作能够取得成功，必须认真考虑并最小化与之相关的成本和风险。技术合作也存在着一系列潜在问题，需要在合作之前仔细加以分析和管理。

第一，当存在信息和资源不对称的情况时，单个企业的控制能力会受到削弱，这可能导致知识交换成本的增加。为了最小化这种成本，合作双方应积极促进信息共享，并增加资源配置的透明度。建立有效的沟通和信息共享渠道，确保各方能够及时获得必要的信息和资源，减少信息不对称性带来的成本压力。第二，合作涉及风险和知识产权等法律方面的不确定性，可能影响合作创新的顺利进行。为了降低合作风险，企业需要在合作协议中明确风险分担责任，并采取适当的风险管理措施。这可能包括确定保密协议、知识产权保护措施及应对潜在纠纷的解决机制。第三，在合作之前，企业应进行充分的法律咨询和尽职调查，预测潜在的法律风险并采取措施来减轻其影响。第四，在进行技术合作之前，企业还应该进行全面的成本评估和风险预测。这包括对潜在合作伙伴的背景和实力进行调查，明确合作的目标和范围，以及制定清晰的合作协议和计划。通过这些步骤，企业可以更好地管理合作过程中的成本和风险，确保合作的可控性和成功性。此外，选择与企业目标一致的合作伙伴也可以最大限度地降低合作风险，确保合作的顺利进行。

技术合作是指通过分享各种技术的基础要素，使合作方均能受益，并发挥最大的作用。要想使合作成功实施，最重要的一环是建立一个共同的创新平台，这可以从两个层面来进行。第一，统筹国家科技计划和重大工程，推进一批重要的技术创新平台和重大项目。在实现重点项目的布局和落实时，需要整合各专业资源，将科研和应用联系起来，并加强联合合作。第二，建立全国性的技术研究与应用平台，促进技术转化和产业化，特别是要关注国家战略性高科技产业的联合创新平台，促进其整体发展。

技术合作是一种新兴的创新组织形式，现代科技的发展呈现出非线性、多角色、网络化和开放的特点，逐渐演变出以不同合作方式为基础的协作方式。越来越多的学者和决策者关注各种不同的合作方式，这在世界各国的科技发展历程中是尤为重要的。打破地区和国家的界限，形成区域性和全球性的联合创新，形成一个巨大的创新体系，使各要素的功能最大化。在技术合作过程中，需要对成本和风险进行评估和预测，以确保合作过程的可控性。只有这样，才能让企业在合作中获得最大的效益。

2.2 理论基础

2.2.1 市场协同联动理论

协同论是一门研究不同事物的共同特征以及它们之间协同机制的新兴学科。该领域的核心关注点在于深入探讨各种系统从无序状态逐渐演变为有序状态时所呈现的相似性和共性规律。哈肯是协同论的奠基人之一，他曾明确表示，协同论汲取了现代科学领域的最新成果，融合了系统论、信息论、控制论、突变论等多个学科的要素，并在这些基础上吸收了结构耗散理论的丰富内涵。具体而言，协同论采用了统计学和动力学相结合的方法，通过对不同领域进行深入分析，提出了多维相空间理论。这一理论不仅在数学模型和处理方案上具有完备性，而且从微观、宏观层面分别揭示了各种系统和现象中由无序到有序转变的共同规律。这些规律深刻地描述了协同效应、伺服原理和自组织原理在系统演变中的作用，同时在一定程度上揭示了复杂系统的内在本质。协同论的研究成果在科学领域中产生了广泛的影响，为我们理解和应对复杂系统的行为提供了深刻的理论基础。该理论的应用不仅仅是在自然科学领域，还扩展到了社会学、经济学和管理学等多个领域，为跨学科研究提供了理论支持。在协同论的视角下，人们能够更好地理解事物间的相互作用和演变规律，其为解决现实世界中的复杂问题提供了新的思路和方法。

协同理论是系统论的分支，主要涉及系统内各个组成部分之间的相互作用和影响。该理论的主要内容可以概括为三个方面，首先是协同效应。协同效应指的是在一个系统中，多个组成部分之间相互作用的结果。这种相互作用不仅仅是简单的紧密联系，更是一种协同性的体现，它能使整体系统呈现出有序性和协同效应。协同效应的存在使得系统在面对外部变化时更具适应性和稳定性。其次，协同理论强调了伺服原理的重要性。伺服原理关注系统演变过程中，组成部分之间的相互调节和相依性。这种调节和相依性是系统内部自我调整的结果，目的是保持系统的平衡和稳定。伺服原理使得系统能够在外部环境不断变化的情况下，通过内部调整和相互适应来维持其功能和结构的稳定性。最后，协同理论强调了自组织原理的作用。自组织原理指的是系统内部的自发性组织和结构形成，它使系统在演变过程中呈现出一种自我组织的趋势。这种自组织性质使得系统能够在没有外部指导的情况下，通过内部机制形成有序结构，从而更好地适应外部环境的变化。自组织原理的存在使得系统具备了一定的灵活性和创新性。

协同市场假说（CMH）是由瓦加提出的一种新的市场理论，它源自社会模仿理论。相对于有效市场假说（EMH），协同市场假说采用了一种非线性统计模型，与有效市场假说不同的是，它并不以价格和收益率的随机移动及正态分布为基础。这使得协同市场假说成为一种独特且引人瞩目的理论框架，其为评估资本市场的风险及基本因素与技术因素相互交织的影响提供了一种新的角度。协同市场假说强调了参与者之间的社会互动和信息共享，这与传统的有效市场假说模型形成了鲜明的对比。协同市场假说认为，市场中的参与者在决策过程中不仅仅受到历史价格和收益率的影响，还受到社会环境中其他参与者行为的影响。这种社会模仿的机制使得市场参与者更容易受到集体行为的影响，从而形成一种协同效应，进而影响资本市场的价格走势。此外，协同市场假说还强调了基本因素和技术因素的相互作用。在这一理论框架下，基本因素包括与公司基本面相关的因素，而技术因素则涉及市场中的技术和交易策略。协同市场假说认为，这两者之间存在复杂而非线性的关系，它们的交互作用不仅影响市场的长期趋势，也在短期内对价格波动产生影响。也就是说，协同市场假说为我们提供了一种更加全面的资本市场分析框架，凸显了社会互动和参与者之间的信息传递对市场走势的重要性。这种理论的引入为投资者和研究者提供了一种不同的思考方式，促使他们更深入地理解市场中复杂的动态关系。

2.2.2 库兹涅茨曲线理论

库兹涅茨曲线理论最初由经济学家史密斯·库兹涅茨提出，其主要目的是解释经济发展与社会不平等之间的关系。然而在能源转型领域，人们将这一理论应用到环境和能源议题上，以更全面地理解经济与能源之间的相互关系。库兹涅茨曲线在这个背景下被扩展，旨在解释经济发展过程中可能出现的环境和能源方面的变化。根据库兹涅茨曲线理论，经济在初始阶段可能伴随着高碳能源的增加，这通常是为了满足迅速增长的能源需求。但随着经济逐渐发展到一定水平，人们逐渐认识到高碳能源的使用对环境产生的负面影响，因而开始关注环境保护问题。这一认识促使社会对可持续发展和清洁能源的兴趣增加，进而促使能源结构朝着低碳或零碳方向演变。

库兹涅茨曲线理论强调，尽管在能源转型初期可能需要增加对高碳能源的需求，但随着时间的推移，经济的发展将催生对环境可持续性的更多关注。这意味着社会将更加积极地推动清洁能源技术的发展和应用，以实现可持续发展目标。总体而言，库兹涅茨曲线理论在能源领域的扩展可以帮助我们更好地理解经济与环境之间的相互作用关系，强调了经济发展与环保之间的动态平衡。在能源转型中库兹涅茨曲线理论强调了一个阶段性演变的过程。在经济发展的早期，随着产业化和城市化的推动，人们对能源的需求通常会增加，主要依赖传统的高碳能源。然而随着国家逐渐实现经济繁荣，人们的环保意识逐渐提高，推动社会逐步从高碳向低碳或零碳能源过渡。在库兹涅茨曲线的框架下，政府和国际组织的环境政策起到了关键的推动作用。当社会逐渐意识到高碳能源引发的环境问题时，政府可能会采取一系列的政策措施，如碳排放减少目标、出台环保法规、激励可再生能源产业等，从而加速能源结构的转型。同时随着科技的不断进步，清洁能源技术的成本逐渐降低，效率逐渐提高。这种技术进步可以加速能源转型的进程，使清洁能源变得更具竞争力。因此在库兹涅茨曲线理论的应用中，技术创新是一个关键的驱动力，有助于实现在高经济发展水平下的能源转型。随着信息的逐渐普及和教育水平的提高，公众对环保和可持续发展的关注逐渐增强。社会参与成为推动能源转型的重要力量，人们更倾向于支持并参与使用可再生能源、提倡能源效益的行动，从而推动整个社会朝着更为可持续的方向发展。跨国合作和协调对于全球能源转型至关重要。国家间的合作可以加速清洁技术的传播，促使多方共同面对全球性的环境问题。在库兹涅茨曲线理论的背景下，国际协作可以协助那些仍处于高碳能源发展阶段的国家更快速地实现经济和能源结构的双重转型。

2.2.3 技术创新理论

根据技术创新理论，新技术的不断发展和广泛采用将引领能源结构的深刻演变，为全球能源转型提供独特而重要的动力。这一理论强调创新作为实现能源转型的关键路径之一，其影响不仅仅在于减少对传统高碳能源的依赖，更在于为可持续、清洁、高效的能源未来创造可能性。随着新技术的不断涌现，我们看到能源领域的创新正以前所未有的速度推动着能源结构的变革。这些创新包括可再生能源技术的快速发展，如太阳能和风能的普及，以及能源储存和分布技术的革命性进步。应用这些新技术不仅可以减少温室气体排放，降低对有限资源的依赖，还可以提高能源生产和使用的效率，降低成本，创造就业机会，促进经济增长。此外，技术创新还能够推动能源系统的智能化和数字化，使能源供应更加可靠和可持续。利用智能电网和能源管理系统，我们可以更好地协调能源生产和消费，优化能源利用，减少浪费。这些技术还能够提供更多的能源选择，鼓励多样化的能源供应，增加能源安全性，降低能源对地缘政治和供应风险的敏感性。技术创新在能源领域中的作用同样不可忽视，它不仅推动了能源结构的变革，也为我们创造一个更加可持续、清洁和高效的能源未来提供了可能性。因此我们应该鼓励和支持技术创新，促进新技术的研发和应用，以实现全球能源转型的目标。

在技术创新理论的框架下，政策制定者和企业应该迅速而果断地投身于多方面的创新。首先，可再生能源领域的持续研究和创新对清洁能源的推广应用至关重要。通过降低生产成本、提高效率和推广使用，我们能够进一步加速对传统能源的替代，实现清洁能源的更广泛应用。在这一领域，持续的努力将为社会提供更可持续的能源选择，并有望在未来减少对有限资源的过度依赖。其次，在能源储存技术方面的创新将成为能源转型的支柱。新兴的能源储存技术不仅可以有效解决可再生能源的波动性问题，还能够支持其大规模整合。这意味着清洁能源将更加可靠地满足社会日益增长的能源需求，为实现可持续发展目标奠定坚实基础。政府和企业需要共同努力，加大对这一关键领域的投资，以推动能源储存技术的不断创新和提升。最后，对能源效率提升的创新也是实现能源可持续发展中的不可或缺的一环。通过引入先进的技术和智能系统，我们可以最大限度地减少能源浪费，提高生产和消费的效益。这种努力将有助于建立更为可持续、智能化的能源基础设施，推动整个社会朝着更为环保和可持续的未来迈进。技术创新理论对能源转型的影响在于推动了多个关键领域的创新，为实现清洁、可持续的能源未来奠定了基础。政策制定者、企业和研究机构应该共同努力，通过不断研究、投资和合作，推动技术创新的实现，引领全球能源结构的积极演变。随着技术创新的不断推动，期待清洁、可再生能源在全球范围内取得更大的进展，为建设更加可持续的能源体系奠定坚实的基础。政府、企业和科研机构应当共同努力，共同参与推动这一能源转型的进程，以创造更加可持续和环保的未来。

2.2.4 经济可持续发展理论

经济可持续发展是20世纪80年代出现的一个新的发展理念。可持续发展是世界环境与发展委员会于1987年《我们共同的未来》中首次提出的,并获得了国际上的普遍认同。可持续发展是指既满足现代人的需求,又不对后代人满足某需求的能力构成危害的发展,是指经济、社会、资源和环境协调发展的状态,旨在维护大气、淡水、海洋、土地和林地等生态资源,以实现人类的发展目标,确保后代的可持续发展和和平居住。1994年,中国起草了《中国21世纪议程——中国21世纪人口、环境与发展白皮书》,将"可持续发展"作为国家实现现代化的重要策略。可持续发展不仅要达成发展目标,而且需要保护大气、淡水、海洋、土地、森林等各种生态资源,使我们的后代能够在地球上持续居住。可持续发展与环保密切相关,但它不仅仅是环保的一部分。可持续发展的核心是发展,但必须通过严格控制人口数量、提高人口素质、保护环境和可持续使用地资源实现。人类是可持续发展的核心,必须实现以人为中心的可持续发展,以确保我们的后代能够继续生活得更好。

可持续发展是一个涉及自然、环境、社会、经济、科技和政治等多个领域的概念,因此人们对其定义存在着很大的差异。最初,生态学家提出了"生态永续"的概念,即保护和加强环境系统的生产和更新能力,这一定义侧重自然方面。后来,世界自然保护联盟、联合国环境规划署和世界野生生物基金会发表了《保护地球——可持续生存战略》,将可持续发展定义为"在生存于不超出维持生态系统涵容能力之情况下,改善人类的生活品质",并提出了人类可持续生存的9个基本原则,这一定义侧重社会方面。在经济研究领域,爱德华·巴比尔将可持续发展定义为"在保持自然资源质量及其所提供服务的前提下,使经济发展的净利益最大化"。总之,可持续发展的定义需要从多个方面综合考虑,以实现经济和社会的发展,同时保护和维护自然生态系统。皮尔斯则提出:"现在的可持续发展并不会降低将来的实际收益。""如果发展可以维持当前人类的福祉,那么子孙后代的福祉也不会因此而降低。"在技术方面,斯帕思提出,可持续发展指的是采用更加清洁、高效的技术,尽量采用接近于无排放或密闭的处理方式,以减少对能源和其他资源的使用。

根据联合国环境理事会的定义,可持续发展是指既能满足当前需求,又不会损害未来几代人的需求,同时也不侵犯国家主权的一种发展模式,既适用于发展中国家，也适用于发达国家。为了实现可持续发展，需要进行国内和跨国合作，并在国内和国际范围内实现公正，包括根据发展中国家的发展规划和目标，为其提供必要的帮助。此外，支持可持续发展的国际经济条件也是非常重要的因素，尤其是对发展中国家的经济持续发展而言。同时，可持续发展也意味着维护、合理使用和改善支持环境承受能力和经济发展的天然基础。需要指出的是，实现可持续发展还需要将环境保护纳入发展规划和政策中，而不是仅仅通过提供资金来实现发展或援助。根据中国的实际情况，在克服贫困和改善民生的过程中，中国必须坚持以发展为中心的原则。为此，中国建立了经济特区。可持续发展的实现需要控制人口增长、提高人口素质、保护环境，以及实现对资源的可持续使用和对生态的保护。此外，可持续发展还必须着眼于未来发展的需求，而不能以当前的发展为代价，牺牲下一代的发展。为了实现可持续发展，需要对人类和自然界之间的关系进行变革。使用新的思想、观点和知识，转变过去无法持续的生产方式、消费方式和思想方式，以及整个社会的传统观念和习惯。

可持续发展的三大特点是生态持续、经济持续和社会持续。人们普遍希望自然和社会系统能够持续、稳定、健康地发展。而经济的可持续发展必须建立在社会、经济、人口、资源、环境等多个领域相互协调发展的基础之上。可持续发展是一个民族的力量和一个社会的财富，它不仅注重数量的增长，更注重质量的提高。可持续发展可以促进一个经济体的发展，因此在发展过程中必须贯彻可持续的理念。这就需要转变"高投入、高消耗、高污染"的生产和消费方式，采用清洁的生产和使用方式，以实现更高的效益，节约资源，减少浪费。在一定意义上，可以说，集约的经济发展模式就是可持续发展的具体表现。

可持续发展的基本原则主要包括公平性原则和持续性原则。布伦特兰在《我们共同的未来》中曾指出："发展的首要目的是实现人的需要和愿望。"然而，人们的需求存在着许多不平等之处。可持续发展的公平性主要体现以下几个方面：首先，现代社会的公正性。可持续发展的目标是满足全体人民的基本需求，为每个人提供实现更高价值的机会。在实现可持续发展的过程中，特别需要重视减少贫困，以实现全球平等分布和发展权利。其次，可持续发展需要实现不同代际之间的平等。我们这一代不能为迎合未来几代人的发展和需求而牺牲环境，而应该让他们合理地利用自然资源。赫尔曼·E.戴利在《生态经济学》一书中强调了代际公平对于可持续发展的重要性。气候、生物、资源和公平等多种因素制约着世界经济的发展，这些约束影响着人类福祉。最后是公平分配有限资源。自然资源的分配是维持其永续利用的制度基础。然而目前的现实是，发达国家的人口只占全球人口的一小部分，但其在能源、钢铁、纸张等方面消耗量却占全球资源总量的大多数，这种全球贫富悬殊、两极分化的现象是不可持续的。为了实现可持续发展，我们需要重视对有限资源进行公平分配的问题。在讨论可持续发展的限制因素时，布伦特兰阐述了可持续发展的"需求"的内涵，指出实现基本需求需要建立在人的物质基础上，不能超越资源和生态的承受极限。如果发展摧毁了人的物质生活，其发展也必然会受到影响。虽然我国的国情和发展程度存在差异，但可持续发展的公正和持久原则是普遍存在的。为了实现这一总体目标，需要在全球性的互相依存的基础上，形成新的全球伙伴关系并共同行动。在《我们共同的未来》的序言中，布伦特兰指出："今天，我们最迫切的任务也许是要说服各国认识到多边主义的必要性，进一步发展共同的认识和共同的责任感，这是这个分裂的世界非常需要的。"我国可持续发展的具体方式虽然受国情和发展程度的影响，但公平和持久的原则是不容忽视的。

3 国内市场协同联动现状

3.1 重大发展战略区域协同联动现状

3.1.1 京津冀区域协同联动现状

本节根据相关数据的最新情况，对一些关键指标数据进行了调整和扩充，以确保数据的准确性和可靠性。第一，在协调指数方面，基于第七次全国人口普查的最新数据，对人均地区生产总值和现代化首都都市圈中的通勤圈人口规模等数据进行了修正，以更精确地反映现实情况。第二，对京津冀区域各个地方规模以上法人单位在其他两地设立分支机构的总数历史数据进行了重新核算，以确保数据分析和决策制定基于最新和最可靠的信息。这些调整和核算的举措旨在提高数据的准确性，以便更好地支持研究和决策过程。

绿色指数中，2022年起使用三地森林资源监测调查结果反映森林覆盖率，并调整历史数据。共享指数中，中小学专任教师与在校生之比、基本养老保险参保人数的2021年数据由初步数调整为最终数。同时以2014年作为基期并设指数值为100，通过时序变化，观察创新发展、协调发展、绿色发展、开放发展和共享发展5个分领域指标值的变动趋势。分别计算创新发展、协调发展、绿色发展、开放发展和共享发展5个分指数，然后汇总出京津冀区域发展总指数。测算结果显示，2022年京津冀区域发展指数达145.0（以2014年为基期），比2021年提高5.1。其中，创新发展和绿色发展是主要支撑力量和上升动力，分指数为176.7和165.1，分别比2021年提高11.6和7.7；协调发展和共享发展分别为131.3和132.8，提高3.1和3.3。

1. 创新水平快速提升，集聚高质量发展动能

区域创新发展指数达到176.7，比2021年提高11.6个百分点，显示出研发投入强度持续增加，创新产出与效率不断提升。2022年，京津冀区域研究与试验发展（R&D）经费达4260.9亿元，同比增长7.9%；R&D经费投入强度为4.25%，较2021年提高0.18个百分点，超过全国平均水平

1.71 个百分点，其中北京地区为 6.83%，居全国首位。每万常住人口研发人员全时当量达到 57.9 人年，较前一年增长 12.3%，河北省增速领先，达到 26.8%。区域拥有有效发明专利 58.1 万件，每万常住人口拥有专利数量为 53 件，其中北京市为 218.7 件，保持全国领先地位。区域技术合同成交额突破万亿大关（1.1 万亿元），同比增长 17.1%。创新驱动继续提升产出效率，地区生产总值超过 10 万亿元，劳动生产率达到 18.6 万元/人，同比增长 5.5%。

2. 协同联动日益增强，生产要素加快流动互通

区域协调发展指数为 131.3，较 2021 年提高 3.1 个百分点，表明空间联系更加密切，企业在区域内的布局加速，协同联动网络日益加强，城乡居民收入差距持续缩小。

2022 年，区域空间联系强度比 2021 年提高了 5.6 个百分点，京津双城核心地位凸显，北京—廊坊、北京—天津、天津—廊坊间的联系强度在京津冀区域位居前三。三地企业在区域内跨省（市）设立分支机构达 8200 家，增长了 8.7%。北京与津冀地区签订的技术合同数量达 5881 项，比 2021 年增加了 447 项，成交额达 356.9 亿元，增长了 1.9%。自 2014 年以来，区域农村居民收入增速持续快于城镇居民，城乡居民人均可支配收入比从 2014 年的 2.9∶1 下降至 2022 年的 2.6∶1。

3. 绿色发展成效明显，生态环境不断改善

区域绿色发展指数达到了 165.1，比前一年提高了 7.7 个百分点，节能降耗工作逐步深入，生态环境得到了进一步改善。2022 年，根据可比价计算，北京市、天津市和河北省的万元地区生产总值能耗分别下降了 3.6%、2.0% 和 3.9%。区域 PM2.5 平均浓度降至 37 微克/立方米，其中北京市的 PM2.5 浓度降至 10 年来的最低水平，连续两年达到国家二级标准，而天津市和河北省同比下降分别为 5.1% 和 5.2%。此外，京津冀区域国家地表水考核断面水质达到或优于Ⅲ类标准的比例达到了 78.0%。这也说明京津冀区域在节能降耗、环境保护等方面取得了显著成效，生态环境质量得到了有效提升，这为未来的可持续发展奠定了良好基础。未来仍需继续加强工作，进一步改善环境质量，促进经济与环境的协调发展。

4. 开放领域波动恢复，对外贸易增势良好

尽管受到外部环境变化和新冠疫情等因素的影响，区域开放发展指数在 2022 年略有下降，但是区域实际使用外资金额和对外非金融类直接投资仍保持了一定的增长趋势。同时，区域货物进出口总额也呈现出了良好的增长态势，尤其是北京地区增长较为显著。这表明区域开放发展的整体势头良好，有望在未来继续保持稳步增长。

2022年，该指数为119.1，比2021年下降了0.2个百分点。2022年，区域实际使用外资金额为250.2亿美元，其中京津冀三地分别为174.1亿美元、59.5亿美元和16.6亿美元。对外非金融类直接投资达到120.7亿美元，三地分别为60.0亿美元、33.1亿美元和27.6亿美元。区域货物进出口总额为7575.8亿美元，同比增长10.2%；其中，京津冀三地分别为5465亿美元、1267.6亿美元和843.2亿美元。北京市和河北省的增长率分别为16%和0.6%。

5. 民生共享红利释放，居民获得感进一步增强

区域共享发展指数为132.8，比2021年提高3.3个百分点，基础设施和公共服务共建共享加快推进。从交通领域看，2022年区域铁路里程密度为509.5千米/万平方千米，同比增长2.2%，京唐城际铁路、京滨城际铁路宝坻至北辰段正式开通运营；高速公路里程密度达501.4千米/万平方千米，较2014年增长36.4%。从公共服务看，区域人均重点民生领域财政支出7790.9元/人，同比增长7.3%，京津冀三地分别为13801.7元/人、8818.3元/人和5822.8元/人；每千常住人口卫生技术人员数为9.4人，增长3.7%，三地分别增长1.5%、3.0%和5.2%。从社会保障看，区域城乡基本养老保险参保人数达8464万人，比2021年增加149.4万人，京津冀三地分别为2056.1万、971.7万和5436.2万人，分别增加36.9万、34.6万和77.9万人。

3.1.2　长江经济带协同联动现状

国家"十四五"规划纲要提出，"全面推动长江经济带发展，协同推动生态环境保护和经济发展"。作为推进中国经济高质量发展与践行"绿水青山就是金山银山"理念的国土空间支撑轴线，也是产业经济体系最为完备的区域，长江经济带在近年来依托卓有成效的新旧动能转换与恰合时宜的产业分工保持良好发展态势。2014—2019年，长江经济带9省2市的地区生产总值占全国比重由41.6%逐年增至46.5%；工业增加值占全国比重则由40.8%逐年增至46.9%。2021年，长江经济带优良水质比例达92.8%，两岸绿色生态廊道逐步形成。2021年长江经济带地区生产总值达47万亿元，占全国的46.6%，比2015年提高1.4个百分点，对我国国内生产总值的贡献提高 2.8 个百分点。

在长江上游，四川、重庆、云南与贵州的地区生产总值占长江经济带总量之比由 2014 年的 22.8% 逐年增至 2019 年的 24.1%，"跑赢"中上游地区。四省市不仅在轨道交通、电子信息等新兴产业发展上取得路径突破，在传统制造业提质增效方面的进展也较为顺利。其中，承接沿海区际产业转移与推动各省市内部产业协作功不可没。举例来说，重庆在 2014—2017 年引入的 2152 个亿元以上工业投资项目中，有近 50% 源于长江经济带其他省市，且大多数项目隶属笔记本电脑、手机、汽车制造等技术密集程度较高的产业；贵州在 2017—2018 年与上海、杭州等下游帮扶省、市共建 33 个产业园区，引入企业投资项目 677 个，实际投资资金超过 500 亿元，有效带动 34.8 万人脱贫。

在长江中游，湖南、湖北、安徽、江西充分利用毗邻长三角城市群的"中心－外围"空间优势，以国家级承接产业转移示范区、自贸区、开发区等产业平台为引领，将产业转移协作视为经济发展与自主创新能力提升的重要引擎。例如在湖北，2017 年由国务院印发的《中国（湖北）自由贸易试验区总体方案》将"承接产业转移"列为自贸区的主要建设任务之一，并强调应承接高新技术产业梯度转移，特别是光电子产业、生物医药、新材料等新兴产业；在安徽，2018 年出台的《安徽省产业转移指导目录》共布局 17 类优先承接产业，其中详细列举了电子信息、生物医药、轨道交通、船舶及海洋工程装备、航空航天、智能制造装备等新兴产业的承接路径，并明确依托产业转移协作打造全国重要先进制造业中心的目标。举例来说，2015—2019 年，上海、江苏、浙江与安徽长江下游 4 省市的地区生产总值占长江经济带比重一直稳定在 52% 左右，长江中上游占比均仅为 22%～24%。就人均居民可支配收入而言，上海、江苏、浙江等下游省市的优势日益扩大。2015 年，上述三地均值为 38314.4 元，高于其他省市的 20515.3 元；2019 年，三地均值已增至 53580.0 元，高于其他省市的 27982.5 元。

然而，长江经济带在取得一定成就的同时，也面临一些严重问题。其中之一是地区发展政策之间的协同性较弱。长江流域跨越中国经济发展的三个重要区域，虽然协同发展和产业转移合作取得了一些进展，但由于空间、经济和行政壁垒的存在，以及上中下游地区之间显著的发展差距，长江经济带的区域发展不平衡问题仍然突出。首先，地区之间存在着明显的条块分割，这导致了资源和人才的不均衡分布。一些地区受限于行政边界和发展壁垒，无法充分利用长江经济带的整体发展机会。这种分割还限制了跨地区的合作和资源共享，阻碍了协同发展的实现。其次，长江经济带上中下游地区的发展水平存在明显差异。上游地区拥有丰富的自然资源和较高的经济水平，而下游地区则面临更多的发展挑战，包括环境污染和资源短缺。这种不均衡的发展格局需要更加有针对性的政策措施支持，以促进下游地区的发展，从而实现长江经济带的整体均衡发展。最后，长江经济带的协同发展还需要克服经济壁垒，特别是在产业转移方面。不同地区之间的产业合作和转移需要更多的政策支持和资源投入，以促进产业结构的优化和协同发展的加速。

同时，管理部门的职能交叉和重叠问题在长江经济带尤为显著。尽管长江经济带以水资源保护为核心纽带，但涉及行政管理的多元主体，而这些主体之间的部门职责常常不明确，甚至交叉重叠，导致难以有效整合各方资源和追求共同目标。仅是对长江水资源的利用问题，就牵涉到沿江的11个省市的水利、发展与改革、环保、能源、海事、农业、交通、国土资源等多个部门的工作。由于这些部门的职能定位不同，长江经济带水资源保护出现了分段管理和多方治理的困境。这种流域内部的职能交叉和分割管理问题还在其他方面显现，如生态环境保护规划无法协调一致，水资源的开发利用与水污染治理之间严重脱节，沿江上、中、下游岸线保护缺乏统筹机制，流域内的航道和河道管理与生态资源的利用之间存在冲突，而流域内的生态信息监测和发布也缺乏统一的标准和机制。这种管理部门职能交叉和重叠的现象不仅增加了决策制定和资源配置的复杂性，还可能导致资源的浪费和效率低下。因此长江经济带需要更加有效的协调机制和跨部门合作，以实现水资源保护和可持续发展的目标。这包括明确各部门的职责，建立统一的规划和管理机制，加强信息共享和监测体系，以及促进各级政府之间的协作，以确保长江经济带的生态环境能够持续改善并为未来的发展提供坚实的基础。

3.1.3 长三角区域协同联动现状

长三角区域位于中国东部，包括安徽、江苏、浙江三个省份及上海市，拥有丰富的人力资源和自然资源。这个区域的地理位置优越，靠近中国的海岸线，便于海上贸易和物流。同时，长三角区域拥有多个国际一流的港口，如上海港、宁波港等，这些港口在国际贸易中发挥着至关重要的作用。在经济方面，长三角区域拥有众多知名的国内外企业总部，是中国最大的金融和商业中心之一。这个地区在科技创新方面也占有重要地位，有众多高校和研究机构，吸引了大量的科研人才和创新企业。长三角区域还是中国的制造业基地之一，拥有丰富的工业资源和技术。不仅如此，长三角区域也在可持续发展方面取得了显著进展，投资大量资源用于环保和绿色技术领域。这个地区的城市化进程也在不断加速，吸引了大量的人口流入，推动了房地产和基础设施建设的发展。

2023年，浙江省科技信息研究院联合上海市科学研究所、江苏省科技情报研究所（江苏省科技发展战略研究院）、安徽省科技情报研究所（安徽省科技档案馆）共同发布《长三角区域协同创新指数2022》，这也是三省一市4家科技智库第四次共同发布该指数报告。该指数报告以提升长三角区域协同创新策源力、支撑长三角高质量一体化发展为评价对象，构建了包括资源共享、创新合作、成果共用、产业联动和环境支撑5项一级指标，以及20项二级指标的指标体系。研究以2011年为基期，测算评估了2011—2021年长三角区域协同创新指数得分情况。报告显示，长三角区域协同创新指数从2011年的100.00分（基期）增长至2021年的247.11分，较2011年增长了近1.5倍，年均增速达到9.47%，长三角科技创新一体化能力显著提升，推动高水平科技自立自强。首先，从5项一级指标变化情况来看，成果共用指标增幅最大，从2011年的100.00分提高到2021年的370.00分，年均增速达到13.98%；其次是资源共享指标，从2011年的100.00分上升到2021年的267.25分，年均增速达到10.33%；最后是创新合作指标，从2011年的100.00分增长到2021年的212.26分，年均增速达到7.82%。相对而言，产业联动和环境支撑两个指标发展增速稍显缓慢，当前和未来需要不断探索长三角产业协同发展新路径，营造区域一体化的科技创新环境。报告同时反映出长三角区域协同创新发展的三大趋势。

1. 研发经费与人才高位集聚

2021年，长三角区域的研发投入表现令人瞩目，其研发投入强度高达3.01%，这一数字不仅超过全国平均水平近三成，而且显示出该地区在科技创新领域的坚定决心和强大实力。同时，长三角区域的财政科技拨款也表现出色，占政府支出的比重高达5.02%，比全国平均水平高出两成，这进一步彰显了政府对科技发展的高度关注和投入。

综合来看，长三角区域的科技实力在人才方面表现突出。以每万人拥有研发人员71.18人年的比率来看，几乎是全国平均水平的两倍，这反映出该地区拥有丰富的科研人才资源，能为科技创新提供强有力的支持。此外，从人才流动的角度来看，在"十三五"期间，长三角区域的科技人才跨区域流动达到了165万人次的庞大数字。这种人才流动不仅促进了不同地区之间的合作与知识交流，也为创新的蓬勃发展注入了新的活力。在国际范围内，人才流动已被广泛认可为促进科技创新和经济发展的重要驱动力之一。长三角地区在这方面的表现，为其他地区提供了可借鉴的经验。除此之外，长三角区域还集聚了研发经费、人才、科研平台和设施等创新资源，是创新资源的集聚高地。这些资源的集中聚集有助于推动长三角的区域协同创新成果，并产生了显著的经济效益。长三角区域在科技创新和经济发展领域取得了可喜的成就，为未来的科技进步和经济繁荣奠定了坚实基础。

2. 前沿科学与技术融合联通

2021年，长三角区域科技论文合作数量达到了令人瞩目的26 481篇，较2011年的水平增长了近6倍，这是一个令人鼓舞的发展成就。值得一提的是，长三角区域的41个地级以上城市全部融入了这一区域科研合作网络，显示出了长三角科技合作的广泛性和深度。不仅如此，2021年长三角区域专利转移数量也实现了惊人的增长，达到了30968件。其中合作发明专利数量更是达到了惊人的7835件，较2011年分别增长了86倍和7倍，这一数字反映出了长三角区域在创新和科技合作方面的迅猛发展态势。国际科技论文合作的学科领域主要集中在化学、工程学、材料科学、肿瘤学、生物化学与分子生物学等STEM（指科学、技术、工程、数学四门学科的英文首字母缩写）领域，这些领域的研究不断取得重要突破，为长三角区域的产业发展提供了坚实的科学基础。这种科学前沿布局与长三角区域的产业需求紧密契合，为未来的发展奠定了坚实的基础。三省一市间专利转移的产业主要集中在新材料产业、节能环保产业、新一代信息技术产业、高端装备制造产业和生物产业等战略性新兴产业领域。这些领域的发展正在经历学科与技术领域的深度融合和联通，为长三角区域科学技术的高质量发展提供了源动力，同时也推动了区域经济的升级和转型。

3. 科创产业与资本双向奔赴

2021年，长三角区域的高技术产业呈现出强劲的发展势头，实现了令人瞩目的利润增长，总额高达3594亿元。这一数字较2011年水平增长了 1.31 倍，占全国高技术产业利润的近三成，显示出了该地区在高技术领域的强大实力和吸引力。截至 2022 年 9 月，从上市企业的投资流向来看，长三角区域的 1914 家上市企业积极对区域内 4381 家企业进行异地投资。这种跨区域的投资活动有助于促进资源的流动和合作，进一步加强了长三角区域各个城市之间的经济联系和协同发展。同时从投资机构的角度来看，长三角区域吸引了超过 1.2 万家融资企业，这进一步证明了该地区作为科技创新和创业热点地区的吸引力。长三角区域的上市企业和投资机构在投融资活动中主要集中在科学研究与技术服务、软件和信息技术服务、专业技术服务等行业领域。这些领域是创新驱动型经济的核心，也是长三角区域高技术产业的重要组成部分。科创产业与资本的密切结合促使长三角区域不断整合产业链，提高资本要素的高效流动，从而助力区域内产业集群的建设和创新环境的竞争力不断提升。

3.1.4　粤港澳大湾区协同联动现状

粤港澳大湾区建设是中国国家战略的重要组成部分，是为实现区域协同发展新模式、深化内地与港澳全面合作、共同建设世界级城市群而设立的历史任务。目前，粤港澳大湾区协同联动已在多个领域取得显著进展，以下是一些重要领域的具体表现。

1. 规则机制的对接和流通

粤港澳大湾区不仅在商事制度、职业资格和标准上取得了卓越的衔接与对接成就，还在多个领域实现了深化合作和互联互通。通过积极推进"湾区通"工程和"数字湾区"建设，该区域成功实现了各城市现代服务质量的显著提升，为全球投资者提供了更具吸引力的商业环境。这一模式不仅使粤港澳大湾区能够与国际接轨，还为港澳与内地市场之间的联系搭建了更加顺畅的桥梁，促进了跨境贸易和合作的进一步繁荣。除了商事领域的协调，粤港澳大湾区还在金融领域迈出了重要的一步。通过实施"跨境理财通"试点，该区域的居民现在可以更加灵活地管理和配置家庭资产，这不仅有助于个人财务规划，还加强了三地金融机构之间的合作。这一试点项目不仅促进了金融业务的扩容，还有望吸引更多的国际资金流入粤港澳大湾区，为整个区域的经济增长和金融发展注入新的动力。

综合而言，粤港澳大湾区通过不断推进各项合作和改革举措，已经取得了显著的成就，成为国际化大湾区的典范。未来，随着更多的政策和项目的实施，粤港澳大湾区有望继续在全球经济格局中扮演更为重要的角色，为中国和世界的发展做出更大的贡献。

2. 产业协同与经济集群的崛起

粤港澳大湾区内部城市之间的产业互补和分工协作，如广佛肇、惠莞深、珠中江等经济圈的跨城市产业集群，不仅促进了区域经济整体实力的提升，还为各城市带来了诸多互惠互利的机会和成果。这种跨城市合作不仅仅在先进装备制造和汽车产业领域取得了显著成果，还在其他行业展现出了良好的合作潜力。

以广州和佛山为例，它们在先进装备制造和汽车产业方面的合作已经成为区域内的一大亮点。这两座城市相互借鉴优势，共同发展高端制造业，推动了整个产业链的升级和完善。广州作为区域性的经济中心，为汽车制造企业提供了广阔的市场和先进的研发资源，而佛山则以其强大的制造实力和供应链网络为广州的企业提供了稳定的生产基础。这种合作不仅带动了两地经济快速增长，还在全球市场上树立了粤港澳大湾区的产业声誉。除了这些城市之间的协作，粤港澳大湾区还积极推动跨越珠江口的产业互通。通过建设现代化的交通和物流基础设施，区域内的城市可以更加高效地共享资源和市场，实现产业链的优化布局。这有助于促进区域产业结构的多元化和升级，同时也提供了更多的发展机会，有利于推动东西两岸协同发展。粤港澳大湾区内部城市之间的产业互补和分工协作，不仅推动了各自经济的增长，还为整个区域经济的繁荣和创新注入了新的活力。当前这种合作模式不断壮大，有望在未来继续为粤港澳大湾区的可持续发展做出更大的贡献。

3. 对外开放与国际合作

粤港澳大湾区积极参与"一带一路"建设，推动与国际市场的连通。这一地区不仅在地理位置上处于中国与世界的关键连接点，还拥有独特的经济优势和产业特点，是成为全球商业的重要枢纽之一。香港特别行政区在大湾区建设中扮演着至关重要的角色，作为国际金融中心和国际贸易中心，它为大湾区提供了世界级的金融和贸易服务，吸引着全球投资者和企业前来设立业务，这也进一步加强了大湾区与国际市场的联系。同时香港特别行政区也在信息基建领域取得了显著进展，致力于成为数字科技创新的重要驱动力，这为大湾区的信息科技创新和发展提供了坚实基础。澳门特别行政区也积极参与大湾区建设，其重点领域和产业包括大健康、现代金融、高新技术、会展商贸和文化体育等。澳门特别行政区通过发展健康产业，加强现代金融服务，促进高新技术领域的创新，以及举办国际会展和文化体育活动，致力于提高其经济多样性和可持续性，为大湾区的综合发展做出贡献。此外，澳门特别行政区还积极推进横琴粤澳深度合作区的建设，这为两地的经济融合和合作提供了更多机会，促进了整个大湾区的协同发展。

这些举措有助于粤港澳大湾区在全球价值链中的地位进一步提升，使其成为我国实现双向开放战略的重要平台。大湾区的发展不仅对我国经济有重要意义，也有利于全球经济的繁荣与稳定，为跨境合作、资源共享和互联互通提供更多机会，推动地区和国际合作的深化，为全球经济增长做出积极贡献。

4. 城市群的融合创新和互联互通

粤港澳大湾区的发展不仅关注各城市的独立增长，还强调城市群的融合创新和互联互通，这一努力在多个方面产生了重要影响。港珠澳大桥是区域内的一个具有里程碑意义的世界级工程，它的成功建成通车将珠江三角洲、香港和澳门紧密连接在一起，大大提高了区域内的交通便捷性。这座跨海大桥不仅减少了出行时间，还促进了人员流动，增加了货物运输，加强了不同城市之间的联系。广深港高铁网络的建设也为大湾区注入了活力。高速铁路的运营使得城市之间的距离大幅缩短，几小时的车程就可以到达各个重要城市，这为各种经济活动的融合提供了坚实的基础，不仅促进了商务合作，还有助于人才流动和城市之间的协同发展。此外，大湾区还实施了一系列措施，如深圳湾口岸货检通道和横琴口岸24小时通关，以降低贸易壁垒，促进物流和贸易的畅通。这些举措有助于加速货物的流通，促进贸易的便利化，使大湾区更加具备成为世界级交通枢纽的潜力，吸引更多国际企业和投资者的关注与投入。综上所述，粤港澳大湾区的融合和互联互通努力已经取得了明显的成果，为这一地区的可持续发展打下了坚实的基础。

5. 金融市场互联互通

最新的数据显示，粤港澳大湾区在金融市场互联互通方面取得了新的重要进展。第一，粤港澳大湾区的人民币跨境支付额持续增长，不仅反映出该区域金融市场拥有蓬勃活力，也凸显了其作为离岸人民币中心的地位日益巩固。这一趋势进一步推动了人民币的国际化，吸引了更多的跨国企业和投资者加入区域金融活动。第二，金融市场的双向开放不断加速。新推出的合格境外机构投资者（QFII）和人民币合格境外机构投资者（RQFII）制度，以及更广泛的债券通和股票通机制，为国内外投资者提供了更多元化的投资渠道。特别是随着资本市场互联互通机制不断完善，沪深港通和债券通的顺利运作，进一步加强了内地与香港金融市场的融合，为投资者提供了更便捷、更低成本的投资途径。这些重要进展不仅加速了粤港澳大湾区金融市场的国际化进程，也为全球投资者带来了更多的机遇和选择。粤港澳大湾区正在成为全球金融业务的重要枢纽之一，为促进全球经济发展和创新提供了坚实的金融支持。

6. 创新建设与培育发展沃土

粤港澳大湾区正通过促进各要素的流动和深化地区合作，不断强化其创新驱动力。截至 2021 年，这一地区已经成功吸引了约 51 家独角兽企业入驻，占据全国 1/6 的份额，展现了其在创新和科技领域的引领地位。此外，澳门特别行政区在《2023 年财政年度施政报告》中提出了促进大健康、现代金融、高新技术四大重点产业发展的计划，旨在推动经济复苏和多元化发展，进一步巩固大湾区在全球创新和科技领域的竞争力。

总体来看，粤港澳大湾区正在积极探索和实践区域协同发展新模式，以促进三地之间的深度融合和全面合作，共同构建世界级城市群。这些努力不仅涉及基础设施建设和市场机制对接，还包括金融服务、创新合作等多个领域，旨在推动大湾区的协同联动发展。

3.1.5 黄河流域协同联动现状

2021 年 10 月 8 日，中共中央、国务院印发《黄河流域生态保护和高质量发展规划纲要》，这一重要文件的发布标志着中国政府对黄河流域生态环境的高度重视和未来发展的战略规划。这份纲要被视为当前和未来一个时期内指导黄河流域的生态保护和高质量发展的纲领性文件，其将为整个区域的可持续发展提供坚实的政策基础。10 月 20 日—22 日，习近平总书记到黄河入海口进行考察，这次考察体现了党和国家领导人对黄河流域问题的高度重视。在考察期间，习近平总书记主持召开了深入推动黄河流域生态保护和高质量发展座谈会，强调了一系列关键要点。首先，习近平总书记阐明了沿黄河省区的重要责任，要求各省份切实贯彻执行黄河流域生态保护和高质量发展战略部署。这意味着地方政府必须认真贯彻执行中央的政策，将生态保护和高质量发展置于优先位置，并采取切实措施来改善环境和促进可持续发展。其次，习近平总书记提出要坚持走"生态优先、绿色发展"的现代化道路。这一理念强调了在发展过程中,必须保护和恢复黄河流域的生态环境,以确保未来的发展是可持续的、对环境友好的。最后,习近平总书记还强调了建立协同合作机制的重要性。这意味着不仅各地方政府需要加强合作,而且各级政府与相关利益方、企业和社会组织之间也需要建立更紧密的协作关系,以共同推动黄河流域的生态保护和高质量发展。

黄河流域不同于长江流域,在产业发展中需要优先考虑生态脆弱性和水土保护,需要在严格保护中推动产业有序发展,实现生态保护和高质量发展的有机统一。第一,黄河流域9省区应建立产业项目合作开发和协同发展机制,按照节水原则和绿色发展要求,商定产业项目落地标准,避免恶性竞争。同时鼓励上中游省份利用资源优势在下游省份的产业园区投资建设产业项目,形成"产业飞地"。通过产业合作和协同发展,带动流域经济社会均衡协调发展,实现共同富裕。第二,黄河流域应强化生态保护与产业升级的协同机制。为了保障流域的可持续发展,需要在产业协同合作的基础上,制定严格的环境保护和生态修复政策,确保生态脆弱区域得到特殊保护;推动产业升级和技术创新,以提高资源利用效率和减少环境污染,确保产业与生态保护实现双赢。第三,建议建立跨流域的合作机制。黄河流域的生态问题和产业发展不仅仅影响本流域,还可能对周边地区产生影响。因此应与相邻流域建立合作机制,共同研究跨流域生态和产业协同发展的问题,以有效加强区域之间的互动,实现更广泛的生态保护和产业合作。最后,需要建立流域内各级政府之间的沟通和协调机制。黄河流域横跨多个省份和自治区,因此各级政府之间需要建立常态性的合作机制,共同制定流域发展规划和政策,协调产业布局和生态保护措施,确保各方利益的平衡和协调。同时,地方政府也需要加强与中央政府的协调,争取政策支持和资金投入,推动流域内产业协同合作的顺利推进。

此外,对于黄河流域的资源开发,更需要注重生态保护与可持续利用的平衡。在资源的统筹行动中,应确保生态系统的完整性和稳定性,避免不合理的开发活动对生态环境造成损害。为此,可以采取一系列生态修复措施,包括植树造林、湿地保护和水土保持等,以大保护和大治理思路维护流域内丰富的生物多样性和生态平衡。在大保护方面,黄河流域各省区应该形成联动机制,共同制定生态保护的长期规划和目标。这意味着要合力打击非法采矿、乱占耕地和滥伐林木等违法行为,确保资源得以持续维护，同时也要保障流域内居民的日常生计。协同推进大治理则包括强化水资源管理和水污染治理。黄河流域的水资源应该按照整体调配的原则，合理分配给各个地区，确保水资源的公平利用。并建立健全水污染治理体系，减少排放污染物的行为，提高水体的质量，以满足各地的用水需求和生态保护要求。

总之，黄河流域的资源开发必须在大保护、大治理的指导下，通过协同合作、统一调配和生态保护来实现资源的可持续开发与利用。这不仅有助于维护流域内的生态平衡，还能够促进地区的可持续发展，提高资源的利用效率，最终实现共同繁荣。这种综合性的战略规划将为黄河流域的可持续发展奠定坚实基础。在高质量发展的新阶段，大江大河的环境治理、生态治理、社会治理和经济治理都需要上下游联动、左右岸协调。黄河流域的生态保护和高质量发展，需要建立流域治理的联动机制。在建立公共政策协同机制过程中，需要重点考虑和优先设计流域生态补偿机制。流域省区要认真落实《支持引导黄河全流域建立横向生态补偿机制试点实施方案》，逐步建立流域横向生态补偿机制。同时树立全国"一盘棋"和共同富裕的发展理念，流域下游和东南沿海地区向黄河上游水源地、黄河中游水土保护带实行生态补偿机制，通过国家层面的转移支付和公共政策协同合作实现共同富裕，将黄河建设成为生态河、文明河和幸福河。

在协同合作机制中，黄河流域的"水资源管理机制"和"碳排放管理机制"是两个至关重要的合作机制，对资源管理和生态保护起着关键作用。第一，黄河流域的"水资源管理机制"将致力于实现水资源的统一调配和管理，包括建立跨省区水资源共享机制，确保公平分配水资源，并优先考虑节水原则，以提高水资源的利用效率。同时该机制还将注重水质保护和污染治理，以确保水体质量符合环境标准。第二，"碳排放管理机制"将专注于减缓气候变化和管理碳排放。流域内的各省区将合作制定碳排放限额和碳交易制度，以推动低碳产业的发展和减少碳排放。同时，通过植树造林、湿地恢复和可再生能源的推广等措施，实现碳中和和碳减排目标，为减少全球气候变化做出贡献。这两大特殊的合作机制——"水资源管理机制"和"碳排放管理机制"，将有助于在黄河流域实现资源开发与生态保护的协同发展，为地区的可持续繁荣和生态平衡创造更有利的条件。这些机制也将成为黄河流域可持续发展的关键支撑，并为其他流域和地区提供宝贵的示范经验。

3.2 产业部门协同联动现状

3.2.1 农业部门协同联动现状

农业部门协同联动是指在农业领域中,不同相关部门、企业和机构之间积极开展协作、合作和信息共享,旨在通过携手合作,共同解决农业产业链上的各类问题,实现更高效、可持续发展的一种战略性合作模式。这种联动的参与主体涵盖政府部门、农业企业、科研机构、金融机构等多方,通过协调资源、技术和市场信息的共享,提升整个农业生产链的综合效益。

在农业部门协同联动中,政府部门扮演着重要的引导和监管角色,促使不同利益主体形成合作共赢的局面。农业科研机构、企业参与其中,可通过合作共享资源、技术创新和市场渠道,提高生产效益、产品质量和市场竞争力。科研机构的积极参与有助于推动农业科技创新,为产业链提供先进的技术支持。金融机构则可以为农业项目提供资金支持,促进农业企业的发展。这种协同联动除了体现在日常生产活动中,还体现在共同应对灾害、新冠疫情等突发事件,以及共同推动农业可持续发展的战略目标上。通过建立紧密的合作机制,农业部门协同联动有望促进资源的优化配置,提升整个农业产业链的竞争力,推动农业现代化发展,实现经济、社会和环境的可持续协调发展。

1. 政府政策和规划

农业部门的协同联动在政府政策和规划方面具有关键性作用。第一,农业部门需要与其他相关政府部门建立紧密的合作机制,确保各方在农业领域的政策协同一致。这包括与土地资源管理、环境保护、财政等相关部门的协同,以综合考虑农业发展与可持续性之间的平衡。通过政策和规划的协同制定,可以有效解决跨部门之间可能存在的利益冲突,确保农业政策的一体化和协同性,为农业生产提供更为稳定的政策环境。第二,协同联动还需要在政策实施的过程中加强合作。农业部门与其他政府部门之间的信息共享、资源整合及政策执行的协同,将有助于更高效地推动农业发展。如在实施农业生产补贴政策时,农业部门需要与财政部门协同合作,确保资金的及时拨付和合理分配,以提升农业生产者的积极性和生产效益。

2. 科研与技术支持

农业科研机构的协同联动对提升农业生产效益至关重要。一方面，科研机构需要与农业生产主体建立紧密的协作关系。这包括与农业企业、合作社及个体农户等密切合作，深入了解实际生产问题，把握市场需求，有针对性地开展农业科研工作。通过与生产主体的深度互动，科研机构能更好地根据实际需求调整研究方向，确保科研成果更符合农业生产的实际情况。另一方面，科研机构在提供先进的农业技术和科研支持的同时，需要与金融机构等多方合作，共同推动科技成果的转化与应用。通过建立农业科技创新平台，促进科研成果的产业化，科研机构能够更好地满足农业生产主体对高效、可持续农业发展的需求。这种跨界合作模式将推动农业科技创新成果更迅速地投入实际生产，提高整个农业生产体系的科技含量，促进农业产值和效益的全面提升。

3. 金融支持

在农业部门协同联动的框架下，金融支持是推动农业可持续发展的关键要素之一。金融机构起着连接农业生产和发展的纽带作用，通过提供农业贷款和金融产品，可以有效促进农业现代化和提高农业生产效益。为了实现协同联动的目标，农业部门需要与金融机构深化合作，共同制定适合农业发展的金融政策。通过与金融机构合作，政府可以制定支持性的金融政策，包括利率优惠、贷款担保和资金补贴等激励措施，以鼓励金融机构更积极地参与农业领域发展。此外，政府还可以通过建立金融监管框架，确保金融机构在支持农业发展过程中遵循规范和道德标准，促使资金更加合理、有序地流向农业生产。协同联动中的金融支持也需要注重创新。金融机构可以通过引入农业保险、农业信用体系等创新性金融产品，降低农业生产的风险，提高农业从业者的信用水平。这种金融创新需要政府、金融机构和农业部门的共同努力，以推动整个农业生态系统向更加健康和可持续的方向发展。

4. 市场渠道与营销

市场渠道与营销的协同联动对保障农产品的畅销至关重要。在农业部门协同联动的框架下，农业生产者需要与市场渠道和销售渠道建立紧密的合作关系，以确保他们的产品能够顺利进入市场并得到良好的销售。政府部门可以通过制定和调整市场准入政策、监管规定，促使市场渠道更加透明、公正。同时政府还可以提供相关培训和信息服务，帮助农业生产者更好地了解市场需求，调整生产结构，提高产品适应市场的竞争力。协同联动中的市场渠道与营销也需要注重品牌建设和营销策略的创新。农业生产者可以通过与市场渠道合作，共同打造农产品品牌，提高产品附加值。并利用数字化营销手段，如社交媒体、电商平台等，将农产品推向更广泛的受众，拓展销售渠道。

5. 信息共享与互联网技术

信息共享与互联网技术在农业部门协同联动中扮演着促进农业现代化的重要角色。通过利用互联网技术，各方可以实现农业信息的快速、高效传递，从而提高农业决策的准确性和效率。政府部门可以建立农业信息平台，整合各类农业数据，为农业从业者提供及时、全面的信息服务。与此同时，政府还可以推动各个农业相关机构和企业共享信息，打破信息孤岛，形成信息共享的良好氛围。农业企业和科研机构也需要积极参与信息共享，通过分享生产经验、科研成果，促进行业内的信息共享和合作，推动农业技术的创新和进步。农业从业者可以通过互联网技术获取市场信息、气象数据等，以便及时调整生产计划，降低生产风险。

3.2.2 制造业部门协同联动现状

制造业部门协同联动现状一直以来都是制造业发展的重要议题之一。在全球化竞争不断加剧的背景下，各个地区都希望通过协同联动来提高制造业的竞争力和创新能力。长三角区域作为中国最具活力的制造业集聚区之一，一直致力于推动制造业部门之间的协同发展，以应对市场变化和挑战。

本节将以长三角区域为例，探讨制造业部门协同联动的现状及取得的成就。长三角区域包括上海、江苏、浙江、安徽等省市，这一地区拥有丰富的产业资源和技术优势，因此制造业协同发展是一项重要的战略举措。在全球价值链的演变中，长三角区域的企业逐渐从单一的生产制造环节扩展到了更广泛的价值链中，这为各制造业部门之间的协同联动提供了更多的机会和潜力。接下来，下文将详细探讨长三角区域制造业部门之间的协同联动现状，包括政府政策支持、企业间合作模式、技术创新及人才培养等方面的情况。同时，本节还将分析当前协同联动所取得的成就，以及未来可能面临的挑战和发展方向。通过深入分析和介绍长三角区域的经验和教训，可以为其他地区的制造业部门协同发展提供有益的经验借鉴，以推动中国制造业更好地发展。

1. 制造业部门协同联动进展

（1）协同发展机制得到有效探索

国家相关部委与长三角"三省一市"建立联席会议制度，央地协作、部门协同制定出台了长三角制造业协同发展相关政策举措，为该区域的经济繁荣和创新发展注入了新的活力。这一协同机制的实施为长三角区域带来了一系列积极变化和机会。其中，出台长三角一体化示范区跨区域财税分享实施方案是该机制的一项重要举措。这一方案明确了跨区域协同招商和企业迁移等财税分享路径，为企业提供了更多的发展空间和经济激励，促进了区域经济的协同发展。在面对"缺芯""缺电""缺柜""缺工"等问题和困难时，长三角区域建立了产业链保供协调互助机制，这一机制的建立为各行业提供了应对挑战的方案。特别是在长三角芯片、汽车零部件和整车企业之间，已经组织了供需对接活动，以确保生产链的稳定运转和供应链的畅通，从而维护了产业的正常发展。总之，长三角区域的协同发展机制不仅加强了地区间的合作和协调，还为企业提供了更多的发展机会和支持措施，有力地推动了该地区的经济发展和创新升级。这一机制的有效探索将继续为中国经济的可持续增长和地区协同发展注入动力。

（2）产业链竞争力得到有效提升

2021年5月，长三角区域通过签署《联合开展长三角产业链补链固链强链行动合作协议》，成功提升了产业链的竞争力，为促进经济发展注入了新的动力。这一协议以市场化和轮值制原则为基础，组建了四大产业链联盟，包括集成电路、生物医药、新能源汽车和人工智能。每个联盟都牵头开展了产业链的跨区域研究，以加强产业链的补链、固链和强链。

其中，江苏省在生物医药产业链方面发挥了关键作用，通过实地走访和问卷调查近1000家产业链重点企业，编制了详尽的产业链图谱。这一举措有助于更好地了解该产业链的结构和特点，为进一步优化区域产业链布局提供了有力支持。通过协同培育先进制造业集群，长三角区域成功促进了先进制造业的发展。在前两批先进制造业集群竞赛中，共有44家集群初赛优胜者和25家决赛优胜者脱颖而出，其中长三角区域分别有24家和12家，显示出该地区在产业链优化和集群培育方面取得了显著成果。这一系列举措有助于长三角区域进一步提升产业链的竞争力，推动经济持续稳步增长，为长期发展奠定坚实的基础。

（3）产业合作平台载体得到有效拓展

在推动产业合作平台载体的有效拓展方面，长三角区域已经取得了显著的成绩。首先，针对产业链的部署，长三角区域着重构建了创新链，致力于推动创新平台的建设。截至2022年，长三角的"三省一市"分别创建了6家国家制造业创新中心，这些中心的设立不仅有助于汇聚各方的创新力量，还为产业合作提供了有力支持。同时，长三角区域还集聚了85家国家新型工业化产业示范基地和100家国家级开发区，为产业合作提供了丰富的资源和平台。其次，长三角区域还积极推动跨地区合作和创新。以上海增材制造创新中心与嘉兴航空3D打印研究院合作成立的长三角航空增材制造创新中心为例，这种跨地区合作有助于整合各地的优势资源，推动技术和产业的协同发展。另外，国家技术转移东部中心在长三角设立了19个分中心网络，已经成功达成了长三角区域22.5亿元的技术交易，促进了技术交流和合作。最后，长三角区域还着力搭建科技资源共享服务平台，集聚了22个重大科研基础设施和3.7万台（套）大型科学仪器，为科技创新提供了强大的支持。上交所在长三角区域布局了31个上市服务基地及工作站，截至2021年第三季度，长三角已有160家企业在科创板挂牌上市，占全国比重达到了47%。

总的来说，长三角区域在产业合作平台载体的建设和拓展方面取得了令人瞩目的成就，这不仅推动了创新和产业的协同发展，还为科技创新和经济增长提供了坚实的基础和支持。这些举措也有望进一步推动长三角区域在未来产业合作领域的持续发展和壮大。

（4）产业区域合作环境得到有效优化

长三角区域一直以来都是中国科技创新和经济发展的重要引擎之一。为进一步加强长三角区域的科技创新合作，实现资源共享和互认，长三角"三省一市"决定共同开展科技创新券通用通兑试点。这一举措不仅有力地推动了长三角区域的科技创新和跨界合作，还为企业和科研机构提供了更多的资源和支持。首批纳入试点的服务机构共有615家，他们提供了丰富多样的服务资源，包括技术研发、人才培训、市场推广等25000余项服务项目。这些资源的共享和通兑，将有助于企业更加高效地开展创新活动，提高长三角区域整体的科技创新水平。

为了进一步促进专业技术人才的流动和互认，长三角区域制定并出台了《长三角生态绿色一体化发展示范区专业技术人才资格和继续教育学时互认暂行办法》。这一政策的实施，使得不同地区的专业技术人员的资格和学时得以互相确认，有利于打破地域壁垒，促进高端人才的流动和共享。工信部门也积极参与了长三角区域的工业互联网发展；联合推动15家企业和高校设立首批长三角工业互联网实训基地，以培养更多的工业互联网人才。同时长三角区域推动建设长三角工业互联网平台集群，截至2021年底，已经发布了70个工业互联网平台、64个专业服务商、55个标杆工厂和6个标杆园区。这些平台和服务商的建设，有望进一步推动长三角区域的工业互联网发展，提高产业的智能化水平，为经济的高质量发展提供有力支持。

2. 制造业部门协同联动面临的挑战

尽管该地区拥有众多优势资源和市场机遇，但通过调研发现，长三角制造业协同发展仍存在一系列问题，这些问题常被形象地概括为"四不"制约。这些问题不仅妨碍了各地区制造业的良性竞争和协同发展，还限制了长三角区域在全球制造业市场中的整体竞争力。

（1）跨区域产业协调机制不健全

首先，政策机制方面的不健全是长三角制造业协同发展的一大制约因素。相比环保、交通、安全等领域已经建立的"三省一市"间协调机制，产业领域缺乏具有约束力和执行力的跨行政区产业协调机制。尽管在大型科研仪器设备共享网、G60科创走廊、"一网通办"等平台建设方面取得了较大进展，但工作执行层面的共建共享机制仍存在较大缺位。当前，各地区之间主要依赖会议等定期活动来进行沟通协调，这种方式在应对极端情况（如新冠疫情等）时，联动效率显然不足，需要更加健全的政策机制来加强各地制造业的协同发展，建立跨区域产业协调机制成为当务之急。

除政策机制不健全外，还存在着财政支持不均衡的问题。不同地区在发展制造业方面面临着不同的挑战和需求，但目前的财政支持政策缺乏针对性和差异化，导致一些地区无法得到足够的支持，从而限制了其制造业的发展。因此需要建立更加灵活和适应性强的财政支持机制，以确保各地区都能够充分发挥其制造业潜力。另外，长三角区域的人才流动也需要更多的支持和鼓励。制造业的协同发展需要各地区之间的人才流动和知识共享，但目前存在着人才流动受限和地区之间的竞争加剧的问题。对此，政府可以通过提供更多的人才培训和支持措施，以及减少地区之间的竞争限制，来促进长三角区域的人才流动和合作。制造业的协同发展需要不断创新和引入先进技术,但各地区之间存在着技术资源的不平衡和研发能力的差异。因此建立跨区域的技术创新合作机制,促进技术共享和合作研发,将有助于提升长三角区域制造业的整体竞争力。

首先,这一机制应该具备约束力,明确各地区在制造业发展方面的责任和义务。它不仅应该规定具体的产业政策和标准,还应该制定一套有效的监督和考核机制,确保各地区按照协调发展的要求履行承诺。这将有助于消除政策不一致和产业发展不平衡的问题,推动长三角区域的产业协同发展。为了进一步强化约束力,还可以考虑设立一种奖惩机制,对履行承诺优秀的地区予以奖励,对未能达到标准的地区实施相应的惩罚,以确保各地区积极履行责任。其次,建立共建共享机制,以确保资源的充分流动和共享。这包括共享科研设施、共同开发研究项目,以及共享技术和人才资源。通过建立产业创新联盟和技术创新平台,各地区可以更好地协同创新,提高制造业的竞争力。当然,还可以建立专门的资源共享平台,使各地区能够轻松分享最新的科技成果、市场信息和人才培训资源,从而促进产业链的全面发展。最后,建立紧急响应机制,以应对突发事件如自然灾害等对产业链的冲击。通过建立信息共享系统,确保各地区能够迅速协调行动,保障供应链的稳定性。同时,还应建立危机管理团队,负责制定应急预案和协调应对措施,确保生产和供应不受干扰。对关键的产业链节点,可以建立备份生产能力,以应对可能发生的中断,保障生产线的可持续性运营。综合实施这些措施,将有助于确保长三角区域的制造业能够在各种情况下保持弹性和稳定性,为经济发展提供坚实的支持。

(2)要素流通不畅

要素流通不畅还表现在人才、技术、信息等关键要素的跨地域流动面临一系列障碍。首先,长三角区域各城市之间的教育体系存在差异,导致毕业生的学历和技能认可存在问题,使得人才跨城市就业和创业变得困难。这种教育体系的差异还可能导致培训和继续教育难以有效推进,影响了劳动力的适应性和流动性。其次,技术创新和研发成果的跨地域转移面临知识产权保护、合同履行、产业链协同等多重难题。知识产权的保护问题可能使企业因担心被侵权或泄露不愿意分享关键技术,合同履行方面存在的不确定性也降低了企业之间合作的积极性。产业链协同方面,不同地域的企业之间合作的障碍,使得技术要素的自由流动受到限制,进一步阻碍了创新和发展。最后,信息不对称和市场准入壁垒也增加了企业在不同地市之间开展业务的难度,阻碍了市场要素的有效流动。信息不对称可能导致企业难以获取关于市场、政策和竞争对手的准确信息,影响决策的质量。市场准入壁垒,如行业准入门槛和政策限制,可能使企业在不同地市之间进入市场更加困难,被市场竞争力削弱。

为了解决上述问题,需要采取一系列综合性措施,以促进长三角地区域内各城市之间的协同发展。第一,政府应该积极建立更加统一的政策体系,以协调不同城市之间的行动。这包括制定一致的产业政策,避免采取竞争性政策措施,以减少不必要的竞争,以及推动资源的合理配置。此外,政府还应提供更多的法律和法规支持,以确保市场交流和合作的公平性和透明度。这将有助于吸引更多企业参与长三角区域的合作,共同推动经济发展。第二,除了政策层面的改革,还需要在人才培养和流动方面采取措施。建立跨地域的人才培训和认证体系可以打破不同地区之间的教育差异,促进人才的自由流动。这将有助于各城市吸引高素质人才,推动创新和发展。同时,需要建立更多的跨城市合作项目,以便年轻人能够获得更广泛的职业机会和经验,促进人才的交流和共享。第三,加强知识产权保护也是至关重要的。更强有力的知识产权法律和法规可以鼓励企业积极投资研发和创新,同时也保护了他们的技术成果。简化技术转移流程可以促进技术要素的流动和分享,从而加速创新和发展的速度。此外,建立知识产权保护的协作机制,使各城市之间能够更好地共享和保护知识产权,将有助于长三角区域的企业更加积极地参与技术创新和合作项目。

只有通过综合性政策改革、促进人才培养和流动,以及对知识产权保护的强化,才能够实现长三角区域各城市之间的协同发展,推动经济繁荣和创新发展。这不仅有益于各城市的发展,还将为整个国家的经济增长做出重要贡献。

(3)龙头企业带动力量不足

在长三角的"三省一市"协同补链固链强链战略中,龙头企业,特别是大型国有企业,一直被寄予厚望,国家希望其能在产业链中发挥引领作用。然而,现实却显示出它们在这方面的作用相对不足,这值得我们更深入的探讨。

首先,大型国有企业在产业链上承担的领导角色受到了机制性问题的困扰。我国的国有企业体系通常受到官僚体制的影响,决策过程烦琐,难以灵活应对市场变化。这种体制性问题导致国有企业的决策速度较慢,无法迅速适应市场需求的快速变化。此外，企业内部管理问题，包括资源分配效率低下、创新机制不足及人才流动受限等问题，也是需要面对的一大挑战。资源分配的效率低意味着有些国有企业可能在某些领域投入过多，而在其他领域不足，进而影响了整个产业链的均衡发展。创新机制的不足则使国有企业在新技术和新产品的研发方面缺乏竞争力，无法引领产业链的技术升级。人才流动的受限也阻碍了知识和经验的传递，使得企业内部难以培养和留住高素质的员工。这些机制性问题使得国有企业难以快速响应并引领产业链的发展方向。

其次，信息缺失也是制约龙头企业发挥作用的关键问题。虽然中国在信息技术方面取得了巨大进步，但在产业链上的信息共享仍然不够透明和高效。这导致龙头企业难以准确了解市场需求和竞争态势，从而影响了他们的决策和战略制定能力。在信息不畅通的情况下，企业可能会做出错误的战略决策，导致资源浪费和市场竞争劣势。

最后，地方行业协会和产业联盟也未能充分进行市场化和社会化运作，这限制了协同作用的发挥。这些组织应该更积极地促进不同地区和企业之间的合作和信息共享，以实现跨区域一体化发展的潜力。同时，政府在协同战略的推动中也需要更多的政策支持和引导，以确保各方能够有效协同合作。政府可以通过建立更多的合作平台、提供财政和税收激励措施及加强监管来促进协同作用的发挥。这将有助于龙头企业更好地引领产业链发展，推动整个产业的创新和升级。

总的来说，要让龙头企业真正发挥在产业链中的引领作用，需要解决机制性问题，改善信息共享机制，以及加强协同合作的市场化和社会化运作。这将有助于推动"三省一市"协同补链固链强链战略的成功实施，促进中国产业链的创新和升级。

（4）发展步伐不协调

长三角沿海地区因为拥有先发优势，能够快速实现新旧动能转换，不断涌现出新技术、新产业、新产品和新业态，使产业发展迅速进入快车道。然而，苏北、皖北、浙西等地区由于资源禀赋、区位和政策等方面的限制，面临着新旧动能转换不畅、产业结构调整步伐缓慢、新兴产业发展不足等诸多问题。这导致制造业的质量和效益与先发地区之间的差距不断扩大，地区间的发展分化不断加深。

除了这些问题，各城市之间发展思路的同质化也是一大挑战，许多地区过于模仿先发地区的成功模式,而忽视了自身的独特性和潜力。这种同质化发展导致了机会浪费和竞争加剧,限制了创新和多元化发展的可能性。考评机制缺乏差异化也是制约地区均衡发展的问题之一,一些有潜力的地区受到了不公正的评价和资源分配,而无法充分发挥潜力。这不仅影响了这些地区的发展前景,也损害了整体经济的可持续性。同时产业发展禀赋的差异性也日益凸显,有些地区天然拥有某些产业的发展优势,但由于缺乏全面的支持和规划,这些优势并没有得到充分发挥。因此需要采取更具差异化的政策措施,促进各地区产业的协同发展,以实现更加均衡和可持续的经济增长。

这些问题的累积,使得长三角区域整体上缺乏统筹发展步伐的增长策略,已不再适应当前长三角产业链现代化的发展需求。这种局面不仅制约了制造业的集聚和竞争力提升,还影响了结构升级和跨区域协同发展的实现。因此需要通过更精细化的政策制定、资源配置的优化及跨地区协作的深化来解决这些问题,进而实现长三角区域更加全面、协同、可持续的发展。

3.2.3 服务业部门协同联动现状

当今世界正经历着快速而持续的变革,其中服务业部门占据着日益重要的地位。全球化、技术革命和市场竞争的不断加剧,使得服务行业变得愈发复杂和多元化。服务业不再仅仅是为客户提供单一的服务,而是涵盖了更广泛的服务,从金融、医疗保健、旅游、零售到教育等各个领域都在不断创新和发展。在这个多样化且高度竞争的环境中,服务业部门之间的协同联动变得尤为关键。本节将深入研究服务业部门协同联动的现状,探讨其重要性,以及当前面临的挑战和机遇。通过深入分析,本节有助于更好地理解如何促进各服务业部门之间的合作,以更好地满足客户需求,提高效率,创造更多价值。

1. 服务业部门协同联动进展

(1)增长态势良好

中国的服务业在近年来展现出了惊人的增长力。国家统计局的数据显示,规模以上服务业企业的营业收入和利润总额都显示出了同比增长的趋势。这一增长不仅体现在传统服务领域,更显著地体现在高科技和信息技术服务业中。增长的驱动力来自对新技术的采纳、对创新的服务模式的推广,以及对国内外市场需求的快速响应。这种增长态势反映出了中国服务业结构的优化和升级，显示出服务业在中国经济中的重要性日益增加，是推动经济发展的重要力量。此外，中国服务业的增长也为就业市场带来了积极影响。随着服务业的蓬勃发展，越来越多的人在餐饮、旅游、医疗保健、金融、教育和文化等领域找到了就业机会。这不仅提高了就业率，还促进了社会稳定和消费增长。

与此同时，中国服务业的国际化程度也在不断提高。中国企业积极参与全球市场竞争，提供各种各样的服务，包括跨境电子商务、文化创意产业、咨询和工程服务等。这种国际化的发展有助于增加中国的国际收入，同时也为中国企业带来了更广阔的发展空间。随着中国在国际舞台上的角色日益凸显，中国服务业的国际化不仅对中国经济的增长起到了积极作用，还有助于加强中国在全球服务领域的影响力。这种发展还推动了国内服务行业的创新和升级，促进了跨国合作与文化交流，进一步提升了中国在国际经济中的地位。

（2）贸易发展快速

服务贸易的迅速增长不仅彰显了中国服务业的蓬勃发展，同时也标志着国际贸易领域正迎来一个重要而引人瞩目的趋势。最新的数据表明，中国的服务贸易进出口总额连续多年保持着持续增长的势头，而且这种增长趋势在知识密集型服务贸易领域表现尤为突出。这一现象不仅是中国服务业在国际市场上竞争力不断增强的体现，同时也象征着中国经济正朝着更高附加值和高技术领域的转型和升级迈出坚实的步伐。这种快速增长为中国提供了巨大的发展机遇，不仅推动了服务业的创新和提质升级，还促进了国际贸易的多元化和全球化，有望进一步增强中国在全球经济中的影响力。因此服务贸易的繁荣不仅是中国经济转型升级的有力引擎，也为国际贸易的未来走势注入了积极动力。

这一转型的背后有几个关键因素，首先是中国日益增强的创新能力和技术实力。中国积极投资研发和创新领域，促进了服务业的不断升级和发展。其次，中国能够灵活适应国际市场的动态变化，这意味着中国企业和服务提供商能够迅速调整战略，满足客户不断变化的需求，从而保持了竞争力。服务贸易的增长不仅有助于平衡国际贸易结构，还推动着国内产业结构的优化升级。中国的服务出口不仅仅包括传统的服务领域，还包括数字经济、云计算、人工智能等新兴领域，这些领域的增长为中国经济提供了更多的增长动力，并带动了相关产业的快速发展。最后，服务贸易的增长也为就业市场提供了更多的机会,促进了人力资源的培训和发展。

(3)新动能逐渐壮大

信息传输、软件和信息技术服务业的快速增长,已成为服务业领域的新兴增长引擎,这一现象已经产生了深远的影响,不仅仅在服务业内部,还为整个经济格局带来了积极变革。这种快速的增长趋势并非偶然,它源于多种因素的相互作用,其中最为重要的是中国在数字化和信息化领域的深入推进。

首先,中国对5G、云计算、大数据等前沿技术的广泛应用,为信息传输、软件和信息技术服务业的蓬勃发展提供了坚实的技术基础。这些前沿技术的不断演进,使得服务业能够推出创新的业态和服务模式,如在线教育、远程医疗等,这些服务不仅提高了人们的生活质量,还大大提高了服务效率,为服务业带来了新的增长机遇。其次,这种增长也推动了服务业向更为智能化、高效化和全球化方向迈进。通过数字化技术的广泛应用,服务提供者能够更好地理解客户需求,提供个性化的服务,同时也能够降低成本,提高效益。最后,全球化的趋势使得服务业能够进一步扩展市场范围,吸引国际客户,促进国际贸易和跨境合作。这一领域的持续增长不仅有力地推动了经济的发展,还提供了大量就业机会。信息技术和数字化领域的发展不仅需要技术专业人才,还需要各种相关领域的从业者,如市场营销、客户支持、数据分析人员等,这就为就业市场提供了丰富多样的岗位。同时,服务业的高质量服务也提高了人们的生活水平,满足了人们不断增长的消费需求,促进了经济的可持续发展。

由此,信息传输、软件和信息技术服务业的崛起已经成为中国服务业和整个经济的重要支柱之一,不仅促进了经济增长,还为社会提供了更多便利和高质量的服务,为未来的发展注入了强大的动力。这一趋势的持续发展将继续塑造中国经济的未来,推动其走向更加创新和可持续的道路。

(4)产业不断融合

信息技术的迅猛发展已经成为实体经济的重要助力,它不仅推动了先进制造业和现代服务业的融合,还为整个产业生态系统注入了新的活力。随着数字化技术的不断渗透,传统产业正积极寻求与服务业的协同合作,这种协同合作不仅有助于提高效率,还能优化供应链和拓展市场,使整个产业链更具竞争力。这种产业融合的趋势不仅推动了服务业的进步,还为制造业带来了新的活力,形成了一个互相协同互补的发展格局。在这个格局下,制造业能够借助信息技术的力量提升生产效率,实现精细化管理和智能化制造,同时也能够更好地满足消费者的个性化需求。它通过数字化技术提供更智能化、便捷化的服务,改善了客户体验,提高了客户满意度。

这种合作和互补的模式不仅推动了实体经济的创新和发展,还为未来的经济增长提供了坚实的基础。随着技术的不断进步和创新,可以预见,信息技术将继续为实体经济注入新的活力,推动各个产业的进一步融合与协同,从而促进整个经济的持续增长和繁荣。这也将为未来的经济发展打开更广阔的前景,为社会带来更多的福祉。

2. 服务业部门协同联动面临的挑战

服务业部门协同联动的现状反映了中国经济结构不断优化升级的趋势,同时也为未来经济增长提供了丰富的机遇和挑战。接下来,本节将进一步探讨这一趋势对中国经济和社会的影响,以及可能面临的问题。

(1)需求升级变化

在当今快速发展的消费市场中,服务业不仅需要适应消费者需求的快速变化和升级,还必须积极应对新的挑战和机遇。随着社会经济的不断发展,消费者对服务的期望和需求变得更为多样化和个性化。例如随着互联网和智能手机的普及,消费者对数字化服务的需求不断增加,他们希望通过在线渠道获得方便、快捷的服务体验。此外,个性化服务也成为服务业的重要发展趋势,消费者希望获得根据自己的偏好和需求定制的服务。

为了应对这些变化,服务业需要不断更新和升级自己的服务模式。这包括采用先进的数据分析工具,以更好地理解消费者的需求和行为模式。通过大数据分析,服务业可以更好地预测市场趋势,制定相应的战略,满足不同消费群体的需求。此外,服务业还需要不断创新,引入新的技术和解决方案,以提供更灵活、高效的服务。这可能包括采用人工智能、机器学习和自动化技术来提高服务质量和效率。除了技术方面的更新,服务业还需要注重员工培训和发展。员工需要具备与新技术和服务模式相适应的技能,以便给客户提供高质量的服务体验。培训员工并激发他们的创新潜力将有助于提高服务质量,并促进客户满意度的持续提升。

(2)技术应用挑战

新兴技术的迅猛发展已经深刻地改变了服务业的面貌,也对行业提出了全新的技术要求。人工智能、大数据分析及云计算等技术的广泛应用，已经不仅仅是一种趋势，更是服务行业必须紧跟的未来。这些技术的融合和创新不仅可以显著提高服务效率，降低运营成本，还能够为客户提供更加个性化、精准的服务体验，从而提高客户忠诚度和满意度。然而，新技术的广泛采用也伴随着一系列挑战。

第一，服务业需要应对员工技能的提升要求，因为使用这些技术需要具备相应的知识和技能，这可能需要投入时间和资源进行培训和教育。第二，数据安全和隐私保护问题变得尤为重要，随着大规模数据的收集和处理，服务提供商必须采取有效的措施来确保客户的敏感信息不受侵犯，同时遵守法规和合规要求，以防止潜在的法律问题。此外，新技术的广泛采用还面临着其他一些挑战。第三，与技术的快速演进相伴随的是设备和软件的不断更新和升级需求。这可能导致企业需要投入大量资金来维护和升级他们的技术基础设施，以保持竞争力和安全性。第四，数字鸿沟可能进一步加剧，因为那些缺乏技术素养的人可能被排除在新技术带来的机会之外，导致社会不平等增加。同时，新技术的广泛应用还可能引发一些伦理和社会问题。第五，自动化和人工智能的普及可能导致一些工作岗位减少，企业可能需要重新思考如何培训和重新定位受影响的员工，以减轻潜在的社会不稳定性。第六，信息泛滥和虚假信息的传播也是一个隐忧，需要采取措施来应对不实信息给公众和社会带来的潜在危害。

服务业需要不断投入资金和时间来跟进技术的更新和发展，以确保其在市场竞争中保持竞争力。同时，企业还需要积极寻求合作伙伴关系，与技术提供商和数据安全专家合作，以更好地应对这些挑战。总之，新兴技术为服务业带来了前所未有的机遇，但也需要企业在适应和应对相关挑战方面保持灵活性和创新性。这是一个不断发展和演变的领域，只有积极应对，服务业才能在这个数字化时代蓬勃发展。

（3）国际竞争加剧

在全球化背景下，服务业面临着更加激烈的国际竞争，这一挑战的复杂性和紧迫性越来越显著。随着国际贸易的快速发展和市场的持续开放，服务企业不仅需要在本国市场中脱颖而出，还必须在国际市场上与众多对手展开竞争，这使得服务业在多个方面面临问题和挑战。

一方面，服务业必须提高自身的服务质量和效率，以满足不断增长的客户需求。最新的研究表明，随着全球经济发展，消费者对服务品质的要求越来越高。调查数据显示，超过80%的消费者表示，他们更愿意为获得更高水平的服务支付额外费用。因此服务业企业应当首先改进其内部流程，提高响应速度，减少客户等待时间，并加强对客户的个性化关怀，以更好地满足客户需求。其次，采用最新的技术和工具也是提高服务效率的重要手段。例如虚拟现实、人工智能和大数据分析等技术已经在服务业得到广泛应用，帮助企业提升客户体验，提高了运营效率。通过引入这些先进技术，服务企业可以更好地了解客户需求，并提供更个性化、更精准的服务。再次，不断培训和提升员工的技能也是提升服务质量的关键。国际经验表明，员工是服务行业的重要资产，他们的专业水平直接影响到服务质量和客户满意度。因此服务企业应当加强对员工的培训和教育，使他们掌握最新的行业知识和技能，提高服务水平和专业素养。最后，通过激励机制和良好的职业发展路径，激发员工的工作积极性和创新精神，从而推动服务质量的持续提升。因为服务质量的提升不仅有助于维持现有客户的满意度，还有助于吸引国际市场上的新客户。国际经验表明，优质的服务是企业吸引国际客户的重要因素之一。在全球化竞争日益激烈的背景下，服务业企业必须不断提升自身的竞争力，通过提供高品质、高附加值的服务，赢得国际市场的认可和青睐。因此加强服务质量管理，提升服务水平，成为服务业企业赢得国际竞争优势的关键路径之一。

另一方面，服务业需要具备跨文化交流的能力。首先，不同国家和地区拥有不同的文化、语言和价值观，这可能导致误解和沟通障碍。因此服务业企业必须为员工培训投资，使他们能够有效地与跨文化客户和合作伙伴互动，建立互信关系，并确保信息传递的准确性。其次，服务业还需要深入理解不同国际市场的需求和特点。不同地区的市场可能对产品和服务有不同的需求，因此服务业企业必须灵活地调整其策略和产品组合，以适应不同市场的需求。这可能需要进行市场研究和定制化的战略规划。最后，服务业还必须密切关注国际贸易政策的变化和各个国家的法律法规。国际贸易政策的变化可能会影响进出口和投资规则，因此企业需要不断更新自己的知识，以确保合规运营并避免潜在的法律风险。

(4) 政策和法规适应

服务业的快速发展和不断变化着实需要政策和法规与时俱进。随着服务业种类的不断增加和服务方式的持续创新，现有的法律法规体系可能无法充分适应新兴服务模式的多样性和复杂性。因此政府和相关机构必须不断审查和更新法规,以确保其与市场的实际需求相匹配,并能够维护公平竞争和消费者权益。在这个竞争激烈的环境中,政策制定者需要以灵活和响应迅速的方式来应对新兴服务模式的挑战,以推动服务业的可持续增长和提升国家经济的竞争力。这意味着不仅要加强监管和合规性方面的工作,还需要大力鼓励创新和创业,以确保服务业能够持续演化和适应市场的需求变化,从而保持其在经济中的重要地位。

3.2.4 交通运输业部门协同联动现状

交通运输业部门协同联动现状一直是一个备受关注的话题,因为交通运输系统的高效运作对城市发展和国家经济至关重要。在当今社会,交通运输不仅仅涉及道路、铁路、航空和海运等多个领域,还涵盖了新兴技术和创新,如智能交通系统、共享出行平台和电动交通工具。随着科技的不断发展和城市人口的增加,我们正面临着更多的挑战和机遇,需要不同部门之间的协同联动来解决这些问题并促进可持续发展。本节将探讨当前交通运输业部门协同联动的现状,分析其中的问题和障碍,以及未来可能的发展方向。通过深入研究,我们可以更好地理解如何优化交通运输系统,以提高效率,减少环境影响,并满足不断增长的交通需求。

1. 交通运输业部门协同联动进展

(1) 技术进步

交通运输业正处于一个充满挑战和机遇的时期,随着技术的不断革新,智能化和自动化应用正在改变着这一行业的面貌。这些技术的发展带来了巨大的潜力,可以大幅提高交通运输的效率和安全性。第一,自动驾驶技术的应用已经取得了显著的进展。这一技术的核心是使用传感器和人工智能来实现车辆的自主导航,从而减少人为错误的风险。自动驾驶车辆可以更精确地遵循交通规则,减少事故的发生,提高运输效率。此外,它们也可以实现更低的车辆密度和更有效的交通流动,从而减少交通拥堵,缓解城市交通压力。第二,智能交通系统的推广也对交通运输业产生了积极影响。这些系统通过实时数据分析和优化路线规划,帮助驾驶员避开拥堵,从而提高城市交通的流畅性。智能信号灯和交通管理系统可以根据实际情况进行动态调整,以减少等待时间和交通阻塞,使通勤更加便捷。

然而,尽管这些技术的应用前景光明,但它们的发展和应用仍面临着资金投入等挑战。首先,大规模采用自动驾驶技术需要庞大的资金投入,包括研发、测试和制造成本。随着技术的不断演进,需要不断的投资来改进硬件和软件，以提高自动驾驶系统的性能和安全性。其次，自动驾驶车辆的制造需要严格的质量控制和监管，这也增加了成本。再次，更新道路基础设施，以适应自动驾驶车辆的需求，这也需要大量的投资。道路标志、交通信号、道路表面等都需要升级和适应自动驾驶技术的要求，以确保车辆可以安全驾驶。最后，道路的维护和保养也需要更多资源投入，以保持道路的良好状态，从而适应自动驾驶技术的要求。

综上所述，尽管自动驾驶技术有着巨大的潜力，但其广泛应用还需要克服资金和基础设施等方面的挑战，以确保其安全性和可行性。只有充分解决这些问题，才能更好地发挥自动驾驶技术的潜力，为未来的交通领域带来更多可能。

（2）基础设施发展

近年来，各国政府和私营部门都在积极投入大量资源加强交通运输的基础设施建设，这一趋势在全球范围内持续加强。这包括在城市和乡村地区兴建新的公路、铁路、机场和港口，以及对现有基础设施进行升级和扩建。这一系列的举措不仅有助于提高运输效率，还大幅提升了各地区和国家之间的联系能力。基础设施的改善不仅关乎经济的繁荣，还直接影响到生活质量。更加便捷和高效的交通运输系统有助于减少通勤时间，降低物流成本，促进商业活动和旅游业的发展。此外，它还有助于改善环境，改善交通拥堵和减少尾气排放，从而减轻城市的环境负担。除了传统基础设施的建设和改善，许多国家也开始将智能技术融入到交通运输基础设施中。智能交通信号灯、信息管理系统及自动驾驶技术的引入，使得交通更加安全和高效。这些智能系统可以实时监控交通状况，提供实时路况信息，以及优化交通信号灯的控制，从而减少交通事故的发生。

（3）环境可持续性

为了应对气候变化和环境问题，交通运输业正积极采取各种措施，以促进环保和可持续发展。在这一方面，推广使用电动车辆是一项关键举措，电动汽车的普及不仅有望减少道路交通的尾气排放，还有助于减少城市内空气污染。此外，通过提高能源效率，如优化发动机和采用轻量化材料，运输工具的燃料效率也得到了显著提高，从而减少了能源的浪费和对化石燃料的依赖。另一项重要举措是减少温室气体排放。除了电动车辆，许多城市正积极推广公共交通系统，以减少私家车的使用。这不仅能缓解交通拥堵，还有助于降低温室气体排放。同时，航运和航空行业也在不断研发更加节能和环保的运输工具，包括更高效的飞机引擎和更环保的船舶技术。

这些环保举措不仅有助于保护环境和减缓气候变化的影响，还符合社会对绿色、可持续发展的迫切需求。它们为交通运输业的未来提供了一个可持续的发展方向，使民众能够更好地平衡出行需求和对地球的保护责任。这样的努力将为未来的世代创造更清洁、更健康的生活环境，为可持续的未来做出更突出、更重要贡献。

（4）服务多样化

为了满足不同客户的需求，交通运输业企业正积极探索和提供更多样化的服务。这一努力包括但不限于：定制化的物流解决方案，通过仔细分析客户的需求，为其量身定制物流方案，以确保货物的安全和高效运送；多种运输方式的组合服务，这意味着客户可以选择不同的运输方式，如航空、海运、陆运或铁路，以满足不同运输距离和时效的要求，从而提供更灵活的运输选择；增加客户服务的便利性，通过引入便捷的在线预订系统，客户可以轻松地安排货物运输，还可以实时跟踪货物的运输状态，以确保货物安全抵达目的地。例如许多物流公司已经通过整合航空、海运和陆运服务，实现了更加高效的运输网络，为客户提供了更多选择，不仅能够降低运输成本，还可以提供更快速的交付选项。不论是在全球范围内的货物运输还是本地物流服务方面，这种对综合运输方式的创新都能够更好地满足客户的特定需求。

与此同时，随着消费者对服务质量要求的不断提高，许多交通运输业企业也开始重视提升客户服务体验。他们不仅提供在线预订系统，还为客户提供实时运输跟踪服务，让客户能够随时了解货物的位置和运送进度。此外，一些公司还引入更加便捷的支付方式和客户支持服务，以确保客户在整个运输过程中获得更高水平的支持和满意的体验。通过这些创新和改进，交通运输业企业正不断努力满足客户的需求，提高服务质量，并促进全球物流的顺畅运行。

2. 交通运输部门协同联动面临的挑战

然而，交通运输业面临的问题也日益严峻，这些问题对现代社会的发展和生活质量有着重要的影响。随着人口增长、城市化进程加速及全球贸易的增加，交通运输业在满足人们出行需求和货物运输方面面临着巨大的压力和挑战。下文将探讨交通运输业面临的一系列问题，从环境污染、安全隐患、运输成本等多个角度来分析，并提出一些解决方案，以期能够推动这一关键领域的可持续发展。

（1）环境挑战

环境保护和减少污染是交通运输业不可忽视的重要议题，尤其在当今全球范围内，这一问题愈发紧迫。随着人们对环境保护的关注日益增强，我们不得不采取紧急措施来降低交通运输对生态环境造成的不利影响。这个挑战不仅仅包括减少交通运输中的碳排放，还包括考虑采用更环保的能源和材料，提高运输工具的能源效率，以减缓对地球的不利影响。

为了应对这一挑战，交通运输业需要大力投资清洁能源技术的研发和广泛应用。这意味着需要积极推动电动车辆、混合动力技术、氢能源和其他可再生能源的发展，以减少尾气排放及对化石燃料的依赖。同时应该鼓励使用可再生和可循环材料，以减少生产和运输过程中的资源浪费。除了清洁能源的应用，改变现有的运输运营模式也是至关重要的一步。我们可以采取措施来促进共享交通工具的使用，发展高效的城市交通系统，鼓励民众使用公共交通和非机动交通工具，从而减少交通拥堵和尾气排放。此外，智能交通管理系统和物流优化技术可以帮助降低能源消耗和排放，提高整体效率。

（2）安全问题

保障交通运输的安全性是一个长期的挑战，不容忽视。交通事故不仅对人员安全构成威胁，还可能造成巨大的经济损失和运输延误，因此提高运输安全性被视为交通运输业的当务之急。为了实现这一目标，需要采取多种综合措施，以保障交通运输的安全性。

首先，提高交通工具的安全性能是至关重要的。这包括加强车辆的设计和制造标准，以确保它们在交通中表现出更高的安全性。同时，推动研发和采用新的安全技术，如智能驾驶辅助系统和先进的碰撞避免技术等，以减少交通事故的发生。其次，加强司机和操作人员的培训也是提高运输安全性的重要一环。良好的培训可以帮助他们更好地应对紧急情况，正确操作交通工具，并遵守交通规则和法律。这有助于减少由人为错误引发的事故。最后，提高交通基础设施的安全性也是必不可少的。这包括改善道路和桥梁的维护，确保信号灯和路标的正常运作，以及改进交通路口和高速公路的设计，以减少事故风险。随着技术的不断发展，确保新技术（如自动驾驶）的安全运行也是一个迫切的议题。这要求建立完善的监管框架，确保这些新技术的测试和运行在安全的环境下进行，并且有充分的应对紧急情况的措施。

综上所述，提高运输安全性是交通运输业面临的一项重大挑战，需要从多个方面入手，包括提高交通工具的安全性能、加强司机和操作人员的培训，以及提升交通基础设施的安全性。随着新技术的不断涌现，也需要关注如何确保其安全运行。只有通过综合措施，我们才能更好地保障交通运输的安全性，减少交通事故的发生。

（3）成本控制

当运输成本上升时，不仅会对运输服务价格产生直接影响，还会对整个经济的运行产生深远的影响。高昂的运输成本可以导致产品价格上涨，从而影响到消费者的购买力和通货膨胀率。当运输成本上涨时，它还会增加企业的运营成本，可能迫使企业削减员工或采取其他紧缩措施，从而对就业和经济稳定性造成负面影响。

随着燃料价格的波动和人工成本的上升，交通运输业不得不面对运营成本不断上升的压力。为了保持竞争力并维持盈利能力，行业必须积极采取措施来降低运营成本。这包括但不限于采用先进的燃料效率技术，投资绿色能源，以减少对传统石油能源的依赖。通过采用先进的车辆监控和维护系统，以及优化货物装载和路线规划，提高运输效率，减少资源浪费和时间浪费。人员培训也是控制成本的重要一环。提高员工的技能和培训水平可以减少运输过程中的错误和损失，提高服务质量。另外，合理的仓储管理和库存控制可以减少不必要的库存费用和损失，从而降低运营成本。当然，采用可再生能源和绿色交通技术也可以降低对有限资源的依赖，并减少对环境的负面影响。通过减少碳排放和环境污染，交通运输业可以更好地满足可持续性发展的目标，并为社会和经济做出积极贡献。

通过不断改进和创新，交通运输业可以在面对成本上升的挑战时，保持竞争力，降低对经济的不利影响，并为可持续增长做出重要贡献。这不仅有助于确保运输服务价格的合理性，还有助于整个经济的稳定运行和环境的可持续保护。

4 国外市场协同联动现状

4.1 重大发展战略区与国外市场协同联动现状

中国的五大重大发展战略区，即京津冀区域、长江经济带、长三角区域、粤港澳大湾区、黄河流域，一直以来都是中国政府在促进国家经济发展和区域协同发展方面的关键战略之一。这些战略区域覆盖了中国的不同地理区域，各自具有独特的优势和发展潜力。然而，在全球化的今天，国际市场也变得愈发重要，中国需要将国内战略与国外市场协同联动，以实现更加全面和可持续的发展。

近年来，中国政府积极推动各个战略区域的发展，并寻求国内外市场之间更紧密的合作。这一协同联动的努力旨在借助国际市场的机遇，推动中国的战略区域更加有效地融入全球供应链和价值链。在这个背景下，我们将深入探讨中国五大重大发展战略区与国外市场协同联动的现状，以及这一发展对中国经济和国际合作的影响。

4.1.1 京津冀区域与国外市场协同联动现状

当谈到中国的经济发展和国际市场互动时，京津冀区域无疑是一个备受瞩目的焦点。这一区域位于中国北部，由北京市、天津市和河北省组成，以独特的地理位置和经济潜力而闻名。京津冀区域一直被视为中国经济发展的重要引擎之一，但近年来，它不仅仅是国内市场的关键参与者，还在国际市场上崭露头角。本节将探讨京津冀区域与国外市场之间的协同联动现状，以及这一趋势对中国经济和国际贸易的影响。从政策合作到企业合作，京津冀区域已经成为中国与世界互联互通的重要枢纽之一。

1. 全球价值链的参与

京津冀区域参与全球价值链的过程，特别是自 1978 年中国改革开放以来，表现在各城市积极利用自身地理和资源优势，快速融入全球产业分工体系，逐渐崭露头角，逐渐崛起成为全球最大的贸易国之一。这一过程带来了许多积极影响，如促进了区域内的经济发展，提高了人民生活水平，加强了国际合作与交流，以及推动了技术创新。这一过程也为京津冀三地带来了更多的机遇和挑战。首先,它推动了区域经济多元化,吸引了大量的外资和国际企业进入该区域,为京津冀区域提供了就业机会,提高了居民的收入水平。其次,由于该区域在全球价值链中的重要地位,京津冀区域也成为国际合作和交流的热点,举办了国际性的会议和活动,进一步促进了文化和学术交流。最后,全球价值链的参与也刺激了京津冀区域的技术创新和研发活动,推动了科技领域的进步。

然而,这一过程也伴随着一系列复杂的挑战,需要我们积极应对。首先,环境污染问题仍然是一个迫切需要解决的难题,需要采取更多的环保措施来减轻其影响,并确保未来的发展是可持续的。同时,资源短缺问题也需要得到解决,我们需要更有效地管理和利用资源,以确保其不会枯竭或浪费。其次,国际竞争的激烈程度也在不断上升,这要求我们不断提高创新能力和竞争力,以在全球市场中占据有利地位。与此同时,发展差距在各个地区之间逐渐拉大,这意味着一些地区的经济和社会发展相对滞后。这种差距不仅对当地居民明显不公平,还可能导致社会不稳定和不平等加剧。因此我们需要采取措施来促进地区之间均衡发展,确保每个地区都能享受到发展的红利。再次,区域分割也成为一个问题,它使得资源和机会分配不均,地区之间的合作和协同发展受到限制。我们需要加强跨地区合作,打破壁垒,促进资源的共享和合作发展,实现更大范围的共赢。最后,一些产业链中的企业仍然处于低端环节,难以实现价值的更多延伸,致使企业甚至行业陷入"低端锁定"的局面。我们需要鼓励创新和技术升级,提高产业链的附加值,使企业能够更好地适应市场的变化,并在全球价值链中占据更有利的位置。这将有助于提高整体经济的竞争力和可持续性,推动国家的发展迈上新的台阶。

为了解决上述问题,我国政府提出了强调国内区域间分工的"国家价值链"建设,旨在实现"双循环"战略。这一战略的核心思想是国内大循环与国际循环相互促进,通过推动不同地区的专业化和协同发展,加强各地区之间的合作,提高中国在全球价值链中的地位。通过此举,中国可以更好地应对全球市场波动,提高资源配置的效率,促进产业升级和技术创新,最终实现更加持续、均衡的经济增长,减少地区发展差距,以及增加价值的捕获,确保国内经济的稳健发展。这一举措为中国未来的发展提供了更加可持续和均衡的路径。

2. 科技创新与协同

京津冀区域在科技创新方面正积极努力打造科技创新廊道，以构建更为紧密的内外联动的空间发展格局。这一努力涵盖了多个关键方面，旨在加强区域内部和跨区域之间的合作与协调。

首先，该区域正致力于提高区域间的连接性和便捷性。通过优化交通基础设施和交通网络，缩短区域内城市之间的距离，促进人员、物资和信息的快速流动，从而为科技创新的合作提供更加便利的条件。这不仅包括高速铁路和高速公路的建设，还包括发展现代化的交通运输和物流系统，以确保创新资源的高效流通。其次，京津冀区域正在积极建立创新节点和枢纽。这些节点和枢纽将成为科技创新的重要集聚点，吸引高科技企业、研究机构和人才汇聚其中。通过设立科技园区、孵化器和科研院所等创新基地，该区域将推动创新活动的蓬勃发展，并为创新者提供必要的支持和资源。最后，京津冀区域也在不断提供创新支持和服务。这包括为创新企业提供融资渠道、知识产权保护、法律支持等方面的服务，以确保创新者在法律和商业环境下得到充分的保护和支持。当然，也包括建立技术转移和科技咨询服务机构，以帮助企业将创新成果转化为商业成功。

综合来看，京津冀区域正朝着构建高度协同创新的"中心－外围"格局迈出坚实的步伐。通过加强区域内外的合作，提供创新支持和服务，以及打造创新节点和枢纽，该区域将能够形成高质量的创新服务体系，推动科技创新不断取得突破性进展，为区域发展和国家经济增长贡献更多的动力。

3. 区域协同发展指数的提升

京津冀区域的发展指数显示出社会保障、劳动生产率、技术合同成交额等方面的显著提升，这一变化是该区域经济发展的重要里程碑。这些指标的改善反映了多个领域的协同努力，对区域内创新能力和经济联系强度的增强起到了积极作用。

首先，社会保障水平的提升表明政府在改善居民生活质量方面取得了巨大成功。通过加强社会保障体系，包括医疗保险、养老金制度等，居民的社会福利得到了更好的保障，这不仅提高了居民的生活品质，还促进了社会的稳定和可持续发展。其次，劳动生产率的增长反映出该区域的劳动力素质和技能水平的不断提高。通过投资教育和培训，京津冀区域的劳动力得到了更好的职业发展机会，这有助于提高生产效率，吸引更多的企业前来投资，从而增加就业机会。最后，技术合同成交额的增加显示出该区域在科技创新和技术转移方面取得了重大突破。企业之间的技术合作和合同交易增加，促进了创新和知识的流动，有助于提升区域内企业的竞争力。

京津冀区域的发展指数提升不仅反映出政府和社会各界的共同努力，也展示了该区域在社会、经济和科技领域取得的显著成就。这一进展将有助于京津冀区域更好地融入国家发展战略，推动经济的可持续增长，提高居民的生活水平，并在全国范围内发挥更大的重要作用。

4.1.2 长江经济带与国外市场协同联动现状

长江经济带，作为中国最重要的经济核心之一，位于中国的中部，横贯东西，连接了上游的重庆、中游的武汉，以及下游的上海等重要城市。这一地区以丰富的资源、繁荣的产业和众多的人口而闻名，被视为中国经济的重要发动机之一。然而，长江经济带的繁荣和可持续发展不仅仅依赖国内市场，还取决于其与国外市场的协同联动。在全球化的背景下，中国的长江经济带需要积极参与国际市场，吸引外国投资，扩大出口，同时也需要加强与国际经济体系的互动和合作。本节将深入探讨长江经济带与国外市场协同联动的现状，分析其面临的挑战和机遇，以及如何进一步加强这种联动，以促进经济带的可持续发展和繁荣。

1. 发展现状与创新驱动

长江经济带作为中国最重要的经济带之一，近年来不断开展了在高质量发展方面的探索和努力，其成功的典范之一就是湖北省。湖北省是长江经济带的重要组成部分，积极响应国家创新驱动发展战略，致力于构建一系列重大科技基础设施，这些举措为湖北省乃至整个长江经济带带来了显著的推动作用。湖北省在科技领域的投资和创新驱动下，推动了高新技术产业的迅速崛起，为区域经济注入了新的活力。例如湖北省在高新技术产业、数字经济和生物医药领域取得了卓越的成就，为长江经济带的结构优化和产业升级提供了有力支持。此外，湖北省还在高等教育和科研领域加大了投入，吸引了一大批优秀人才，提高了科技创新能力，为长江经济带的可持续发展创造了有利条件。通过这些积极的举措，湖北省不仅实现了自身经济的持续增长，还为长江经济带的整体发展贡献了力量。湖北省的成功经验可以为其他地区提供有益的借鉴，以推动长江经济带在高质量发展的道路上不断前进，为中国的经济繁荣做出更大的贡献。

2. 对外开放与国际合作

长江经济带作为中国经济的支柱之一，拥有超过40%的全国人口和经济总量，这一庞大的市场规模和充满活力的城市群使其成为国内外资本涌入的热门地区，也为企业实现"走出去"的目标提供了诱人的条件。该区域积极参与中国的"一带一路"和"海上丝绸之路"建设，不仅仅是因为长江流域蜿蜒，还因为像重庆和成都这样的城市已经建立了多条对外交通通道，增强了与国际市场的紧密联系，为中国的国际经济合作做出了杰出的贡献。这些不懈的努力有助于深化中国与其他国家之间的贸易合作，促进双方互利共赢的实现。

综上所述，长江经济带作为中国经济的重要组成部分，不仅为国内外企业提供了广阔的市场机会，也为中国的国际合作提供了坚实的基础。湖北省在其中的积极贡献和不断努力，进一步巩固了长江经济带在国家经济体系中的重要地位，也为中国的高质量发展开启了新的篇章。

3. 产业转移与协同发展

长江经济带不仅体现在产业转移和协作方面获得了成功，还在许多领域取得了显著成果。首先，长江经济带上、中、下游地区之间的产业协作不仅有助于优化资源配置，还加强了区域间的功能互补和分工合作。这一合作模式有助于各地区充分发挥各自的优势，实现资源的高效利用，从而推动整个经济带的发展。最新的数据显示，长江经济带的区域协作取得了更为显著的成果，各地区之间的产业链更加紧密地相互联系，形成了更加稳固的产业生态系统。其次，长江经济带涌现出了一系列新兴产业，其中包括电子信息和装备制造等。这些新兴产业已经成为该地区经济的重要支柱，展示出了长江经济带在战略性新兴产业领域的强势崛起。最新的国际经验表明，长江经济带的新兴产业在技术创新和市场拓展方面保持着强劲的竞争力，不仅有望进一步巩固其在国内市场的地位，还能够在国际市场上取得更大的份额。这既有助于带动地区经济的增长，也有助于为长江经济带在国内乃至国际市场上的竞争力提供坚实的基础。

4. 数字经济与区域协调发展

长江经济带在数字经济领域的探索不仅仅局限于武汉大学提出的五条实践路径，还包括许多方面的积极努力。第一，数字经济赋能区域协调发展的核心在于数字基础设施的建设，这不仅包括网络覆盖和高速通信技术的改善，还包括智能城市建设、云计算中心的兴建等一系列举措。第二，数据要素市场化改革也是推动数字经济发展的关键一环，各地正在探索数据的合理流通和利用方式，鼓励企业和机构更加积极地分享和利用数据资源。第三，公共服务的数字化协同建设也是长江经济带的一项重要任务，通过建设数字化政府服务平台，提供更便捷、高效的公共服务，长江经济带提升了区域的整体竞争力。

除了上述提到的方面，长江经济带在数字经济领域还进行了其他一系列探索和实践，由最新数据和国际经验可见，这些探索包括以下多个方面。首先，推动数字化产业发展是该区域的重要举措之一，特别是在电子商务、人工智能和大数据分析等领域。这些新兴产业为长江经济带带来了新的经济增长点，促进了就业机会的增加和经济结构的转型升级。其次，数字技术在农业、医疗、教育等领域的应用也在不断扩展。通过数字化手段，农业生产实现了精准化管理和智能化决策，医疗健康领域实现了远程医疗和医疗数据共享，教育领域实现了个性化教学和在线学习等。这些应用提高了生产效率，优化了资源配置，提升了人民的生活质量。再次，长江经济带还积极推动数字化人才培养和创新创业生态系统的建设。通过加强高等教育机构与企业的合作，长江经济带培养出了更多具有数字化技能和创新创业精神的人才，为数字经济的持续发展提供了坚实的人才支撑和创新动力。最后，长江经济带也在不断改善政策环境和基础设施建设，以营造良好的创新创业生态环境，激发企业家精神和创新活力，促进数字经济的蓬勃发展。

总的来说，长江经济带在数字经济领域的探索和实践取得了显著的成绩，数字经济已经成为该区域协调发展的重要引擎，为促进经济增长、提升生活水平和提高区域竞争力做出了积极贡献。未来，长江经济带将继续致力于数字经济的发展，不断探索创新，以更好地推动区域协调发展。

4.1.3 长三角区域与国外市场协同联动现状

位于中国长江下游的长三角区域，包括上海、江苏和浙江三个省市，一直以来都被视为中国最具活力和创新力的地区之一。长三角区域的经济规模庞大，人口众多，拥有丰富的资源和技术优势，因此在中国经济的崛起中发挥着举足轻重的作用。然而，要保持长期的经济增长和全球竞争力，长三角区域不仅需要在国内市场上保持强劲的表现，还需要积极参与国际市场，与国外市场协同联动。本节将探讨长三角区域与国际市场的协同联动现状，分析其对长三角区域经济的影响，并探讨未来的发展趋势和挑战。通过深入研究这一话题，本节有助于更好地理解中国经济的全球化进程及长三角区域在其中的角色和地位。

1. 经济一体化与国际市场接轨

长三角区域作为中国经济最活跃、开放程度最高的区域之一，其经济一体化的步伐持续加快。但其劳动生产率及生态质量与国际先进城市群，如美国、荷兰等，仍存在一定差距。这要求长三角区域在体制机制一体化、生产要素市场化和自由流动等方面加大改革力度，以更深入地与国际市场接轨。长三角区域的经济一体化不仅仅包括与国内市场的整合，还包括更广泛地与国际市场接轨，以提升区域经济的全球化竞争力。在全球价值链中，长三角区域需要不断提升自身的产业链附加值，通过技术创新和高附加值产业的发展，缩小与国际市场的差距。同时进一步深化对外开放，吸引更多国际投资和跨国企业进驻，推动本地产业国际化。

2. 产业协同与国际合作

长三角区域的高科技企业，尤其是芯片设计和新能源汽车领域，正积极与国际市场对接和合作。上海市、江苏省常州市、浙江省宁波市等地在汽车产业链上扮演着关键角色，不仅具备制造能力，还具备在新技术研发和设计方面的实力。这些城市的汽车企业通过与国外先进企业合作，加快了技术的迭代更新，提高了产品的竞争力和品质。长三角区域的产业协同不仅仅局限于特定产业，还跨越了不同产业和地区的界限。在推动跨界合作方面，长三角区域积极促进了不同产业之间的协同发展，推动了产业集群和价值链的深度整合。通过与国外市场的紧密合作，长三角区域的企业不仅在产品研发上能够获得更多技术支持，还能与国外企业共享市场资源，共同进行品牌建设，实现了双赢。国际市场对长三角区域的企业来说不仅是销售产品的场所，更是一个技术创新和知识分享的平台。积极参与国际合作项目有助于长三角区域的企业提升技术水平和创新能力，加速产品迭代更新，从而更好地适应市场需求。与国际市场保持紧密联系也有助于长三角区域的企业把握全球市场动态，及时调整产品经营策略，保持市场竞争力。

3. 生态共治与国际环保合作

相较于国际城市群，该区域在能源利用效率和绿色经济转型方面仍存在改进的空间。与巴黎等国际化都市相比，长三角区域在可再生能源利用率、碳排放减少和绿色技术应用方面还有较大发展空间。因此需要进一步加强该区域的生态共治措施，以提高其与国际环保标准的一致性。这包括加强监管力度，确保环境法规的执行，鼓励企业和社会采用绿色创新技术，以促进可持续发展和减轻环境负担。同时，增加对可再生能源和环保项目的投资，推动绿色经济的转型。此外，长三角区域还应加强与国际环保组织的合作，共同应对全球环境挑战，分享经验和最佳实践，推动全球环保事业的发展。通过与国外市场协同努力，长三角区域可以加速生态文明建设步伐，实现经济增长与环境保护的良性循环。

4. 双向联动的发展趋势

长三角区域不仅仅以上海市为中心辐射带动周边省市，而且注重与周边城市群及国外市场的协同共建。近年来，长三角区域在国际经济舞台上的影响逐渐扩大，吸引了越来越多的国际企业和投资者的目光。这种双向联动的发展趋势有利于提升区域内城市的服务功能，使城市不仅能更好地服务区域内居民，还能更好地满足国际市场的需求。

通过建立跨境合作框架、优化物流和交通网络，以及加强国际市场营销，长三角区域能够更好地融入全球供应链，提高与国际市场的联动能力。最新数据显示，长三角区域已经成为全球供应链中不可或缺的一环，其对全球贸易的贡献日益显著。同时长三角区域的企业和产业也在不断升级和转型，以适应国际市场的需求，进一步巩固其在国际经济中的地位。其协同发展模式不仅有利于促进区域经济的持续增长和繁荣，也将为国内外企业提供更多投资和合作的机会。长三角区域与国际市场之间互利合作的不断深化，将进一步加强全球化进程中的区域经济一体化，为地区和国际经济的共同繁荣注入新动力。

5. 特色小镇与城市群的协同发展

特色小镇在长三角城市群的协同发展中发挥着独特作用。它们不仅在经济活动中发挥着显著的功能，而且在城市群内作为关键的战略节点，为整个区域的产业关联度提供了显著的增强作用。通过与国外市场的紧密合作，特色小镇不仅能够开拓更广阔的市场，还能够引进国际先进的生产技术和管理经验，提升产业水平和竞争力。特色小镇的发展不仅仅是单向的输出，而是与国外市场的双向互动。例如一些特色小镇通过与国外旅游目的地合作，吸引了更多国际游客，促进了当地旅游业的繁荣发展。同时这些小镇也成为国外投资者和企业家的理想选择，也与国外市场形成了紧密而有益的协同关系。因此特色小镇不仅是经济发展的引擎，还是文化、旅游和科技创新的中心，为长三角城市群的综合发展贡献了独特的价值。

4.1.4 粤港澳大湾区与国外市场协同联动现状

粤港澳大湾区位于中国南部，汇聚了广东省、香港特别行政区和澳门特别行政区这三个区域的力量，形成了一个协同发展的区域。这个区域不仅在国内市场中发挥着关键作用，还与国外市场建立了深刻的协同联动关系，这种关系对中国和全球经济产生了重要影响。本节将深入探讨粤港澳大湾区与国外市场协同联动的现状，揭示其对中国经济和全球商业格局的重要意义。从跨境贸易到投资合作，从创新科技到文化交流，粤港澳大湾区已经成为中国与世界互联互通的桥梁，为中国未来的发展铺平了道路。

1. 法治环境的建设与优化

近年来，广东省在法治环境的加强与优化方面取得了显著成效。通过积极推进各项法规的制定与执行，广东省不仅出台了《广东省优化营商环境条例》和《广东省外商投资权益保护条例》，还出台了一系列知识产权保护措施，这些举措在国际上产生了广泛的影响。与国外市场协同发展方面，广东省积极借鉴国际先进经验，特别是在知识产权领域。通过与国际标准接轨，并与国际社会分享经验和最佳实践，广东省不仅提高了本地知识产权体系的完善度，也增进了与国外市场的合作与交流。在法规实施方面，广东省加大了对知识产权保护的力度，进一步强化了知识产权的创造、运用和保护机制。最新数据显示，广东省知识产权案件的处理效率和质量持续提升，对侵权行为的打击力度不断加大，为企业创新提供了更加稳定的法治环境。这种法治环境的改善不仅提高了知识产权的合法性和可信度，也增强了广东企业在国际市场上的竞争力和吸引力。

监管质量和效率的提升使得粤港澳大湾区成为吸引国内外企业投资和发展的理想区域。借鉴国外先进经验，广东省积极改善监管机制，简化行政程序，提升审批效率和透明度。这些举措不仅加速了项目的落地和推进，也为跨国企业在粤港澳大湾区的投资提供了更为便利的条件。同时，广东省与国外市场的协同发展还体现在法律框架的互认和协调上，这进一步促进了区域内外企业之间的合作与交流。

2. 产业合作与创新

2021年，广东省新能源汽车产量增长超过150%，这一成就不仅体现了粤港澳大湾区在创新技术和可持续产业上的积极投入，也彰显了粤港澳大湾区在核心产业领域与国际市场接轨的努力。在新能源汽车领域，粤港澳大湾区的企业与国外领先厂商展开了深度合作，共同推动技术创新和产品优化，从而加速了该区域产业链的发展。类似地，在通信设备和电池领域，粤港澳大湾区的企业也积极吸纳国外先进技术和管理经验，不断提升自身竞争力。

然而，正如前文提到的关键芯片国产化率低的问题，粤港澳大湾区在某些领域仍然面临挑战。为了有效应对这些挑战，粤港澳大湾区需要进一步深化与国内外企业的产业合作。通过与国内外企业建立更紧密的合作关系，粤港澳大湾区可以共享技术和资源，加速创新步伐，提高产业链的竞争力。例如在关键芯片领域，与国外芯片厂商合作，促进技术转移和共同研发，提升国内芯片自主研发能力。此外，粤港澳大湾区还可以通过开展国际合作项目，引进国外投资和人才，加快产业国际化进程，进一步提升自身在全球价值链中的地位。

3. 合作发展平台的构建

粤港澳大湾区正在积极构建多层次的合作发展平台，旨在加强区域内城市之间的协同合作。这些平台不仅包括广东省内的9个城市，还涵盖了我国香港和澳门特别行政区。与此同时，粤港澳大湾区也在与国外市场建立紧密联系，通过与国际先进经济体的合作，加速技术和经验的引进和交流。最新的数据显示，粤港澳大湾区与国外市场的协同发展取得了显著进展。例如与东盟国家的合作已经初见成效，进出口贸易额持续增长，为粤港澳大湾区打造更加开放的经济格局提供了有力支撑。与此同时，粤港澳大湾区与欧洲、北美等地区的企业和科研机构也开展了广泛的技术交流与合作，推动了生物医药、新能源、人工智能等领域的创新发展。

通过这些紧密合作的发展平台，粤港澳大湾区将能更加高效地利用各方的优势资源，实现更广泛的合作和共赢。通过借鉴国外先进的管理经验和技术成果，粤港澳大湾区在产业升级、城市规划、生态环保等方面也取得了显著进展，为区域内各城市的可持续发展提供了助力。随着"一带一路"倡议的不断推进和国际贸易的深入合作，粤港澳大湾区与国外市场的协同发展将进一步增强，为区域经济的繁荣与稳定注入新的活力。

4. 科技创新与新兴产业的发展

粤港澳大湾区的科技创新和新兴产业发展已呈现出令人振奋的趋势。自2018年和2019年以来，该地区对研发经费的投入呈逐年上升的态势，分别达到了2794.2亿元和3187.3亿元。这种研发经费投入的增长率接近创新型国家的水平，为区域内的创新活动提供了充足的支持。不仅如此，粤港澳大湾区还吸引了国际一流的科研机构和创新企业，促使科技创新成果不断涌现。这种积极的趋势使得该区域成为全球科技创新的一个重要枢纽，为未来的经济增长提供了坚实的基础。进一步观察发展，粤港澳大湾区与国外市场的协同发展也日益紧密。该区域的企业和科研机构频繁与国外同行展开合作项目，促进了技术交流和创新成果共享。以人工智能和生物科技为例，粤港澳大湾区的企业与美国、欧洲地区和日本等的科技公司和实验室合作密切，共同攻克技术难题，推动了跨国技术创新和产品研发。而且，该区域还积极参与国际科技竞赛和展会，通过展示创新成果和交流合作意向，吸引了更多国外投资和人才加入到该区域的科技创新生态系统中来。

除了技术合作，粤港澳大湾区与国外市场的贸易往来也日益频繁。近年来，该区域的高新技术产品出口量持续增长，与欧美国家等的贸易往来也逐年增加，为粤港澳大湾区的企业带来了更广阔的市场机遇和国际化发展空间。与此同时，国外资本的涌入也加速了该区域产业结构升级和创新能力提升的步伐。这种密切的区域与国际市场协同发展的模式，不仅加速了粤港澳大湾区的科技创新和新兴产业的发展，还为全球科技创新合作与交流树立了新的典范。

5. 国际贸易与物流

2022年，深圳港和广州港分别实现了3003.56万标箱和2304.7万标准箱的集装箱吞吐量，这一成就凸显了该区域在全球物流网络中的关键地位。除了数量上的优势，粤港澳大湾区的优越地理位置和高效的港口设施也使其成为国际贸易的重要交通枢纽。这种地理优势不仅让粤港澳大湾区成为全球供应链的重要节点，也吸引了大量国际贸易和物流企业的入驻。

随着粤港澳大湾区物流基础设施的不断完善和智能化水平的提升，该区域与国外市场的协同发展也日益密切。例如粤港澳大湾区与国外主要贸易伙伴之间的直航航线日益增多，货物运输的速度和效率不断提高。当前粤港澳大湾区的跨境电商、跨境物流等新兴行业蓬勃发展，为区域内外企业提供了更便捷的贸易和物流服务，进一步促进了区域与国外市场的紧密联动。此外，粤港澳大湾区在贸易便利化和政策支持方面也积极探索创新。一系列政策举措，如简化通关手续、提高通关效率、优化跨境支付机制等，都为企业在国际贸易中降低成本、提高效率提供了更好的环境。这些努力不仅推动了区域内经济的增长,也为粤港澳大湾区与国外市场的互利合作打下了更加坚实的基础,为双方创造了更多的合作机会和共赢空间。

总的来说,粤港澳大湾区通过建设与优化法治环境、促进产业合作与创新、构建合作发展平台、推动科技创新与新兴产业的发展、加强国际贸易与物流,以及发展金融服务等多方面努力,实现了与国外市场更好的协同联动。这一系列积极举措将进一步巩固粤港澳大湾区的地位,促进区域和国际市场之间的紧密合作与互动,为双方带来更多的共同繁荣和发展机会。

4.1.5 黄河流域与国外市场协同联动现状

黄河流域在改革开放与国际贸易的深化、开放平台的协同联动与创新及国际协议与产业链合作的加强等方面取得的成就,为其与国外市场协同联动提供了坚实基础,也为未来的发展带来了更广阔的机遇。这种积极的发展态势不仅有利于黄河流域的经济增长,还有助于提升中国在国际市场上的地位和影响力。

1. 改革开放与国际贸易的深化

近年来,黄河流域的改革开放步伐不断加快,该地区对外贸易水平持续提升。截至 2021 年,沿黄河流域九省区的货物进出口总额已达 5.6 万亿元,占全国总额的 15%。这一庞的大数字表明,在改革开放政策的推动下,黄河流域已经成为中国对外贸易的重要引擎之一,为国内企业提供了更广阔的国际市场机遇,也为外资企业提供了更多发展空间。

黄河流域的外贸蓬勃发展得益于多方面因素的相互作用。首先,政府积极推动地方经济转型升级,不断优化营商环境,降低外贸壁垒,推动贸易便利化。其次,黄河流域拥有丰富的资源和优越的地理位置,便于与周边省市及国际市场进行贸易往来。最后,该地区不断加大科技创新和人才培养力度,提高企业竞争力和产品质量,赢得了国际市场的认可和信赖。

多年来,黄河流域外贸的快速增长,为当地经济发展带来了诸多利好。第一,外贸的繁荣带动了生产要素的高效配置和产业结构的优化调整,推动了地方产业升级和经济增长。第二,外贸活动的蓬勃发展,为当地就业创造了大量机会,促进了居民收入增加和社会稳定。第三,外贸的繁荣也促进了技术和管理经验的引入,提升了地方企业的竞争力和可持续发展能力。

2. 开放平台的协同联动与创新

近年来,黄河流域各省区充分利用自贸试验区、跨境电商综试区等开放平台,积极推动区域内的协同发展和创新。通过政策创新和制度改革,黄河流域不断优化营商环境,降低行政壁垒,为市场主体的活力释放创造了良好条件。

数据显示,黄河流域的市场主体数量持续增长,企业登记注册量大幅增加。与此同时,各类投资和资金持续流入该地区,为企业发展提供了强有力的支持。特别是在科技创新和产业升级方面,黄河流域的企业积极引进先进技术和管理经验,加快了产业结构调整和技术创新步伐。另外,黄河流域的跨境贸易规模也在不断扩大,跨境电商、跨境物流等新业态蓬勃发展。越来越多的企业通过跨境电商平台拓展海外市场,加快了黄河流域与国际市场的对接,实现了产品和服务的全球化布局。除了经济领域,黄河流域还在加强文化交流、人才流动等方面取得了积极成果。各类文化活动、学术交流等丰富多样,促进了区域内外的文化互动和人文交流。同时,吸引和培养高层次人才也成为黄河流域发展的重要保障,人才的涌入为区域经济的可持续发展注入了新动力。

3. 国际协议与产业链合作的加强

黄河流域的企业积极响应国际市场合作的号召,特别是《区域全面经济伙伴关系协定》(RCEP),这一协定已于2021年正式生效。RCEP覆盖了15个亚太国家,涵盖了全球30%以上的人口和GDP,为黄河流域内的企业提供了更广阔的市场和更便利的贸易环境。在这一背景下,黄河流域的企业纷纷利用RCEP,加强与周边国家和地区的贸易合作,拓展海外市场。通过降低关税壁垒、简化贸易程序和提高投资保护水平等措施,RCEP为这些企业提供了更多的机会和优惠条件,促进了区域内产业的国际竞争力提升。

与此同时,黄河流域各省区也在积极结合自身产业优势,推动特色优势产业的开放发展和协同布局。如山西省依托丰富的煤炭资源,加快了煤化工、新能源等领域的发展;河南省以农业为主导产业,不断深化农业现代化,提升农产品加工水平和国际竞争力。这种国际协议和产业链合作的双重推动,使得黄河流域的企业在全球市场中拥有更大的话语权和竞争优势。通过与RCEP成员国的贸易合作,双方实现了资源的优势互补和市场的共享,进一步提升了区域经济的整体实力和竞争力。可以预见,随着

RCEP 的不断深化和黄河流域内产业的持续升级，这一区域在国际舞台上的地位和影响力将进一步提升，为区域经济的腾飞提供坚实的保障。

4. 促进绿色低碳发展

黄河流域各省区，特别是山东等省份，一直在积极参与国际绿色低碳技术、装备、服务及基础设施的合作与交流。最新数据显示，这一合作已经取得了显著进展。山东省作为中国重要的经济大省，一直致力于经济的转型升级，正推动经济发展向绿色低碳方向转变。

首先，山东省加大了对绿色低碳技术创新的支持力度。省内政府与企业密切合作，设立了多个绿色创新基地和科技园区，鼓励企业加大对环保技术研发的投入。截至 2021 年，山东省绿色科技领域的专利申请量增长了 30%，显示出该地区在绿色技术创新方面的活跃程度。其次，山东省加强了与国际合作伙伴的交流与合作。省内企业积极参与国际绿色低碳技术展会和论坛，与国外企业开展技术交流与合作。同时，山东省政府也在积极寻求与国外政府和国际组织的合作机会，以共同推动绿色低碳领域的合作与发展。例如与日本签订了一项关于环境保护和可再生能源合作的协议，以进一步促进双方在绿色低碳领域的合作。最后，山东省还加强了与黄河流域其他省份的合作，共同推动区域绿色低碳发展。省际间加强了技术交流与合作，提升了解决环境污染和碳排放等问题的能力，推动了黄河流域地区向绿色低碳发展的方向迈进。这对于推动全球绿色低碳市场的互惠合作，共享高质量发展成果具有积极意义。随着合作的不断深化，相信黄河流域地区将为全球绿色低碳发展做出更大的贡献。

5. 强化现代产业协作

近年来，黄河流域各省区加强了现代产业合作，并建立了利益共享机制，取得了显著成效。当前各地正积极探索跨区域产业合作的新模式，不断促进跨地区资源整合与共同发展。在产业合作方面，黄河流域各省区着力推动高端制造业、现代农业、数字经济等领域的合作。各地通过资源互补、技术创新等方式，加强了产业链的协同发展，提升了整体产业水平。特别是在数字经济领域，各地加大了科技投入，推动了信息技术与传统产业的融合，取得了良好的效果。为进一步促进合作，黄河流域各省区加速推进了自贸试验区建设，联合签署了合作备忘录。目前自贸试验区已取得了初步成果，吸引了大量优质企业入驻，并推动了贸易便利化和投资自由化。与此同时，各地还加强了与其他经济功能区的对接，实现了资源、人才、市场等方面的互补与共享,为全方位的合作提供了更多机会。

除了经济合作,黄河流域各省区还在生态保护、交通基础设施建设等方面加强了合作。报道显示,各地正共同推进生态环境保护工程,加强水资源管理和生态修复,着重提升流域内生态环境质量。同时,流域内城市还加快了交通基础设施建设,摆脱了交通瓶颈,提升了区域间的互联互通水平。随着各项合作机制的不断完善和落实,黄河流域地区的协同发展迎来了更加广阔的前景。

6. 区域合作与对外开放

黄河流域地理位置独特,横跨中国的中西部地区,与东部沿海地区和长江经济带联系紧密。这种地理位置为黄河流域与周边地区的区域合作提供了巨大的机遇。黄河流域可以充分发挥其区位战略优势,与东部沿海地区和长江经济带建立更密切的合作关系,实现资源、技术和市场的有机整合。

区域合作不仅有助于优化资源配置,提高生产效率,还有助于促进产业升级和技术创新。黄河流域与东部沿海地区可以共同打造产业链、供应链和价值链,形成协同效应,提高整体竞争力。同时,合作还有助于减少环境污染和资源浪费,实现可持续发展。黄河流域不仅需要与国内地区合作,还需要加强对外开放,尤其是面向丝绸之路经济带沿线国家及东北亚的开放与合作。这可以借助我国政府提出的"一带一路"倡议,积极参与国际合作项目,拓宽市场,促进经济发展。然而,对外开放也面临着一些挑战。首先,不同国家和地区有不同的法律法规、文化和市场规则,黄河流域需要适应不同的市场环境,加强国际化人才的培养和引进。其次,国际市场竞争激烈,黄河流域需要提高产品质量和品牌知名度,以赢得国际消费者的信任。最后,黄河流域也应注重知识产权保护和贸易纠纷解决机制的建立,确保公平竞争和合法权益的维护。

基于上述背景和经验,黄河流域可以制定一套具体的发展路径。首先,黄河流域应加强与东部沿海地区和长江经济带的合作,建立战略合作伙伴关系,共同推动区域一体化发展。在此基础上,黄河流域可以积极参与"一带一路"倡议,与丝绸之路经济带沿线国家展开合作,共同开拓市场。同时,黄河流域应注重产业升级和技术创新,提高产品质量和品牌竞争力。这需要加强教育培训,吸引国际化人才,引进先进技术和管理经验。此外,黄河流域还需要改善营商环境,简化审批流程,降低市场准入门槛，吸引更多的外商投资。

　　黄河流域与国外市场协同联动的另一个重要方面是资源共享。黄河流域拥有丰富的农业和矿产资源，这些资源在国际市场上具有巨大的潜力。与国外市场合作，可以实现资源的互补和共享，促进资源的有效利用。例如黄河流域可以向国外市场出口农产品、食品和纺织品等制成品，以满足国际市场的需求。流域内的煤炭、铁矿石等矿产资源也可以出口，为国外市场提供原材料。资源共享不仅有助于增加出口收入，还可以促进产业升级和增加就业机会。但与此同时，资源共享也带来了一些环境保护的挑战。黄河流域长期以来面临着水资源短缺、土壤污染和环境污染等问题，与国外市场合作可能会加大资源的开采和生产活动，进一步加剧环境问题。

　　为了解决上述问题，黄河流域需要在资源共享和环境保护之间找到平衡。首先，通过采取环保措施、提高资源利用效率、推动清洁生产等方式来实现资源和环境保护。其次，黄河流域可以与国外市场合作，引入先进的环境技术和管理经验，共同应对环境挑战。为了实现资源共享和环境保护的双赢，黄河流域应加强生态文明建设。这包括推动绿色产业发展、加强生态修复和保护，以及提高环保意识。生态文明建设不仅有助于改善环境质量，还可以提高流域的可持续发展能力，增强竞争力。再次，黄河流域可以借鉴国际经验，学习先进的环保技术和管理模式。与国外市场合作时，要求合作伙伴遵守环保方面的法律法规，双方共同致力于推进可持续发展。最后，政府应加强环保监管，建立环境保护奖惩机制，鼓励企业和个人参与生态文明建设。

　　黄河流域作为中国重要的经济区域，其与国外市场的协同联动对于实现可持续发展至关重要。目前黄河流域的经济增长持续稳定，但也面临着一些环境和资源约束的挑战，加强与国外市场的合作，可以为黄河流域提供新的发展机遇。首先，黄河流域可以通过加强与周边地区的合作，实现资源共享和市场拓展。当前黄河流域与周边地区的贸易额已经稳步增长，但仍有巨大潜力可挖掘。通过加强基础设施建设和贸易便利化，黄河流域可以进一步促进跨境贸易和投资合作，为黄河流域带来更多的商机。其次，黄河流域还可以与国外市场合作，实现技术创新和市场开拓。尽管黄河流域的科技创新水平逐渐提升，但与国际先进水平仍有差距。通过与国外企业和研究机构合作，黄河流域可以引进先进技术和管理经验，推动产业升级和转型发展。最后，在黄河流域与国外市场合作过程中也需要注意环境保护和生态文明建设。环境监测数据显示，黄河流域的生态环境质量仍然较差，环境污染问题亟待解决。因此在开展国际合作的过程中，仍需加强环境保护和资源可持续利用，实现经济增长与生态文明建设的良性发展。

4.2 产业部门与国外市场协同联动现状

中国与外国在产业部门上的协同联动，是全球化时代经济互相依存的产物。这种协同联动不仅促进了双方经济的共同繁荣，也推动了技术创新、市场开拓和资源优化。随着全球供应链的逐渐形成，中国成为世界上最大的货物贸易出口国，与各国的产业联系日益紧密。这一协同联动涵盖了多个领域，其中包括汽车制造、电子信息、航空航天及新能源和环保产业。在这些领域，中外企业通过合作共赢的方式，实现了资源共享、技术交流和市场拓展，为各自国家的经济增长和产业升级注入了新的活力。

4.2.1 农业部门与国外市场协同联动现状

中国农业部门与国外市场的协同联动在多个方面展出了积极的进展。随着全球化的不断深入和国际贸易的不断扩大，中国农产品逐渐走出国门，赢得了国际市场的认可和信任。这一发展趋势不仅有助于中国农业的提质增效，还为国内农民提供了更多的发展机会，同时也为中国与国外市场之间的合作提供了更广阔的空间。

在中国农业部门与国外市场的协同联动中，农产品的出口一直是一个引人瞩目的亮点。中国的农产品出口量不断增加，种类也不断丰富，涵盖了大豆、水果、畜禽产品等多个领域。这些出口产品不仅在数量上占据了国际市场的一席之地，更是以高品质、竞争力强的特点获得了国外消费者的喜爱。中国农产品的国际竞争力逐渐增强，为农民提供了更多的收入来源，促进了农村地区的脱贫致富。除了农产品出口，中国农业部门还积极参与国际农业合作与技术交流。中国农业部门与国外市场的协同联动不仅仅是单纯的销售与采购关系，更多的是在技术、管理、研发等方面的合作。中国农业技术的不断进步和创新，为国内农业带来了更高的产出和质量。与此同时，国外市场的市场准入条件也更加透明和规范，为中国农产品的国际化发展提供了良好的环境。

1. 农业外交与国际合作

中国的农业外交和国际合作是中国农产品走向世界的关键一环。中国与多个国家和国际组织签署了双边和多边的农业协议，这些协议不仅为中国农产品的出口提供了稳定的市场环境，还加强了国家间农业技术和经验的交流。

首先，这些协议确立了农产品贸易的框架和规则，为中国的农产品出口提供了更具前瞻性和稳定性的市场环境。通过建立双边和多边贸易关系，中国可以更轻松地将其农产品推广到国际市场，并获得更多的贸易机会。这对中国的农产品生产者和出口商来说，是一个重要的市场拓展机会。其次，中国积极分享农业技术和经验。中国在农业领域取得了显著的进展，特别是在增加农产品产量、改进农业管理和提高农业可持续性方面。通过国际合作，中国将这些技术和经验分享给其他国家，帮助他们提高农业生产水平，从而改善食品安全和粮食供应。最后，中国还参与了各种国际农业项目和合作机制，如联合国粮食及农业组织（FAO）的项目、农业研究和培训计划等。这些合作不仅有助于加强国际社会对农业发展的关注，还促进了全球范围内的农业科技创新和可持续农业实践的共享。

2. 农业数字化和信息化

农业数字化和信息化在中国的发展对提高农业生产效率、适应市场需求及促进农村经济增长具有重要作用，中国农业部门积极推动农业数字化和信息化进程，已经取得了显著成就。中国农业已经广泛应用了互联网技术，包括农村地区的互联网覆盖和农村电商平台的建设。农民可以通过互联网获取市场信息、销售农产品、购买农资和农机设备等，这有助于降低中间环节的成本，提高农产品的市场覆盖面。同时，农民可利用大数据技术了解市场需求和趋势，并更好地规划生产。通过收集和分析大量的农业数据，决策者和农民可以做出更明智的决策，包括农产品品种选择、生产计划制定和市场定价等。

与此同时，中国政府也在农村地区积极推动信息化建设，提供数字化农村服务，包括远程医疗、在线教育和数字支付等，以改善农村居民的生活条件，促进农村经济的发展。通过农业数字化和信息化，中国农民能够更加灵活地适应国际市场的需求变化，提高农产品的生产质量和供应链效率。这不仅有助于农村经济的增长，还有助于中国农产品在国际市场上的竞争力提升，推动农村现代化和可持续发展的进程。

3. 农产品质量与标准合规

农产品质量与标准合规方面，中国的举措不仅有助于提升国际市场竞争力，还有助于确保食品安全和保护消费者的权益。其中一个关键因素是中国农业部门在农产品质量和标准管理方面的加强。随着国内消费者对食品安全和质量的要求不断提高，中国政府采取了一系列措施，以确保农产品的生产和流通符合高标准。

第一，中国积极参与国际质量标准和认证体系的制定。中国积极参与国际标准组织和国际贸易组织等国际组织，与各国共同制定农产品质量和食品安全的国际标准。这种参与有助于确保中国的农产品在国际市场上满足通用的质量标准，增加其出口的便利性和竞争力。第二，中国加强了农产品质量监管和管理。中国政府建立了一系列农产品质量监测和检验体系，以确保农产品在生产和销售过程中符合质量标准。这包括对农产品生产环节的监督，从土壤和农药使用到养殖和加工环节的质量管控。第三，中国还建立了食品追溯系统，可以追踪农产品的生产源头，以应对潜在的食品安全问题。第四，中国还加强了农产品的标识和认证。通过各种认证机构和标志，如绿色食品、有机食品和地理标志产品等，为农产品树立了高品质的形象，提高了其市场认可度。这些认证和标识也有助于中国农产品在国际市场上建立可靠的声誉。

4. "一带一路"合作

"一带一路"合作的范围不仅限于中亚国家，还扩展到了其他国家和地区。在这个框架下，中国积极参与了农业科技合作，将其成功的农业技术和种植方法向更广泛的区域推广。例如中国与乌兹别克斯坦合作建立了棉花科技和水稻联合研究中心，该中心不仅提高了当地农作物产量，还为中亚地区的农业科技交流和合作搭建了平台。此外，中国还在其他"一带一路"国家推广了类似的农业技术合作项目，包括种植技术、农业机械设备的引进和培训等。这些合作不仅有助于提升各国的农业生产水平，还促进了国家间农业科技的交流，为"一带一路"倡议的可持续发展做出了积极贡献。通过这种方式，中国与参与"一带一路"倡议的国家一起合作，共同探索了农业科技领域的创新，实现了互利共赢的目标。

总体来看，中国的农业部门通过国际合作和市场协同，正在不断努力提升农业生产效率，加强全球农业供应链的稳定性，并积极推动可持续农业的发展。这种综合性的努力有助于满足国内外市场的需求，促进农村经济的增长，同时也对全球粮食安全和可持续发展产生了积极影响。中国在农业领域的不断进步和国际合作，将继续为农业领域的可持续性和全球农业系统的稳定性做出重要贡献。

4.2.2 制造业部门与国外市场协同联动现状

中国制造业的高端化、智能化和绿色化发展确实对其与国际市场的协同联动产生了显著影响。随着科技的迅速进步和市场的全球化，中国制造业正积极应对日益激烈的国际竞争，通过不断升级和改进产品与服务，赢得了更多国际合作伙伴的青睐。这一趋势不仅有助于中国制造业的升级转型，还为全球供应链的优化和可持续发展提供了更多机遇。在高端化方面，中国制造业正逐渐摆脱廉价劳动力驱动的模式，转向注重创新和质量的方向。国内企业通过研发高附加值产品、提升工艺技术水平，不断提高产品的技术含量和附加值。这不仅使中国制造业能够与国际顶尖企业竞争，还提高了其在国际市场上的市场份额和声誉。智能化是另一个重要的趋势，中国制造业正在积极推动生产过程的自动化和智能化。利用人工智能、物联网和大数据等先进技术，中国制造业能够实现更高的生产效率和质量控制，同时提供更具定制性和个性化的产品和服务，满足不同市场的需求。绿色化发展也是中国制造业的重要方向之一。在应对全球气候变化和环境保护压力的同时，中国制造业正积极采用环保技术和绿色生产方式，减少排放和资源浪费，降低环境负担。这种可持续的发展方式不仅有助于满足国际市场对环保产品的需求，还有助于中国制造业提高自身的可持续竞争力。

第一，中国制造业的高端化和智能化改造使其能够生产更高质量、更先进的产品和技术，这有助于提升中国制造业在国际市场上的竞争力。中国制造商在全球供应链中扮演着关键角色，他们的技术和产品逐渐受到国际认可，吸引着更多国际合作伙伴。第二，绿色化发展是中国制造业的一个重要趋势。通过减少资源浪费、提高利用能源效率和采用环保技术，中国制造业可以降低对环境的不利影响。这种环保意识有助于满足国际市场对可持续产品和供应链的需求，为中国制造业赢得环保认可，并进一步拓宽出口市场。中国制造业的数字化和智能化转型使其更具创新能力和适应性。这意味着其能快速地调整生产线，以满足不断变化的市场需求。与此同时，数字化技术还可以实现供应链的更好协同，提高生产计划和物流的效率。当前中国的碳减排目标对制造业产生了影响，制造业企业需要积极采取措施减少碳足迹，以符合国内和国际环境方面的法律法规。这些努力将使中国制造业更好地融入全球碳减排努力中，满足国际市场对低碳产品和服务的需求。

中国制造业的高端化、智能化和绿色化发展不仅有助于提高生产效率和竞争力，还有助于满足国际市场对环保和可持续性的需求。这将推动中国制造业与国际市场更紧密地协同联动，促进全球产业链的合作与发展。在过去 10 多年中，劳动密集型产品在出口商品类别中的占比呈现出下降趋势，而机电和高新技术产品的出口占比则呈现稳中有升的态势。这一趋势反映了中国制造业从以劳动密集型为主转向以技术密集型和高附加值产品为主的结构调整。同时，中国制造业面临着全球竞争的加剧。随着各国对制造业的重视程度提高，中国制造业在高端制造业领域与发达国家的竞争日益激烈，而在中低端制造业领域，也面临来自其他发展中国家的竞争压力。

总体而言，中国制造业正处于转型升级的关键时期，面临着诸多挑战和机遇。这些变化不仅影响着中国制造业的内部发展，也对其与全球市场的协同联动产生了重要影响。中国制造业正在逐步向高质量发展迈进，努力提升在全球价值链中的地位，同时也必须应对日益激烈的国际竞争。

4.2.3　服务业部门与国外市场协同联动现状

中国服务业与国外市场协同联动的现状在多个方面都有体现，其中制造业与服务业的融合及服务贸易的发展是最为显著的两个方面。这种协同联动不仅对中国经济发展产生了深远影响，还在全球市场中引起了广泛关注。

首先，制造业与服务业的融合已成为中国经济的一大亮点。自 2018 年以来，中国在新材料、物联网、大数据、工业互联网等领域取得了重大技术突破，这些突破不仅促进了制造业的升级转型，还加速了制造业和服务业的融合。中国制造业企业积极开展技术研发和市场拓展，而服务业也将在数据等方面的优势逐渐渗透到制造业，以提供更多增值服务。这种融合态势一直在上升，为中国企业在国际市场上赢得竞争优势提供了机遇。

其次，中国服务贸易的快速发展也为协同联动提供了强大动力。2012—2023 年，中国服务贸易年均增速达到了 6.2%，约为全球平均增速的两倍。这一成绩得益于中国服务业的持续扩大开放，其为外国企业提供了更多投资和合作机会，同时也推动了中国服务业的创新发展。中国服务贸易进出口总额已连续 8 年稳居世界第二，展现出了中国在国际市场中的竞争实力。此外,中国服务贸易创新发展试点地区也不断扩展,已经从最初的 15 个地区扩展到 28 个,这进一步显示出中国在服务贸易领域的活跃度和发展潜力。

随着经济全球化和数字化,中国制造业部门已经采取了积极的措施,以与国外市场形成更加紧密的协同联动。数字技术的广泛应用已经成为这一趋势的关键推动力之一。不仅如此,知识密集型服务贸易也成为创新和合作的焦点领域,其加强了中国与国际市场的联系。为了促进这一趋势,中国政府采取了多项重要措施。第一,中国正致力于跨境数据流动的安全和有序进行,这为国际数字贸易的持续发展提供了坚实的基础。第二,中国积极参与国际数字贸易规则的制定,推动了全球数字经济治理的进程。这些举措不仅明确地表明了中国在全球数字经济发展中具有的重要作用和影响力,而且将为国际合作和数字化时代的全球经济繁荣提供强大支持。

总体来看,中国的服务业已经与国外市场实现了协同联动,体现在多个方面。首先,技术创新在中国不断涌现,为制造业提供了更多的竞争优势,进一步促进了国内外市场的融合。其次,服务贸易迅速增长,为中国经济的多元化发展提供了重要支持,同时也促进了中国与国外市场的联系。最后,数字技术广泛渗透到各个领域,不仅提高了制造业的效率,还创造了新的商机,进一步加强了与国际市场的互动。最重要的是,中国的服务业为全球经济做出了显著贡献,为全球经济增长注入了强大的动力。这一发展趋势不仅预示着中国服务业在全球范围内的重要性和影响力将继续扩大,还表明中国将继续扮演积极的全球数字经济参与者的角色。中国不仅是全球服务业的关键参与者,还是数字化时代的推动者,为全球经济的繁荣和可持续发展做出了卓越贡献。未来中国将继续努力推动国际合作,促进数字化时代的全球经济繁荣,确保中国制造业部门与国外市场的协同联动不断深化,双方共同推动全球经济走向更加繁荣的未来。

4.2.4 交通运输业部门与国外市场协同联动现状

中国的交通运输业正在积极发展,同时与国际市场的协同联动也在不断加强。这一趋势的背后,有着一系列重要的背景,彰显了中国交通运输部门的雄心壮志及对全球互联互通的承诺。

首先,中国正致力于交通基础设施的现代化和数字化建设。这一举措包括推进智能铁路、智慧公路、智慧航道、智慧港口、智能航运等领域的发展,旨在提高交通运输的效率和安全性。这不仅有益于国内交通领域发展，还为国际贸易和合作提供了更加先进和可靠的基础设施平台，促进了国际物流的顺畅和高效运行。其次，中国积极推动消费扩容提质的交通运输服务体系。国家鼓励发展与交通运输相关的消费产业，如邮轮经济、水上旅游和旅游专列等。这些举措旨在为国内外游客提供更加丰富多样的出行体验，以促进国际旅游业的发展。同时，这也为国际合作伙伴提供了更多合作机会，有利于双方共同探索新的商业模式和市场。

再次，中国还积极参与全球交通运输合作和倡议，如"一带一路"倡议。这一倡议促进了国际物流和贸易的互联互通，使中国与世界各国之间的联系更加紧密。中国交通运输部门与国外市场的协同联动在这一背景下变得尤为重要，有助于推动全球交通运输体系的互利合作和可持续发展。通过深化交通运输"放管服"改革，中国在交通运输领域提升了监管效率，改善了营商环境。这些改革有助于促进国际合作和投资，加强与全球市场的互联互通。最后面对全球化挑战，中国正全力构建更加高效、安全的国际物流供应链。这包括加强国际航空货运能力、提升国际寄递能力及建设国际物流供应链服务保障信息系统，以确保进出口货物的畅通。这些措施和发展趋势展现了中国交通运输业的现代化和国际化发展方向，同时也体现了中国在全球交通运输领域的重要性和影响力。通过这些努力，中国交通运输业不仅能提升本国的运输效率和服务质量，还能更好地与国际市场协同联动，共同推动全球交通运输业的发展。

综上所述，中国交通运输部门正积极应对国内外的挑战和机遇，通过基础设施现代化、服务体系升级及国际合作，不断加强与国外市场的协同联动，为全球交通运输领域的发展做出积极贡献。这一发展趋势有望进一步推动中国与国际社会的交流与合作，达成双方甚至多方互利共赢的局面。

5 重大国家发展战略区经济发展与能源转型发展现状

5.1 重大国家发展战略区的经济发展现状

5.1.1 京津冀经济发展现状

京津冀区域被视为"首都经济圈",由北京市、天津市和河北省的11个地级市(保定、唐山、廊坊、沧州、秦皇岛、石家庄、张家口、承德、邯郸、邢台、衡水)组成,其中北京、天津、保定和廊坊等位于核心功能区。京津冀协同发展对经济建设至关重要。

1. 概述

(1) 人均地区生产总值

如图5-1所示,2016—2020年,京津冀三地的地区生产总值变化差异较大。北京市的生产总值总体呈上升趋势,前两年的增长速度明显较快;天津市的生产总值明显低于京、冀两地;河北省的生产总值总体上升但增长缓慢。2020年,京、冀两地的生产总值均超过3.6万亿元,占京津冀区域生产总值的近42%,而天津仅为1.4万亿元,占比16.3%。自2018年以来,京、冀两地的地区生产总值在区域内总体占比较为稳定,一直维持在41%以上。

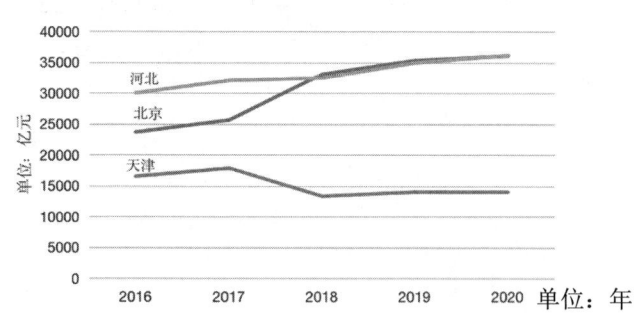

图5-1 2016—2020年京津冀区域生产总值情况

数据来源:河北省历年统计年鉴。

（2）区域人均居民可支配收入

近年来，京津冀区域居民收入稳步增加。如图5-2和图5-3所示，2016—2020年，三地城镇居民和农村居民的可支配收入均呈上升趋势。农村居民的收入增速均大于城镇居民，在2020年可支配收入的增速相对减缓。截至2020年，京津冀区域城镇居民的人均可支配收入分别为7.5万元、4.8万元和3.7万元，农村居民人均可支配收入分别为3万元、2.6万元和1.6万元。此外，无论是城镇居民还是农村居民，他们的可支配收入均高于全国平均水平。

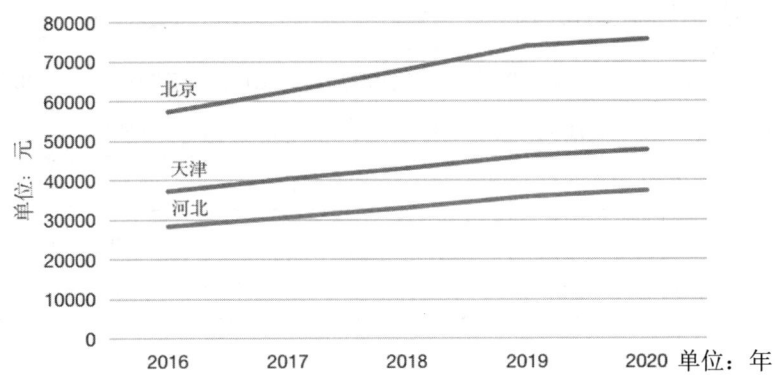

图5-2　2016—2020年京津冀区域城镇居民人均可支配收入

数据来源：河北省历年统计年鉴。

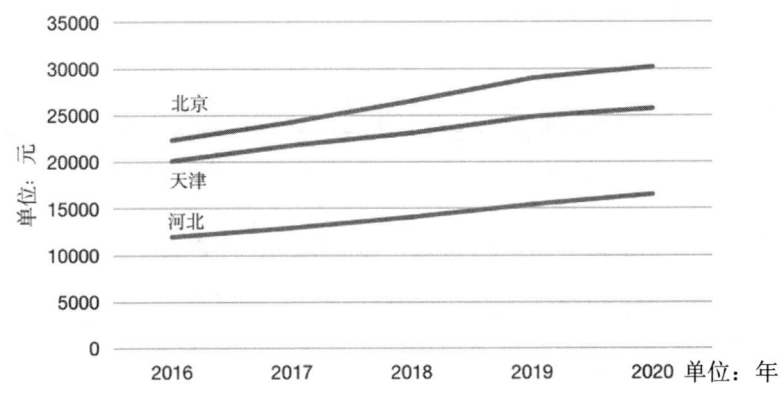

图5-3　2016—2020年京津冀区域农村居民人均可支配收入

数据来源：河北省历年统计年鉴。

（3）第一、二、三产业增加值

如表 5-1 所示，近年来京津冀三地的产业增加值呈现整体上升趋势，其中第三产业占比持续上涨，到 2020 年已经达到了 67.22%。具体而言，根据 2016—2020 年京津冀三地第一、第二、第三产业增加值的数据整理（图 5-4 至 5-6），三地的产业能力存在明显的差异（如表 5-1 所示）。北京市的优势产业是第三产业，其增加值每年都在增长，并且与津、冀两地之间的差距越来越大。天津市的第一产业增加值略高于北京，但其他行业增加值并没有优势。河北省的第一、二产业增加值明显高于京、津两市，但第三产业的增加值则低于北京市。

表 5-1　2016—2020 年京津冀三大产业增加值占总量的比重变化　　单位：%

年份	2016	2017	2018	2019	2020
第一产业	5.15	4.52	4.60	4.52	4.86
第二产业	37.31	31.49	29.40	28.50	27.92
第三产业	57.54	63.99	66.00	66.98	67.22

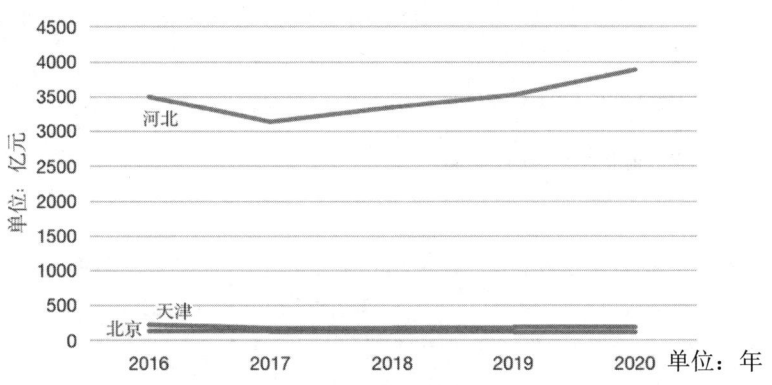

图 5-4　2016—2020 年京津冀区域第一产业增加值

数据来源：河北省历年统计年鉴。

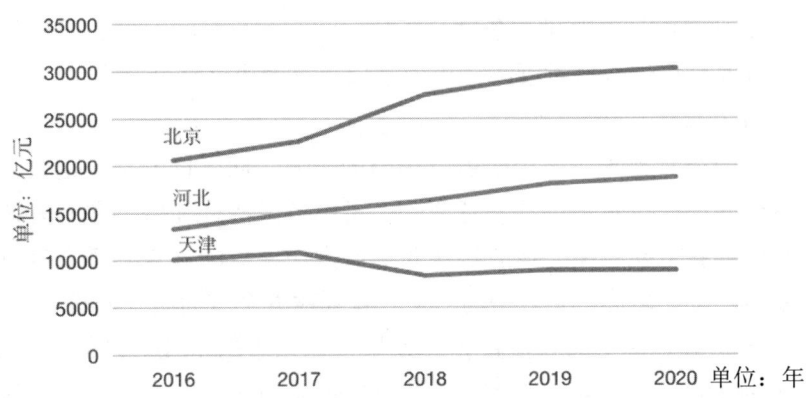

图 5-5　2016—2020 年京津冀区域第二产业增加值

数据来源：河北省历年统计年鉴。

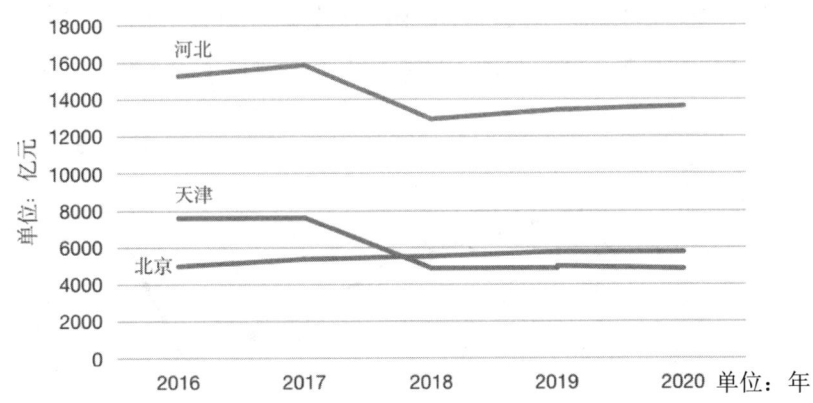

图 5-6　2016—2020 年京津冀区域第三产业增加值

数据来源：河北省历年统计年鉴。

作为中国经济最具活力、开放程度最高、创新能力最强、吸纳人口最多的地区之一，京津冀区域同时扮演着北方经济重要的核心区角色。长三角和粤港澳大湾区是中国两个增长极，而京津冀区域则是中国的第三个增长极。2014 年 2 月 26 日举行的京津冀协同发展大会，更进一步强调了该地区的发展思路不能局限于"一亩三分田"的固有思想。京津冀协同发展已经被提升至国家高度，可见推动京津冀区域共同发展的重要性。

2. 北京地区经济发展条件

北京地区的经济发展条件可以从以下几个方面展开。

（1）人口

人口是直接提供生产所需劳动力的来源，而人口的基数越大，就意味着进行知识和技术创造的人越多，这对保持经济合理增长和人口结构的长期发展具有重要意义。本节将从北京市常住人口的外省来京人口数量、地区分布、城乡结构、年龄结构、受教育程度五个方面展开分析。

根据第七次全国人口普查的结果，北京市的常住人口规模在2020年已达到2189.3万人，相比2010年的1961.2万人，增加了228.1万人，年均增长率为11.6%，增速维持较高水平，居于全国平均水平之上。

在全市常住人口中，外来人口数量变化如图5-7所示。自2015年起，外省市来京人口数量逐年下滑，直到2019年，首次出现大幅增加，并且超过了2014年的水平。到2020年，外省市来京人口数量达到841.8万人，占常住人口的38.5%。与2010年第六次全国人口普查的704.5万人相比，增加了137.3万人，增长率为19.5%，年平均增长率为1.8%。

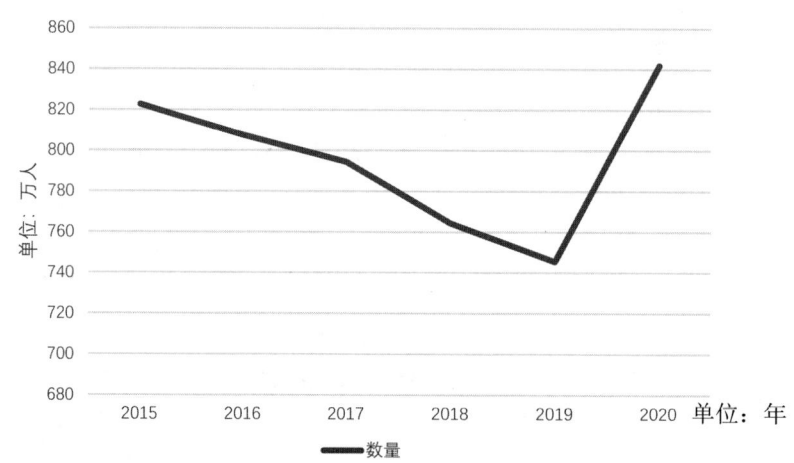

图5-7　2015—2020年北京市外来人口数量变化

数据来源：北京市统计局。

地区分布方面，如表5-2所示，北京市常住人口较多的地区主要包括朝阳、海淀、昌平和丰台四个区，常住人口数量超过200万人。另外，这些人口主要分布在中心城区。与第六次全国人口普查结果相比，2020年中心城区的常住人口占比超过了一半。与此同时，常住人口的结构也发生了调整，中心城区①常住人口占比下降了 9.5 个百分点，而其他十个区②的常住人口占比则上升了 9.5 个百分点。

表 5-2 北京市 16 区常住人口分布情况

数量（万人）	地区
≥ 200	朝阳区、海淀区、昌平区和丰台区
101～199	大兴区、通州区、顺义区、房山区和西城区
≤ 100	东城区、石景山区、密云区、平谷区、怀柔区、门头沟区和延庆区

数据来源：北京市统计局。

在城乡人口结构方面，北京市的城市人口数量在 2020 年显著增长，城市化水平也进一步提高。2020 年，北京市常住居民中，城市居民人数为 1916.6 万，占比 87.5%，比 2019 年增长 51.6 万；农村人口数量为 272.77 万，占比 12.5%，比 2019 年下降 15.9 万。

从年龄结构上看，如表 5-3 所示，与 2010 年第六次人口普查结果相比，2020 年北京市常住人口中 15～59 岁年龄段人口的比例降低了 10.4 个百分点，0～14 岁和 60 岁及以上年龄段人口的比例分别增加了 3.3 个百分点和 7.1 个百分点。其中，60 岁及以上年龄段人口的比例在 2020 年达到 19.6%，人口老龄化趋势明显。

表 5-3 2010 年和 2020 年北京市常住人口年龄结构变化情况

年龄（岁）	比重（%）	
	2010 年	2020 年
0～14	8.6	11.9
15～59	78.9	68.5
60 岁及以上	12.5	19.6

数据来源：北京市统计局。

---

① 中心城区指东城区、西城区、朝阳区、丰台区、石景山区和海淀区。
② 其他十区指门头沟区、房山区、通州区、顺义区、昌平区、大兴区、怀柔区、平谷区、密云区和延庆区。

从受教育程度来看，如表 5-4 所示，在北京市常住人口中，具有大学（大专及以上）文化程度的人口占比约为 42%，而受教育程度在小学文化以下的人数较少，这从侧面反映了北京常住人口的整体受教育程度偏高。

表 5-4　2020 年北京市常住人口受教育程度情况

受教育程度	人数（万人）	占比（%）
大专及以上	919.1	42.0
高中（含中专）	385.2	17.6
初中文化	509.9	23.3
小学文化	229.9	10.5
其他	145.2	6.6

数据来源：北京市统计局。

综上所述，从外省市来京人数看，北京市对外来人口吸引力较强，且在 2019 年发生转折性变动；在人口分布上，北京市常住人口主要集中于中心区；在城乡结构方面，城乡人口结构逐渐优化；从年龄结构来看，北京市常住人口老龄化加剧；在受教育方面，北京市常住人口学历水平普遍较高。

（2）自然资源

在土地资源方面，北京市土地资源是有限的，土地的使用率正在逐步得到提高。按照国家相关部门要求，北京市于 2018 年 9 月 6 日开始进行第三次国土调查，通过 3 年的时间，对全市土地利用现状进行了摸底调查，结果如表 5-5 所示。其中，森林、园林、水、草、湿地、公园绿地等方面的土地资源，比第二次国土调查增加了约 13.7 万公顷，森林面积和生态空间得到了极大的扩展。与第二次调查结果相比，全市城镇村庄和工矿用地、交通运输用地（不包括乡村公路）、水利建设用地总量下降到 35.8 亿公顷。"一增一减"的生态用地和城市建设用地，充分反映了北京市实施总规、减量发展取得的明显效果。

表 5-5　北京市土地利用情况

地类	面积（公顷）
耕地	93548
园地	126275
林地	967629

续表

地类	面积（公顷）
草地	14460
湿地	3108
城镇村及工矿用地	313644
交通运输用地	49281
水域及水利设施用地	61704

数据来源：北京市第三次国土调查主要数据公报。

就水资源而言，北京市的水资源相对短缺。《北京市水资源公报（2020）》显示，2020年全市水资源总量仅有25.76亿立方米，比多年来的平均水平（37.39亿立方米）还减少了31.1%。从供水结构看（图5-8），2020年，再生水和地表水的供水量上升，其余两者较2019年有所下降。地下水供水占比仍保持最高，5年间，北京市供水结构整体呈现出地下水和南水北调比重下降，而地表水和再生水比重上升的趋势。如图5-9所示，在用水变动方面，自2005年以来，北京市生活用水一直是最多的，直到2000年环境用水的比重（42.9%）超过生活用水，首次居北京市用水量首位。值得注意的是，2000年以来，环境用水量一直都在稳步增长，这从侧面说明北京市对防治水污染、改善水质等生态保护方面的重视。

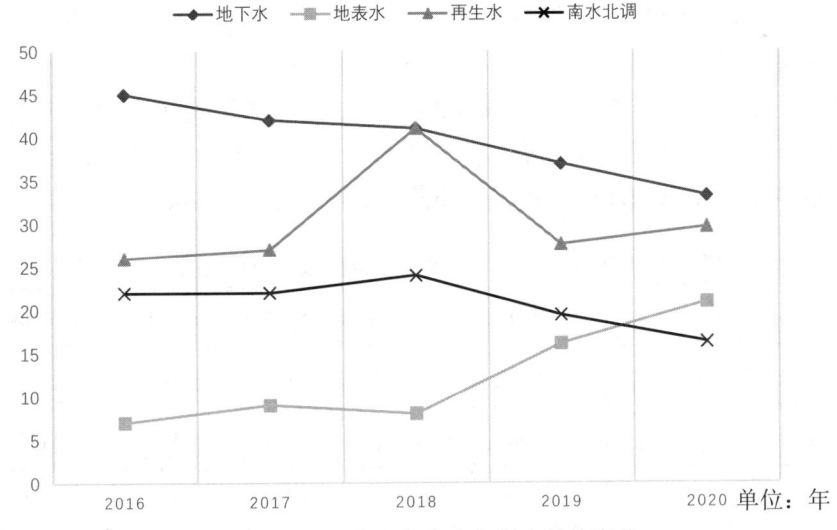

图5-8　2016—2020年北京市供水结构变化

数据来源：《北京市水资源公报（2016—2020）》。

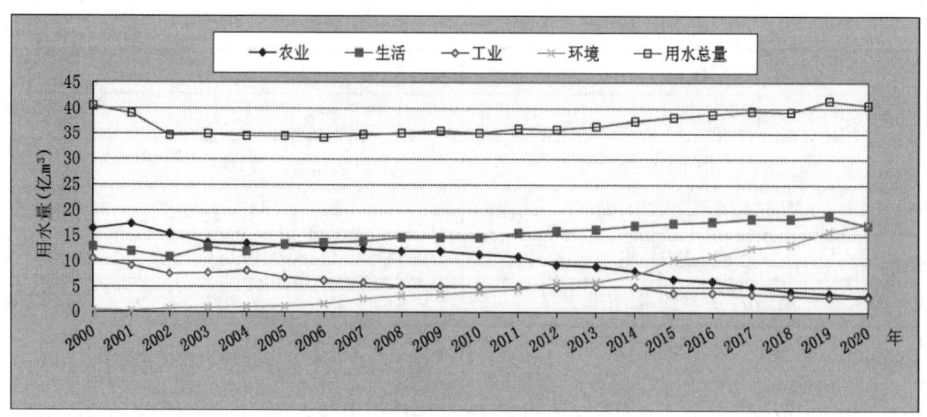

图 5-9　2000—2020 年北京市各类用水变动情况
资料来源：《北京市水资源公报（2020）》。

（3）财政

北京市财政部门长期以来一直奉行节用为民的原则，既量力而行，又力求做到最好，将有限的民生资金用在"刀刃"上。近年来，北京市在民生方面的投资比重保持在 80% 以上，支持和落实了一系列重大的民生政策，切实保障了人民的基本生活。

北京市财政收支统计显示，2020 年财政收入为 5483.89 亿元，自 1997 年以来首次不增反降，比 2019 年减少了 292 亿元。同样地，2020 年财政支出较 2019 年也减少了 3.9%。如表 5-6 所示，从北京市主要财政支出的变动情况来看，2016—2020 年，教育、社会保障和就业、卫生健康方面的支出逐渐增加，城乡社区支出由 2016 年的第一滑落到 2020 年的第三，这说明北京市对教育和社会基本保障的重视程度较高，城乡社区支出的减少也反映出城乡结构逐渐优化，从而使得财政支出压力得到缓解。

表 5-6　2016—2020 年北京市主要财政支出情况　单位：亿元

支出类别	2016 年	2017 年	2018 年	2019 年	2020 年
一般公共服务	367.20	493.24	512.40	499.43	527.10
教育	887.38	964.62	1025.51	1137.18	1138.29
科学技术	285.78	361.76	425.87	433.42	410.96
文化旅游体育	198.35	208.96	245.43	279.32	225.11

续表

支出类别	2016年	2017年	2018年	2019年	2020年
社会保障和就业	716.21	795.38	835.65	972.98	1055.86
卫生健康	397.95	427.87	490.09	534.41	605.64
节能环保	363.38	458.44	399.45	308.81	236.90
交通运输	353.48	446.48	462.99	401.59	327.97
城乡社区	1120.37	1034.14	1246.22	1074.61	872.94
农林水	443.55	518.35	576.04	584.62	497.33

数据来源：北京市统计局。

（4）教育

在全国高校的分布中，北京市的高校数量最多且密集度极高，北京市聚集了全国众多重点高校，其中包括多所百年名校，如北京大学、清华大学等。北京拥有较多的研究生培养单位，也是全国拥有最多两院院士、大型科研项目和专利申请数量的城市之一。北京的文化氛围浓厚，是人才的滋养地和聚集地。

2020年，北京市普通本专科毕业人数达到147556人，研究生毕业人数为100366人。本节选取了7所部属高校公布的2021届毕业生在京就业数据作为分析对象，发现超过半数的高校毕业生选择在北京谋职就业，具体数据详见表5-7。

表5-7　2021届7所高校毕业生在京就业情况

学校名称	毕业生（人）	就业人数（人）	在京就业占全部就业人数比例（%）
北京邮电大学	6897	4570	60.21
中国传媒大学	4233	2699	57.04
对外经济贸易大学	4297	3183	56.07
中国政法大学	4224	2545	51.71
北京外国语大学	2489	1671	51.14
北京大学	9704	7181	46.95
清华大学	7441	4804	41.70

数据来源：根据各校公开信息整理。

从数据上看，北京大学和清华大学作为全国顶尖大学，但其毕业生留京就业的比例并不是最高的。在这两所大学中，清华大学的本科毕业生留京比例只有16%，这一比例相对较低。可能的解释是，北京人才辈出，竞争压力巨大，相比之下，两所高校的本科毕业生在京外更具有竞争力，甚至可以与硕士研究生竞争岗位。当然，这也有可能与个人偏好有关。

3. 天津地区经济发展条件

（1）人口

根据第七次人口普查的数据，天津市2020年的常住人口约为1386万，比2019年增加近2万人，增速不明显，人口自然增长率仅为0.07%，明显低于2019年的1.43%。从表5-8可以看出，天津市常住人口中，西青区、武清区、滨海新区三区人口最多。在城乡分布方面，武清区和滨海新区的城镇人口最多，宝坻、武清、静海等8区的乡村人口仅占少部分。就年龄结构而言，全市60岁及以上人口超过300万，占全国总人口的21.66%。其中，天津市65岁及以上人口204万，较前10年增长近5个百分点，占总人口的14.75%，说明天津市已进入中度老龄化社会，且人口老化速度明显加快。关于受教育程度，如表5-9所示，2020年全市拥有初中教育程度的人数最多，有448万人，受过高等教育的人数总共有374万人，仅占全市人口的27%。与北京相比，天津市人口的受教育程度相对较低。

表5-8　2020年天津市人口城乡分布情况　　　　　　单位：万人

地区	合计	城镇	乡村
全市	1386	1174	212
和平区	35	35	—
河东区	86	86	—
河西区	82	82	—
南开区	89	89	—
河北区	65	65	—
红桥区	48	48	—
东丽区	86	86	—
西青区	119	113	6
津南区	93	93	—

续表

地区	合计	城镇	乡村
北辰区	91	82	9
武清区	115	64	51
宝坻区	72	31	41
滨海新区	207	198	9
宁河区	40	19	21
静海区	79	45	34
蓟州区	80	38	42

数据来源：天津市统计局。

表 5-9 2020 年天津市人口受教育程度及与北京市的对比情况

受教育程度	天津市		北京市各受教育程度人数占比（%）
	人数（万人）	占比（%）	
大专及以上	374	27	42.0
高中（含中专）	246	17.7	17.6
初中	448	32.3	23.3
小学	224	16.1	10.5
其他	95	6.9	6.6

数据来源：天津市统计局。

（2）自然资源

就土地资源而言，天津市位于华北平原海河五大支流的交汇点，东临渤海，北靠燕山，地势以平原和洼地为主，平原面积占比约为93%。除了北部和燕山南部的交界地带大部分是山区外，其他地区均是冲积平原。因此天津市的土地资源非常丰富，具体数据如表5-10所示，其中耕地、园地和湿地所占面积最大。

表 5-10 天津市土地利用状况

地类	面积（公顷）	主要分布地区
耕地	329562	宝坻区、武清区、宁河区、静海区、蓟州区
园地	369120	蓟州区、静海区、滨海新区、武清区

续表

地类	面积（公顷）	主要分布地区
林地	148262	蓟州区、武清区、静海区、宝坻区
草地	14989	滨海新区、武清区、静海区、东丽区
湿地	32722	滨海新区、武清区、宁河区
城镇村及工矿用地	332246	分布较广，其中城镇村用地三者最多，占87.86%
交通运输用地	45296	主要是公路用地，占55.73%
水域及水利设施用地	237308	滨海新区、宁河区、宝坻区、静海区、武清区

数据来源：天津市第三次国土调查主要数据公报。

《天津统计年鉴（2020）》的数据显示，在水资源方面，天津市拥有较多河道资源，相对充足。市内有 19 条一级河流流经，总长达 1095.1 千米。此外，还有 6 条人工河流和 79 条二级河流。天津市 2020 年的总水量为 27.82 亿立方米，其中地表水及入境水 8.14 亿立方米，地下水 3.01 亿立方米以上。此外，天津市也多次引黄济津，市内拥有 3 个大型水库，总库容达 3.4 亿。

（3）财政

2020 年，天津市一般公共预算收入达到 1923.05 亿元，在全国排名第 21 位。其中，税收在一般公共预算中的比重达到 78.01%，在全国排名第 5 位。虽然财政收入不算高，但质量较好。按照类目划分（表 5-11），各支出项目中，教育、社会保障和就业与城乡社区领域的支出显著较高。除科学技术、节能环保、社会保障和就业外，其他各方面在 2018 年之后均呈下降趋势。

表 5-11　2016—2020 年天津市主要财政支出情况

支出类别	2016 年	2017 年	2018 年	2019 年	2020 年	2020 年的年增长率（%）
一般公共服务	192.20	209.02	231.6	225.87	220.66	−2.3
公共安全	177.40	207.42	236.53	213.26	206.27	−3.3
教育	502.49	434.59	448.19	467.63	442.91	−5.3
科学技术	125.17	115.99	106.68	109.93	118.17	7.5
文化旅游体育与传媒	57.16	57.94	52.92	46.41	34.01	−26.7

续表

支出类别	2016年	2017年	2018年	2019年	2020年	2020年的年增长率（%）
社会保障和就业	377.92	459.58	505.46	550.98	518.88	−5.8
卫生健康	203.23	182.1	192.76	197.86	175.49	−11.3
节能环保	65.63	110.22	66.46	242.29	60.72	−74.9
城乡社区	1146.48	912.62	561.44	797.47	543.72	−31.8
农林水	161.02	158.36	165.71	161.51	154.82	4.1
交通运输	111.52	87.69	82.84	81.00	103.92	28.3
住房保障	116.23	64.08	92.21	84.77	67.48	−20.4

数据来源：天津市统计局。

（4）教育

天津市教育资源丰富，高校众多，人才聚集。天津市的高等学校有56所，且综合类大学和理工院校最多，各有16所。2021年天津市普通高校毕业生总共有17.4万人，比2020年的14.3万人增加了3.1万人。从2021年天津市多所高校披露的毕业生就业质量报告来看（表5-12），不少毕业生选择留在天津市就业。

表5-12 2021届天津市多所高校毕业生就业情况

学校名称	在津就业比例占全部就业人数比例（%）
天津大学	40.38
天津医科大学	53.73
天津中医药大学	31.31
天津理工大学	76.09
天津科技大学	49.23
天津财经大学	48.79
天津城建大学	已就业的本科、硕士毕业生分别为40.91、33.7
天津农学院	45.39
天津体育学院	49.85

数据来源：根据各校公开信息整理。

4. 河北地区经济发展条件

（1）人口

河北省是人口大省，如图5-10所示，2010—2020年河北省人口一直处于增长状态，到2020年总人口达到7463.84万人，相比2010年增加

270.24万人。

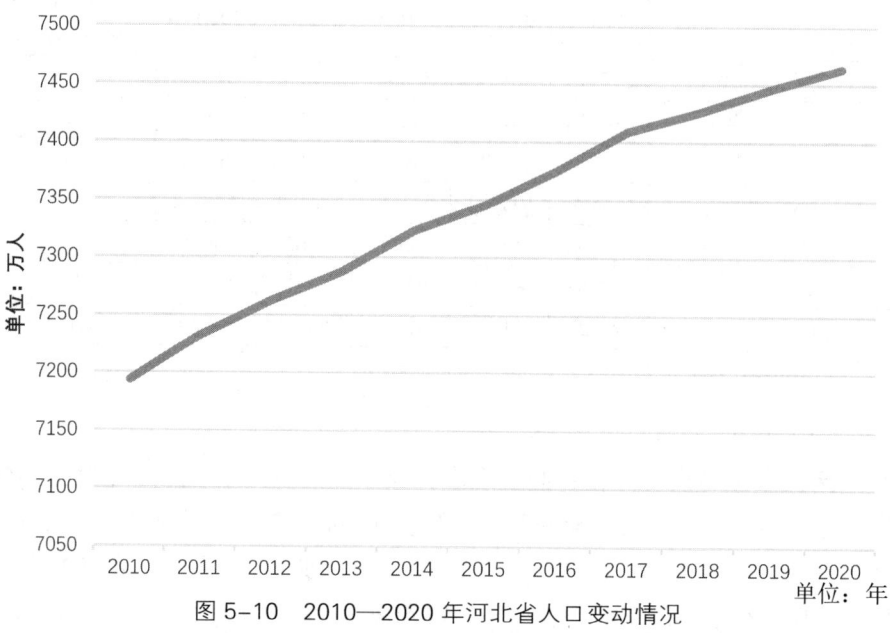

图 5-10　2010—2020年河北省人口变动情况

数据来源：河北省统计年鉴。

根据人口分布来看，河北省的主要人口集中在石家庄市、保定市和邯郸市。其中，石家庄市的人口为1123.5万人，保定市为924.26万人，邯郸市为941.39万人。从年龄结构来看，河北省的人口老龄化程度呈现逐渐加重的趋势，具体情况见表5-13。虽然老年人口的增加会给产业发展带来一定阻碍，但同时也会增加老年基金投资、医疗产业和生活服务等方面的需求，促进老年产业的发展。从人口受教育程度来看，河北省人口的整体受教育水平低于京、津两市，具体情况见表5-14。初中文化程度的人数最多，而拥有大学（大专及以上）文化程度的人数还不到京、津两市的一半。

表5-13　河北省历次人口普查各年龄人口比重

各年龄组人口比重（%）	1982年	1990年	2000年	2010年	2020年
0～14岁	30.80	29.03	22.78	16.83	20.22
15～64岁	63.54	65.15	70.17	74.93	65.86
65岁及以上	5.66	5.82	7.05	8.24	13.92

数据来源：河北省统计年鉴。

表 5-14　2020 年河北省人口受教育程度情况

受教育程度	河北省 人数（万人）	占比（%）	天津市各受教育程度人数占比（%）	北京市各受教育程度人数占比（%）
大专及以上	926.5	12.4	27	42.0
高中（含中专）	1034.2	13.9	17.7	17.6
初中	2980.7	40.0	32.3	23.3
小学	1840.2	24.6	16.1	10.5
其他	679.4	9.1	6.9	6.6

数据来源：河北省统计年鉴。

（2）自然资源

在土地资源方面，河北省的优势巨大。京、津两地发展中最重要的就是利用土地来开拓发展，而河北省最大的优势就是土地资源。河北省的耕地和林地占比最多，且在张家口和保定两市都有大量分布，如表 5-15 所示。

表 5-15　河北省国土利用状况

地类	主要分布地区
耕地	张家口、沧州、保定
园地	唐山、承德、张家口
林地	承德、张家口、保定
草地	张家口、承德、保定
湿地	唐山、沧州、张家口、承德
城镇村及工矿用地	唐山、保定、沧州
交通运输用地	张家口、沧州、保定、唐山
水域及水利设施用地	唐山、沧州

数据来源：河北省第三次全国国土调查主要数据公报。

河北省的水资源相对不充足。近年来，河北省的水资源总量逐年递减。截至 2019 年，全省水资源总量为 113.5 亿立方米，较同期下降 50.54 亿立方米，较往年平均减少 91.19 亿立方米。其中，地表水为 51.37 亿立方米，地下水为 97.86 亿立方米。河北省的年平均降雨量为 442.7 毫米，较同期下降 64.9 毫米，较多年平均水平减少 89 毫米。河北省的总供水量为 182.29 亿立方米，其中地表供水为 78.32 亿立方米，地下水为 96.44 亿立方米，其他水源为 7.53 亿立方米。在用水方面（表 5-16），主要用于农业灌溉。

表 5-16　2019 年河北省各方面用水量　单位：亿立方米

全省总用水量	农业灌溉	林牧渔畜	工业	城镇公共	居民生活	生态环境
182.29	102.91	11.44	18.81	4.89	22.15	22.09

数据来源：2019 年河北省水资源公报。

河北省拥有丰富的动物资源。目前已知陆栖脊椎动物（含两栖）超过 530 种，占全国同类动物总数的 29.0%；其中，兽类有 80 多种；鸟类有 420 多种，占全国总数的 36.1%；爬行类动物有 19 种，两栖类动物有 10 种。河北省的野生动植物资源丰富，有许多珍贵的稀有物种，如国家一级保护动物褐马鸡，还有白冠雉、天鹅、猕猴、金钱豹、青羊、黄羊、白鼬等珍稀动物。河北省是中国植物资源最丰富的地区之一，共有 204 科、940 属、将近 3 千余种植物，其中蕨类有 21 科，占全国的 40.4%；被子植物有 144 种，约占全国的 49.5%。此外，还有许多国家重点保护的植物，如野大豆、水曲柳、黄檗、紫椴、珊瑚菜等。

（3）财政

河北省的财政收支不平衡，但该省具有巨大的发展潜力。如图 5-11 所示，2010—2018 年间，财政支出一直高于收入，且总额呈现增长趋势。其中，2011 年财政收入增速最快，达到 30.5%，而支出增速为 25.4%；2015 年财政收支增速差距最大，支出增速为 20.4%，比收入增速高出 12 个百分点。

从 2016—2020 年各项财政支出的变化来看（表 5-17），总体呈上升趋势，主要集中在教育、社会保障和就业、农林水事务、卫生健康和城乡社区事务等领域。2020 年河北省一般公共预算支出总额达到 9022.79 亿元，比 2016 年高近 3000 亿元，增长幅度较快。这表明近年来河北省各项建设投入相对较大，尤其是教育领域的投入占比最大。

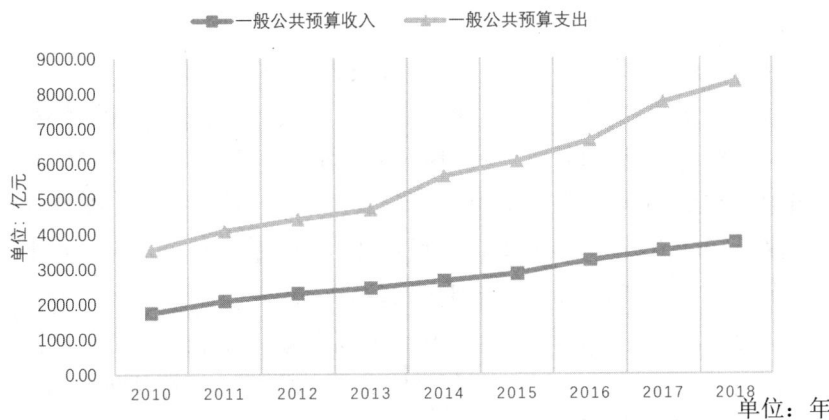

图 5-11 2010—2018 年河北省一般公共预算收支变动情况

数据来源：河北省财政厅。

表 5-17 2016—2020 年河北省主要财政支出情况　　单位：亿元

项目	2016年	2017年	2018年	2019年	2020年
一般公共服务	551.81	633.18	712.4	792.63	784.82
国防	10	8.81	9.42	12.63	14.25
公共支出全	336.57	367.55	422.48	432.48	428.51
教育	1134.89	1276.55	1385.59	1537.09	1596.26
科学技术	73.18	69.08	77.04	90.7	101.76
文化旅游体育与传媒	87.54	103.19	115.17	158	163.73
社会保障和就业	839.27	976.88	1137.84	1227.95	1412.67
卫生健康	547.86	605.1	691.33	695.07	817.27
节能环保	262.8	353.45	433.55	502.5	509.27
城乡社区事务	555.7	455.35	668.09	707.2	857.35
农林水事务	800.79	782.91	906.27	978.27	988.74
交通运输	251.8	352.42	395.33	382.8	510.03
其他支出	597.32	654.71	771.7	791.7	838.14

数据来源：河北省财政厅。

（4）教育

河北省一直以来都非常注重教育投入，教育经费不断增加。仅 2020 年，教育经费支出合计就达到了 2128.3 万元。石家庄市的教育投入最高，占全部教育经费的 15.1%；其次是保定市、邯郸市和张家口市等，这与当地高校的地区分布密切相关。河北省 11 个市共有 125 所普通高等学校，仅石家庄市就有 19 所本科学校和 25 所专科学校。此外，河北省还有 27 所研究生培养机构和 3 所科研机构。

同时，河北省高校毕业生的就业率也不低。近年来，河北省教育厅引领全省高校搭建了许多就业平台，拓展就业渠道，强化毕业生就业指导，对改善大学生的就业状况起到了积极作用。2020 年，河北省毕业生中，研究生有 15916 人，普通本专科毕业生有 38 万余人，成人本专科毕业生有 20.6 万人，整体就业率达到了 95.65%。毕业生留在河北省就业的情况也相对乐观，河北大学 2021 年本科毕业生总人数为 6807 人，选择在河北就业的人数占总人数的 49.7%。

5.1.2 长江经济带经济发展现状

1. 地区生产总值

长江经济带是中国最长、最广、最有影响力的黄金经济带，在中国区域发展格局中具有极其重要的地位和作用。2019 年，长江经济带 11 省市地区生产总值达到 45.8 万亿元，占全国总量的 46.2%。与 2018 年相比，增长 1.4 个百分点；与 2017 年相比，增长 1 个百分点。其平均增速为 7.2%，同比略下降 0.2 个百分点。长江经济带增速相对于同期全国 GDP 增速，提高了 1.1 个百分点，与上一年相比，增速领先幅度差异不大。2019 年，东部发达长三角区域（沪苏浙皖）经济总量在长江经济带经济总量中的比重有所下降；中部赣鄂湘地区下降至 24.1%，西部地区云、贵、川、渝比例上升至 24.1%。在 11 个省市中，安徽、江西、湖南、四川、贵州和云南的人均 GDP 规模低于全国水平，而 GDP 增速低于全国的只有上海。

在当前国内外风险和挑战显著增加的复杂形势下，长江经济带区域经济持续保持中高速增长，在全国 GDP 中的比重持续上升。截至 2021 年，国家统计局发布的数据显示，长江经济带地区生产总值达到 53.02 万亿元，比上一年增长了 8.7%，是全国增速最快的地区。长江经济带经济总量已接近当年国内生产总值的一半，人均经济规模不断攀升，领先于同期全国平均水平。

2. 人均居民可支配收入

在城乡居民收入方面，2019 年，长三角城市群 27 个市的城镇居民人均可支配收入超过 5.3 万元，农村居民平均每人可支配收入达 2.7 万元，比全国水平高 1.1 万元左右。长江中游城市群 31 个市和成渝城市群 16 个市的城镇居民人均可支配收入均低于全国水平，而农村居民人均可支配收入高于全国水平。从表 5-18 可以看出，三大城市群的城乡居民收入水平存在差异，长三角城市群的城乡居民收入水平明显领先于其他两大城市群，长江中游城市群和成渝城市群的城乡居民收入水平比较相近，长江中游城市群略高。

表 5-18　2019 年长江经济带三大城市群与全国经济发展水平主要指标对比

城市群名称	人均 GDP（万元）	城镇居民可支配收入（元）	农村居民可支配收入（元）
长三角城市群	12.37	53221	27172
长江中游城市群	7.18	37642	18514
成渝城市群	6.46	36766	17072
全国	7.09	42359	16021

3. 第一、二、三产业增加值

近年来，长江经济带 11 个省市的产业结构在逐渐优化。2019 年，一、二、三产业结构平均比值为 7.8∶38.8∶53.5，其中第三产业所占比重上升，第一和第二产业所占比重进一步下降。就地区而言，除了浙江的第二产业、湖南的第一产业比重呈上升趋势，其余地区的第一和第二产业比重均呈下降趋势，而 11 个省市的第三产业所占比重均在上升。其中，上海的第三产业占比首次突破 70%，安徽、湖北、贵州和云南的第三产业比重也首次突破 50%。而浙江和重庆的第一产业比重还不够高，形成了"三二一"的典型产业结构。江苏和江西两省的第二产业比重与第三产业比重的差距不大，呈现出服务业与工业同步发展的产业格局。安徽和湖北两省的产业结构正处于由服务业与工业并重向"三二一"产业结构转型的过程中。在产业体系上，湖南、四川、贵州和云南的第一产业所占比例约为 10%，第二产业比重不足 40%，而第三产业的比重大大高于第二产业。农业仍然占有一定的位置，服务业快速增长，工业制造业等呈衰退趋势。

4. 长江经济带发展特征

长江经济带被视为中国政府着力推进的"三大战略"之一，旨在促进区域经济发展。作为一个在全球范围内具有重要影响力的内河经济带，它展现出东、中、西地区间相互作用的协同发展特征。此外，长江经济带还承载着沿海、沿江和沿边的综合对内对外开放使命，是生态文明建设的先行示范区。该经济带横跨中国东、中、西三个地区，拥有得天独厚的地理位置优势和巨大的发展潜力。

长江有着明显的运河优势，是我国第一大河，河轮能够承载万吨以上的航行，运力大于铁路，价格也比铁路便宜。长江经济带横跨中国腹地，流域面积广阔，其流域内不仅有赣江、汉江、湘江等支流，而且还与京沪、京九、京广、皖赣、焦柳铁路及其他南北铁路干线相交，是东接沿海、西接内陆、南北联系的重要交通枢纽。与此同时，长江经济带是我国重要的工业走廊之一。2020年，该区域的工业增加值在全国占比达到了47.23%，新型工业化示范基地的总数达到了199个，在全国占比为46.82%。电子信息、汽车、石油化工及装备制造业等产业是长江经济带11个省市的主导产业，并逐步形成汽车制造、计算机等电气机械、科技含量高的多个领域的规模化经济产业。

5.1.3 长三角经济发展现状

1. 人均地区生产总值

如表5-19所示，长三角地区生产总值自2016—2020年稳步上升。截至2020年，长三角区域常住人口达到2.35亿，相当于全国常住人口的1/6，生产总值达到13.8万亿元。江苏省历年的GDP均远高于其他三省市，特别是到2020年，其GDP直接超过10万亿元人民币，居全国第二位。在人均地区生产总值方面，除了安徽省，上海市和江苏省、浙江省都高于全国平均水平，其中上海的人均生产总值最高。

2020年上半年，长三角区域经济运行逐渐恢复正常，三省一市地区生产总量达到13.4万亿元人民币，按可比价格测算，比上一年增长0.9%，在全国经济总量中占有23.9%的份额。仅上海市地区生产总值比上一年减少5.7%，其余三省同比都有不同幅度的增长，这主要是因为上海市受新冠疫情影响较大。

表 5-19　2016—2020 年长三角区域生产总值变动情况　　　单位：亿元

地区	2016 年	2017 年	2018 年	2019 年	2020 年
上海	28178.65	30632.99	32679.87	38155.32	38700.58
江苏	77388.28	85869.76	92595.40	99631.52	102718.98
浙江	47251.36	51768.26	56197.15	62351.74	64613.34
安徽	24407.62	27018.00	30006.82	37113.98	38680.63

数据来源：国家统计局。

2. 人均居民可支配收入

2019 年 12 月，安徽省被正式纳入到长三角规划体系中，长三角区域从原来的"江浙沪"变成了"江浙沪皖"，该区域具有巨大的发展潜力，尤其是新加入的安徽省，未来将成为长三角区域的关键经济增长点。

上海市作为我国最大的城市之一，其经济发展水平也是全国领先的。如图 5-12 所示，自 2016 年以来，上海市居民人均可支配收入一直处于长三角区域的第一位，2020 年达到 72232 元，是同期全国人均可支配收入的两倍以上，在 31 个省市中名列榜首，微弱领先于北京市，是全国仅有的两个人均可支配收入超过 7 万元的省份之一。在长三角区域，上海市的经济发展水平也遥遥领先于江苏、浙江和安徽三省。

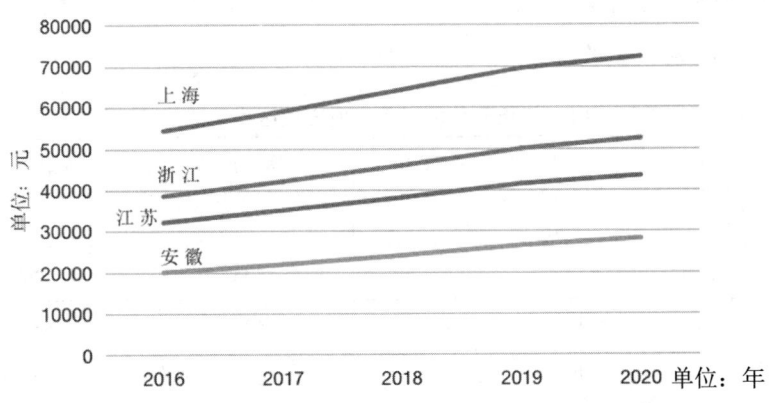

图 5-12　2016—2020 年长三角区域居民人均可支配收入情况

数据来源：国家统计局。

3. 第一、二、三产业增加值

2016—2020年，长三角区域三省一市的各产业增加值大致呈现增长态势，其中第二、三产业相对发达，且呈现集群化发展趋势。具体来看，如图5-13所示，上海市第一产业增加值年均变化不大，而其他三省呈良好上升趋势，尤其是2018年之后增速明显；在第二产业方面，如图5-14所示，三省一市增速明显，但受新冠疫情影响，第二产业增加值增速明显放缓；从第三产业方面来看，如图5-15所示，三省一市发展势头强劲，第三产业增加值猛增。总体来看，长三角区域的第二、三产业相对较为发达，如表5-20所示，第二、三产业共占总产值的90%以上，上海市和浙江省、江苏省的第三产业比例均在50%以上，尤其是上海市，2020年其第三产业占比达到73.14%。此外，在长三角区域的产业结构方面，三省的第一和第二产业增加值均超过上海市，单就第三产业而言，上海市超越了安徽省。具体来看，2020年，安徽、浙江和江苏的第一产业增加值占各地区生产总值的比例分别为8.23%、3.36%、4.42%，而上海市则不足0.3%；第二产业增加值占比中，上海市仅为26.59%，其他三省均超过40%；在第三产业方面，上海市占据首位，第三产业在上海GDP中占比超过七成。上海市的产业结构呈现金字塔型，雄厚的金融服务业、物流、保险及其他服务行业辐射带动了环沪各省的产业建设和结构转型。江苏、浙江两省的第三产业占比呈逐年上升趋势，所占比重已经超越第二产业，经济发展也已步入一个崭新的时期。而安徽省的经济基础相对薄弱，当前的经济结构呈纺锤形，第二产业逐渐成为其支柱产业。

表5-20 2020年长三角区域各产业占地区生产总值的比重   单位：%

地区	第一产业	第二产业	第三产业
上海	0.27	26.59	73.14
江苏	4.42	43.06	52.52
浙江	3.36	40.88	55.76
安徽	8.23	40.52	51.25

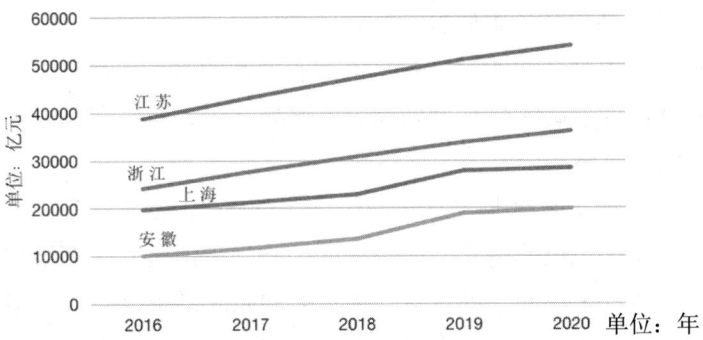

图 5-13　2016—2020 年长三角区域三省一市第一产业增加值对比
数据来源：国家统计局。

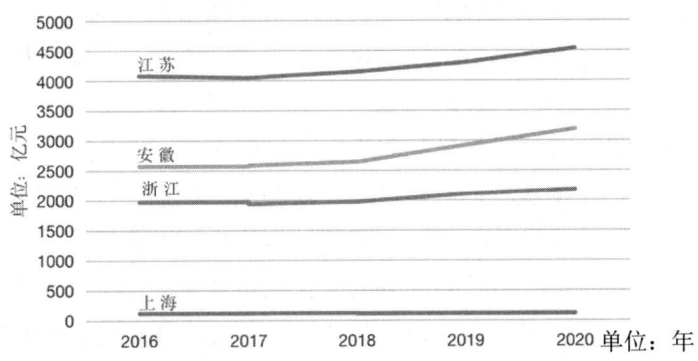

图 5-14　2016—2020 年长三角区域三省一市第二产业增加值对比
数据来源：国家统计局。

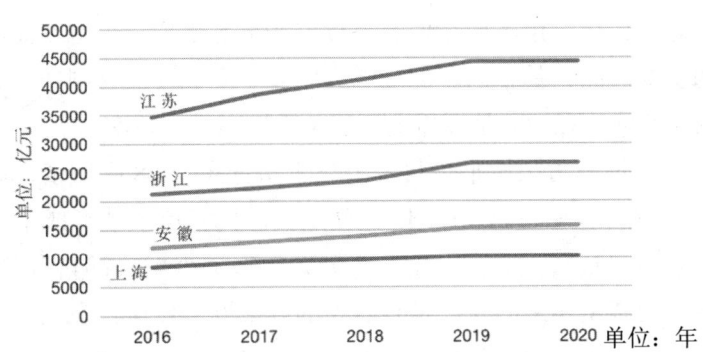

图 5-15　2016—2020 年长三角区域三省一市第三产业增加值对比
数据来源：国家统计局。

4. 长三角经济发展特征

长江三角洲文化源远流长，其拥有发达的水系、富饶的土地资源，是我国开放程度最高、最具创新能力的区域之一，它在我国现代化建设全局和全方位开放格局中所处的战略地位极为重要。

第一，长三角区域位于长江入海口，紧邻东海，面向太平洋，是大河口沿岸地区，也是南北沿海航线的中心。该地区的主要港口群包括南通港、上海港、宁波港、南京港、镇江港和张家港港，是中国沿海沿江地区最大的港口群之一。这些港口与全球超过160个国家和地区的300多个港口有贸易往来，是中国与国外保持联系的重要通道。上海港作为中国最大的河海港之一，也是全球十大海港之一。长江流域的面积超过180万平方千米，流域内人口数量超过4亿。长三角区域资源丰富，农工业产值占全国长江流域的一半。长三角区域市场和腹地广阔发达，是我国农业生产最为发达的区域之一。其发达的农业为加工业提供了服务和支持，同时也拥有著名的旅游胜地，享有"上有天堂，下有苏杭"的美誉。

第二，长三角区域拥有雄厚的产业基础和发达的加工工业，构成了我国最具规模经济实力的核心。在资源转换能力、产业层次、技术水平、经济管理能力和综合经济效益等方面，长三角区域处于全国领先地位。作为我国最大的综合加工工业基地，该地区的基础工业也已经取得了可观的规模，聚集了一批代表中国工业生产最高水平的大中型企业，如汽车、微电子和通信设备等领域的企业。在石油化工与合成材料、钢铁、轻纺及机电设备、家用电器等产业方面，长三角区域具备较强的开发能力和综合配套能力。此外，长三角区域还拥有一批市场覆盖面广、占有率高、销售市场稳定的主要产品，其中以"沪货"为主体。电机及器材制造等十多个主要行业的年产值均在100亿元以上，展示出极强的产业实力。

第三，长三角区域平均每万平方千米分布着68座城镇，城镇分布密度比全国平均水平高出10多倍。总体上，长三角区域形成了合理布局的城镇体系，包括特大、大、中、小城镇，每个小城镇都具有独特的功能。这种多功能城镇体系的布局具有超强的城市群体效应。在长三角区域，城市之间和城乡之间的经济发展差距较小，农村工业化和城乡一体化进程正在加快，尤其是乡镇企业已成为该地区工业的重要组成部分，这种情况非常有利于形成区域性的综合整体优势。

5.1.4 粤港澳大湾区建设经济发展现状

1. 人均地区生产总值

粤港澳大湾区是国家的一个重要增长极，尽管人口数量低于全国平均水平，但在2017年，该地区的GDP已经达到10万亿元人民币。

具体来看，广东省在粤港澳大湾区内的实力显著，作为中国经济第一大省，其地区生产总值已经连续30多年保持全国第一，占全国总体量近11%。如图5-16所示，2016—2020年，其地区生产总值稳步上升。到2020年，广东省的生产总值达到11万亿元左右，其中广东省九市的生产总值共89523.9亿元，占据了80.8%的比重。算上香港和澳门特别行政区，粤港澳大湾区2020年的整体GDP接近11.53万亿元，显示出其区域经济实力雄厚。

从人均生产总值来看，如图5-17所示，广东省2016—2020年的人均生产总值一直呈直线上升趋势，而香港和澳门居民人均生产总值在2018年后出现下滑，特别是澳门居民人均生产总值在2020年仅为37533美元，比2019年减少44436美元。

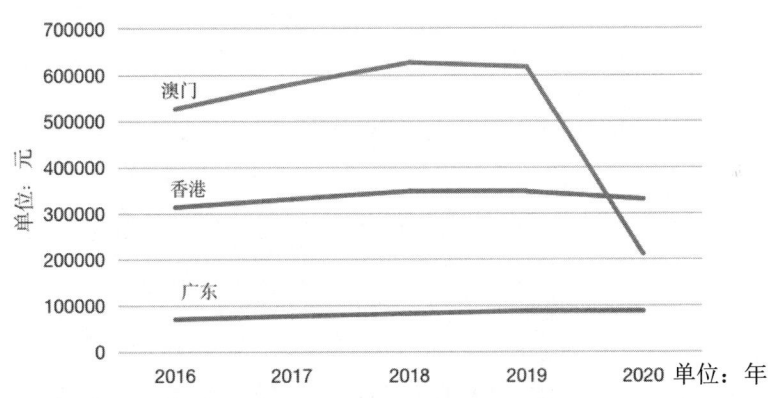

图5-16 2016—2020年粤港澳大湾区生产总值变动情况

数据来源：中经数据（其中，港澳两地数据以1美元＝7.1495元人民币换算所得）。

2. 人均居民可支配收入

粤港澳大湾区的经济发展处于国内的领先地位，人均可支配收入也非常高。澳门人均可支配收入在全国排名第一，为190845元；香港紧随其后，人均可支配收入为180645元。广东省居民收入相较港澳两地略低，但处于平稳增长状态。广东省居民人均可支配收入在2021年接近5万元，同比增长9.7%。广州和深圳两市居民收入水平较高，佛山和珠海两市居民收入水平良好，中山市居民收入水平一般，江门和肇庆两市居民收入水平相对较低。

2021年，在北京市、上海市、广州市、深圳市4个城市中，上海市城市居民人均可支配收入达到78027元，稳坐头把交椅的位置，城镇居民人均可支配收入达到82429元，首次突破8万元大关。北京市位列第二，广州市和深圳市紧随其后。佛山市和珠海市的居民收入水平较高，而且近年来发展非常迅速，两地居民收入在2021年第一次站上了6万元的新高度，从5万元迅速增长到6万元仅用了3年时间。中山市居民收入水平一般，当前，居民人均可支配收入在6万元以下，2021年中山市人均可支配收入达到57901元，增长9.8%，增速位居珠三角九市的第四。江门市的人均支配收入虽不高，但其增速居粤港澳大湾区的前列，为10.1%；而肇庆市、惠州市、江门市和其他城市的居民收入水平仍低于全省平均水平。

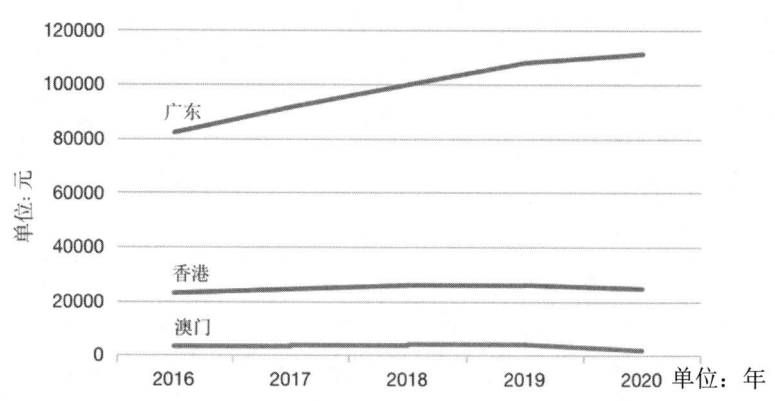

图 5-17　2016—2020年粤港澳大湾区人均生产总值变动情况
数据来源：快易数据（其中，港澳两地数据以1美元＝7.1495元人民币换算所得）。

3. 第一、二、三产业现状

互补的产业结构是衡量城市经济社会发展水平的核心指标之一。粤港澳大湾区的产业结构相对平衡，其中电子信息产业和装备制造业的繁荣得到了华为、腾讯等世界知名科技公司的支持。2018年，粤港澳大湾区第三产业所占的比重约为60%，目前仍处于从工业经济向服务经济转型的阶段。就其内部而言，各地之间的发展差距相对较大，可分为三个梯队。第一梯队包括香港和澳门特别行政区,其第三产业比重超过90%;第二梯队包括广东省的广州、深圳、东莞、佛山和惠州五市,其中第三产业比重超过50%,广州市的第三产业比重最高,达到72%;其余城市则处于第三梯队。此外,澳门特别行政区的第三产业所占比重与广东省肇庆市相差接近60%,而广东省江门市和肇庆市的第一产业所占比重最高。值得一提的是,佛山市作为我国历史上重要的工业制造业基地,被中财办、国家发展改革委指定为全国唯一的制造业转型升级综合改革试点单位,其第二产业所占比重居首位,达到56.35%。现在,佛山市正通过应用和制造机器人技术,促进传统制造业向智能制造业的转型升级。

4. 粤港澳大湾区经济发展特征

(1) 区位优势明显,经济发达

粤港澳大湾区三面环山,三江汇聚,拥有绵长的海岸线、优良的港口群和广阔的海域面积。经济腹地广阔,泛珠三角地区的国土面积约占全国的1/5,人口占比达到1/3,经济总量占比也达到1/3。粤港澳大湾区面向南海,是距离南海经济发达地区最近的区域,也是中国经略南海的重要战略前沿。该地区靠近世界上最大的黄金航道,是太平洋和印度洋航运的关键要冲,也是东南亚和世界其他地区的重要交通枢纽。同时,该地区还是丝绸之路经济带和21世纪海上丝绸之路的交汇点,是中国同海上丝绸之路沿线各国之间进行海上往来最为频繁的经济发达区域。

(2) 拥有强大的产业集群

粤港澳大湾区在经济发展水平方面处于全国领先地位,拥有较为完善的产业体系、突出的集群优势和强大的经济互补性。香港和澳门的服务业高度繁荣,已经形成了以战略性新兴产业为引领的发展格局,产业结构以先进制造业和现代服务业为主。其中,香港作为国际金融、航运和贸易中心,以及国际航空枢纽,具有高度国际化的特点,拥有法治化的营商环境和全球商业网络,是世界上自由度最高的经济体之一。澳门则是世界级旅游休闲中心,充当中国与葡语国家商贸合作服务平台,其地位日益增强,多元文化交流的作用也越来越明显。

珠三角九市是我国内地外向度最大的经济区域,也是对外开放最重要的窗口,对全国加快构建开放型经济新体制起着举足轻重的作用。截至2018年底,粤港澳大湾区已初步形成了通信电子信息产业、新能源汽车产业、无人机产业、机器人产业、石油化工、服装鞋帽、玩具加工、食品饮料及其他产业集群等。作为全球第四大湾区，粤港澳大湾区仅次于美国的纽约湾区和旧金山湾区，是中国打造世界级城市群、参与全球竞争的重要空间载体之一。

（3）政策优势

粤港澳大湾区拥有"一国两制，三个关税区"的特殊优势，一直以来，它都是中国最开放的、最具经济活力的地区之一。截至2020年，前海蛇口、南沙、横琴3个自贸片区投资开放，贸易便捷，金融创新，在粤港澳合作、政府管理体制等方面形成了584项改革创新成果。广东自由贸易试验区已成为我国对外开放的前沿。

5.1.5 黄河流域经济发展现状

1. 地区生产总值

2016—2017年，黄河流域九省区的地区生产总值持续增长。截至2020年，该地区的生产总值接近21万亿元，占全国总量的1/5。表5-21中各省区的生产总量数据显示，黄河流域各省区的生产总量存在较大差异。虽然黄河流域以西的地区发展缓慢，但山东、河南等东部省份的经济发展速度相对较快。其中，山东的年生产总值最高，2019年和2020年均超过7万亿元，且大幅高于流域内其他省区；河南和四川分别位列第二和第三。陕西在2017年达到了21473.45亿元，首次突破2万亿元；山西和内蒙古地区的生产总值超过1万亿元，但仍不到2万亿元。相比之下，甘肃、宁夏和青海的生产水平相对较低，其中青海和宁夏的生产总值最低，即使在2020年，也未超过4千亿元，与流域内其他省区存在较大差距。同时依据人均GDP是否达到全国平均水平，以及与全国平均水平的相对差距，将黄河干流沿岸八个省区分为三个等级。山东和内蒙古的人均GDP远高于全国平均水平，经济实力较强，发展水平相对较高，因此在这一划分标准下处于第一层次。河南、山西和陕西的人均GDP虽未达到全国平均水平，但有一定的经济基础，与全国平均水平差距相对较小，位于第二层次。宁夏、青海及甘肃在八个省区中人均GDP最低，与全国平均水平差距最大，经济发展水平相对较为落后，处于第三层次。

表5-21 2016—2020年黄河流域各地区生产总值变动情况　　单位：亿元

地区	2016年	2017年	2018年	2019年	2020年
山西	11946.4	14484	15958	16961.6	17651.9
内蒙古	—	—	16140.76	17212.53	17258.04

续表

地区	2016年	2017年	2018年	2019年	2020年
山东	58762.45906	63012.09647	66648.87	70540.48	73128.999
河南	40249.34	44824.92	49935.9	53717.75	54997.0747
四川	33138.48	37905.14	42902.1	46363.75	48598.76
陕西	19045.75	21473.45	23941.88	25793.17	26181.86
甘肃	6907.91	7336.74	8104.07	8718.3	9016.7
青海	2258.19	2465.11	2748	2921.07	3005.92
宁夏	2781.39	3200.28	3510.48	3748.48	3920.55

数据来源：各省统计局。

2. 人均居民可支配收入

2021年，黄河流域九省区人均可支配收入继续增加（见表5-22）。其中山东地区的人均可支配收入最多，并且超过了全国人均可支配收入水平；四川发展最快，其增幅高于国内平均增幅（9.1%）。

表5-22　2016—2020年黄河流域各省居民人均可支配收入变动情况　　单位：元

地区	2016年	2017年	2018年	2019年	2020年
山西	19048.9	20420	21990.1	23828.5	25213.7
内蒙古	24126.6	26212.2	28375.7	30555	31497.3
山东	24685.3	26929.9	29204.6	31597	32885.7
河南	18443.1	20170	21963.5	23902.7	24810.1
四川	18808.3	20579.8	22460.6	24703.1	26522.1
陕西	18873.7	20635.2	22528.3	24666.3	26226
甘肃	14670.3	16011	17488.4	19139	20335.1
青海	17301.8	19001	20757.3	22617.3	24037.4
宁夏	18832.3	20561.7	22400.4	24411.9	25734.9

数据来源：国家统计局。

3. 第一、二、三产业发展现状

黄河流域经济社会发展总体滞后，产业构成以第二产业为主，初级加工业比重较高，能矿资源采掘业尤为突出；第三产业所占比重低于全国平均水平，明显小于沿海地区；第一产业所占比重高于全国平均水平，草原牧业特征明显。黄河流域内部发展差距较大，大部分省区属于中西部欠发达地区，公共卫生基础设施落后，产业层次相对不高，传统产业规模较大，战略性新兴产业开发力度不够，数字经济、网络经济等新兴产业仍处于起步阶段，技术密集型制造业和现代生产性服务业薄弱。大部分新兴产业链龙头企业规模较小，行业抗风险能力不强。此外，以资源禀赋为基础的产业结构也限制了流域产业发展，呈现出显著的重化工特点。这些因素成为制约产业转型升级的障碍，也很难支持制造业高级化发展。

黄河流域工业重复建设问题比较突出，不仅是在基础设施产业领域，在新兴产业领域也表现突出。这种情况导致了区域经济产业实力不足，弱化了同行业产业的竞争优势。2018年，黄河流域沿线9个省区的专利数只占全国专利总数的24%，地方政府的投资倾向于产业结构同化的重复建设。黄河流域主导产业是旱作农业，手工业也主要与农业结合，规模较小，且自给自足。工业的产量以环状、带状形式分布，集中性较强，产值密度在东西方向上梯度分布。流域内营商环境亟待提升，经济产业发展的不平衡性十分明显，几个省和地区地理位置偏远，对内、对外开放合作水平偏低。中游和上游适宜产业集聚，但第二、三产业发展受限，没有能力吸收生态脆弱地区超负荷农牧业人口。

4. 黄河流域发展特征

（1）光热充足，农业资源有一定优势

黄河流域自西向东穿过青藏高原、黄土高原及华北平原。多数地区太阳辐射强烈，日照时间较长，气温日差较大且积温有效。多年太阳平均辐射总量为 $460.5 \sim 625.11 \text{ kJ/cm}^2$，日照时数为 2000～3000 小时，大部分地区的年平均气温为 5℃～14℃，多年平均降水量为 468 mm。黄河流域雨热同期，光照充足，温度、光照和水分配合较好，适合农林牧副渔业的发展。流域中上游广大地区是天然牧场，是国内羊毛、皮革等畜产品的主要来源地。宁夏滩羊皮、青海紫羔、内蒙古牦牛和陕西秦川牛等为名优畜产品。流域下游地区盛产小麦、玉米、棉花、烟叶、油料和其他农产品，是全国主要粮食和棉花产区。此外，内蒙古的甜菜、河南的水果、河南和山东的烟叶在全国具有重要地位。未来随着国民经济的不断发展和人口的不断增长，非农业建设对耕地的占用难以避免，耕地减少的趋势很难逆转。因此，荒地作为耕地后备资源地的重要性日益凸显。黄河流域特别是中上游地区具有丰富的荒地资源，这一潜在优势将成为流域经济发展的有利条件之一。

（2）具备丰富的矿产资源和良好的开发条件

黄河流域具有矿产种类繁多、蕴藏量大、分布广泛又相对集中的特点。在众多的矿产中，除了煤炭和石油之外，还有铝土矿、铜、铅、锌等多种矿产。尤其是稀土矿吸引了广泛的关注，在全国矿产中具有重要地位。在全球已发现的140多种矿产中，内蒙古已发现了128种，其中有56种储量居全国前十位，78种探明储量，22种位列前三，7种位居全国第一。特别值得注意的是，北方露天矿群集中区的煤炭储量非常丰富，青海盐湖类矿产资源的蕴藏量也相当丰富。山东已发现了150种矿产，其中81种资源储量已经探明。作为中国矿产资源大省，陕西已经发现了138种世界上有用的主要矿种，探明储量达到93种，产地分布于510多处。

（3）名胜古迹多，旅游资源丰富

黄河流域在中国历史上一直扮演着政治、军事、经济和文化的核心角色，许多朝代的首都都设在这里。黄河流域有西安、洛阳等6个古都。商城遗址、殷墟、秦始皇陵兵马俑、龙门石窟、番祠、大雁塔、白马寺等名胜古迹都是黄河流域辉煌的古代文化的象征。黄河流域拥有宝贵的物质和文明财富，以及青藏高原、黄土高原、名山大川、沙漠戈壁以及与之相关的其他自然风景，形成了独一无二的黄河流域旅游资源。统计数据显示，黄河流域9个省区共拥有20个世界遗产项目、30余万件不可移动文物、649个国家级非物质文化遗产代表性项目、47个国家级全域旅游示范区、84个国家5A级旅游景区、9个国家级旅游度假区、329个国家乡村旅游重点村，以及85个国家级红色旅游经典景区。这些丰富的文化和旅游资源为黄河文化旅游的发展奠定了坚实的基础。2017年，国家"十三五"旅游发展规划提出了建设"黄河华夏文明旅游区"的目标，为黄河流域旅游开辟了具有世界特色的新局面。近年来，黄河流域各地区通力合作，采取各种措施，共同开展黄河金岸旅游项目，发展黄河旅游系列产品，并全面推广黄河文化。由于各地对黄河旅游的关注程度和参与程度不同，黄河流域省区在黄河旅游开发成果和传播影响力方面存在较大差距。

5.2 重大国家发展战略区的能源转型发展现状

5.2.1 京津冀能源转型发展现状

目前,京津冀区域的生物质能源开发和利用水平还处在起步阶段,未来随着生物质能源的利用价值、政策导向和发展前景逐渐明朗,京津冀区域的生物质能行业有望实现加速增长。

1. 北京市生物能源系统转型发展现状

(1)生物质资源情况

北京和天津两个直辖市在经济、科技和基础设施等方面具有明显的优势。然而,由于特殊的行政区域划分,它们的自然资源面积不仅有限,而且还受到资源和环境的制约。北京市在林木生物质能源开发应用方面的空间非常有限,主要依赖农村生物质资源,它主要包括农作物秸秆、农产品加工剩余物、果树修枝及城市木质剩余物和畜禽粪便。其中,农作物秸秆以玉米秸秆为主要原料,而果树修枝则主要分布在果树种植区,平谷和大兴两区的资源量占全市总量的40%。此外,城市木质剩余物也非常丰富,主要源于城市绿化修枝、建筑剩余物和木材加工剩余物,详见表5-23。

表 5-23 北京各类生物质资源基本情况　　　　　单位:万吨

资源种类	理论量	可获得量	可利用量
农作物秸秆	187.96	118.63	65.17
农产品加工剩余物	23.24	18.23	16.27
果树修枝	37.40	26.42	23.78
城市木质剩余物	103.43	92.92	40.39
畜禽粪便	869.13	819.2	737.28

资料来源:根据公开资料整理。

(2)生物质能源产业发展情况

北京市的生物质能主要通过4种方式实现利用,包括洁净焚烧项目、沼气发电等工程、污水处理厂污泥沼气发电项目及沼气集中供气项目。从事北京市生物质能产业研发、生产和推广咨询工作的科研院所和企业相对较多,这促进了北京市生物质能产业的蓬勃发展。然而,一直以来,京郊生物质的再利用主要采用传统方式,效率不高,利用方式相对粗放。虽然这种方式能够满足广大农民的基本生活用能需求,但很难满足其不断增长的高品质能源需求,同时也造成了大量的资源浪费。

目前,在北京市进行示范和大力推广的生物质能项目包括生物质气化集中供气项目、大中型沼气工程、户用沼气池、户用生物质做饭(取暖)炉具和固体成型燃料。截至2008年年底,全市共有97个示范和推广的生物质气化集中供气项目,主要分布在延庆区和房山区;有98个大中型沼气项目,以房山、通州和顺义等区为主;户用沼气池面积约为6万个;生物质炊事(取暖)炉具数量为45960座和7446座;生物固体成型燃料加工厂有19个。其中,生物质气化集中供气和大中型沼气项目的正常运行率仅为60%,而全国第二次农业普查报告显示,户用沼气池的正常使用率仅为45.4%。此外,生物质炊事(取暖)炉具几乎处于废弃状态。

(3)生物质能源产业技术创新进展

首先,能源科技创新具有引领作用。能源科技创新在引领北京市的新能源和可再生能源领域发挥着重要作用。该市在新能源和可再生能源方面具备较强的研发实力,已经建设了3个风电设备与系统技术国家重点实验室和2个国家工程研究技术中心,其中包括国家新能源工程技术研究中心、输配电及节电技术国家工程研究中心,以及恒有源科技发展有限公司等。这些研发机构已经在运营,并且通过产业联盟相互促进。在光热发电技术、非晶硅薄膜电池生产线全套设备技术、大型风电关键技术及新能源汽车技术等领域,北京市具有明显的研发创新优势。

其次,技术服务优势突出。在太阳能、风能、地热能和生物质能等领域,北京市注重系统集成、成套设备供应、总体解决方案和检测认证等高附加值环节。一批具备较强竞争优势的技术服务企业和中介机构不断涌现,如北京鉴衡认证中心及为中国电力科学研究院提供服务的权威检测认证机构等。

最后,示范工程屡创佳绩。北京市在新能源与可再生能源开发方面致力于机制体制创新,以及新技术和新模式的应用,取得了多项全国第一。在项目建设方面,北京市完成了国内首个太阳能热发电试验工程、首个省级新能源与可再生能源网上监测平台、首个以禽类粪便为原料的大型沼气发电项目及首个大型再生水热泵采暖制冷集中处理应用工程。而在机制创新方面,北京市成立了第一个新能源和可再生能源产业技术联盟、第一个新能源和可再生能源标准技术委员会,并首次实行了新能源和可再生能源统计制度。

2. 天津市生物质能源系统转型发展现状

（1）生物质资源情况

天津市的生物质能主要源于农作物秸秆、畜禽粪便及农副产品加工等，这些资源具有巨大的开发潜力和空间。天津市的农作物主要包括玉米、小麦、水稻和棉花秸秆，同时还有少量的高粱、大豆和其他作物。统计数据显示，农作物秸秆的年总产量在 250 万吨左右，其中可利用的秸秆量为 220 万吨左右。此外，天津市的生活垃圾日产量约为 1.5 万吨，年产量已经突破了 500 万吨。从上述数据可以看出，天津市生物质能资源丰富，特别是农作物秸秆和生活垃圾等方面，具有相当大的潜力和开发空间。

（2）生物质能源产业发展状况

在"十一五"期间，天津市武清、宁河、宝坻和蓟州四区 4.96 万户家庭采用了多种沼气模式，天津市还建设了 50 座大中小型畜禽养殖沼气工程和 100 个小型畜禽饲养沼气项目，以及 100 座污水净化沼气池示范工程。到 2010 年，天津市生物质能的年开发总量达到了 4.5 万吨，直接惠及了 10 多万家农户和 30 多万人。

在"十三五"期间，天津市在实现能源清洁化的基础上进行了转型，注重增加风能、太阳能和其他可再生能源的开发和利用。根据当地实际情况，重点发展生物质能和地热能，扩大可再生能源电力装机容量，增加非化石能源的消耗比例。截至 2020 年底，天津市的可再生能源电力装机容量达到 282 万千瓦，比 2015 年增长了 227.8 万千瓦，其中生物质发电达到了 33.4 万千瓦时。天津市还建成并投入使用了双港垃圾焚烧发电厂、青光垃圾综合处理厂、滨海新区垃圾焚烧发电厂、大港垃圾焚烧发电厂、双口垃圾填埋气发电厂、蓟州区垃圾发电厂、贯庄垃圾焚烧发电厂、宁河垃圾焚烧发电厂以及其他垃圾发电项目，总装机容量达到 29.6 万千瓦。另外，还建成了一座秸秆发电厂并投入使用，即宁河秸秆焚烧发电厂，其装机容量为 3.8 万千瓦。

（3）生物质能产业技术创新进展

近年来，天津市在生物质供热领域建设了多个示范工程，如静海的生物质气化项目、宝坻的生物质成型燃料加热工程、宁河的生物质发电项目等，这些项目推动了生物质供热在化工、机械等行业，以及医药和其他热需求较大的工业领域的应用。尽管取得了一些成果，但天津市生物质发电产业的大部分项目受限于燃料成本较高、规模化程度较低及运营维护需求大等实际问题，发展动力不强，亟须突破。为了进一步推动生物质发电产业的发展，天津市需要解决燃料成本高的问题，提高项目的规模化水平，改善运营和维护条件。此外，还需要加强技术创新，提高发电效率，减少环境影响，以提升生物质发电产业的可持续性和竞争力。

3. 河北省生物质能源系统转型发展现状

（1）生物质能资源情况

河北省作为一个农业大省，在生物能源开发方面拥有独特而优越的条件，能够可靠地提供生物能源的原料保障。该省小麦、玉米和棉花秸秆年产量为6180万吨左右，其中约有2/3的作物秸秆被用作肥料或牲畜饲料，尚未开发利用的秸秆量超过1780万吨，占可收集资源量的37.73%，因此农作物秸秆资源具有很大的开发利用潜力。每年河北省产生约1.7亿吨的畜禽废弃物，目前仅有不到1%被用于沼气发电或作为新型饲料加工使用。此外，林业"三剩物"年产量在570万吨左右，是全国此类剩余物产量最大的省份，相当于约370万吨标准煤的能量。

（2）生物质能源产业发展状况

统计数据显示，河北省已经建成并投产的生物质能源生产企业达到64家。这些企业分布在全省的11个地级市，其中以石家庄、唐山和邢台为主要集中区域。从技术领域来看，沼气工程是最重要的领域之一，占据了整体产业30.45%的份额；然后是生物质固化成型燃料和生物质液体燃料，分别占比12.18%和8.12%。

首先，河北省沧州市青县完成了国内第一个秸秆沼气集中供气项目，这标志着河北省在秸秆沼气集中供气工程方面处于国内领先水平。其次，河北省在生物液体燃料领域推出了衡水老白干酿酒（集团）公司燃料乙醇和华北制药生物丁醇产业化示范项目。最后，河北省的生物质固体成型燃料制造企业也取得了快速发展，其中河北奥科瑞丰生物质技术有限公司在廊坊、邯郸、邢台和石家庄等地建设了近100条生物质成型燃料生产线。还有60多座秸秆热解气化集中供气站在秸秆直接热解气化方面进行了论证和建设。

（3）生物质能源产业技术创新进展

河北省在生物能源技术开发方面，尤其是沼气利用方面取得了巨大成就。河北经贸大学基于高效产酸菌系的构建和产甲烷优势菌的优化，成功开发了高固体浓度果蔬废弃物的厌氧发酵工艺控制技术。在生物柴油领域，新奥集团突破了微藻基因改造、高通量筛选技术、立体养殖，以及高效、低成本的光生物反应器技术和工业废水回收技术，建成了国际领先水平的微藻油制备装置。河北省的能源林业和农业育种也取得了明显进步。国家高粱改良中心河北分中心育成了能饲1号、能饲2号和冀甜3号三个甜高粱新品种。此外，河北科技师范学院还建立了非粮柴油能源植物引进园，引进了150多种非粮柴油能源植物，且正在进行非粮柴油能源植物种子的生物学特性及配套栽培技术的研究。这些成果体现了河北省在生物能源技术开发领域的突破和创新。河北经贸大学的高固体浓度果蔬废弃物厌氧发酵工艺控制技术及新奥集团的微藻油制备装置在生物能源领域具有重要的应用价值。同时，国家高粱改良中心河北分中心的育种成果和河北科技师范学院的非粮柴油能源植物引进园为生物能源的发展提供了重要的物质基础和技术支持。

然而，这仍然需要进一步加强技术研究和产业化应用，提高生物能源技术的经济性和可行性，推动生物能源产业的可持续发展和推广应用。特别是在资源利用效率、成本降低和环境友好等方面，需要不断探索创新，加强合作交流，促进生物能源技术的进一步发展。

5.2.2 长江经济带生物能源系统发展现状
1. 生物质资源情况

长江经济带涵盖了11个省市，拥有丰富的生物资源，主要包括农作物秸秆、林木生物质、牲畜粪便，以及城市生活垃圾和废水等。首先，长江经济带在全国农业领域具有重要地位，沿江9个省市的粮棉油产量占全国的40%以上，因此该地区拥有大量的秸秆、农业废弃物和其他生物质资源。其次，作为林业大省，湖南在林木生物质能源领域具有绝对优势。湖南拥有丰富的森林资源储备，并且在经济和产业发展方面表现良好，其不仅在国内林木生物质能源开发潜力方面居于领先地位，还提升了长江经济带整体的林木生物质能储量。上海等地则受自然面积或气候特征等影响，林业发展潜力和林木生物质能源开发潜力一般。最后，江苏省的牲畜粪便资源相对丰富。江苏省作为我国畜牧业发达的地区，主要以粮食型猪畜为主，其产值占据畜牧业总产值的87.9%。

2. 生物质能源产业发展状况

2007—2018年，长江经济带整体能源清洁度呈现缓慢增长的趋势。重庆和四川的能源清洁低碳水平明显高于其他省市，上海排名第三。其他省市之间的差距相对较小，但呈逐年扩大的趋势。在此期间，除了四川经历了先升后降的波动，以及贵州、云南出现了下降之外，其余省市的能源清洁度都有所提升，其中上海、浙江、江苏、安徽等地增长较为迅速。总体来看，截至2018年，全国生物质发电新增装机容量达到305万千瓦，累计装机容量达到1781万千瓦；全年生物质发电量达到9060亿千瓦时。其中，累计装机容量排名前三的省份（山东、浙江、安徽）位于长江经济带内；在新增装机容量较大的省份中，安徽位居榜首，达到50万千瓦；年发电量排名前四的省份中，长江经济带占了一半，分别为江苏和浙江。

综上所述，长江经济带在能源清洁度方面的提升相对缓慢，重庆和四川等地在能源清洁低碳水平上表现出色，上海则位居第三。不同省市之间的差距逐年扩大，但整体差距相对较小。在生物质发电方面，长江经济带取得了显著的发展成就，其中安徽省的装机容量增长最为突出。然而，仍需进一步加强长江经济带各省市的能源清洁化和低碳化发展，促进可再生能源的广泛应用，以实现能源的可持续发展和环境保护。

3. 生物质能源产业技术创新进展

长江经济带上各省市的能源产业技术发展存在差距，安徽省在生物能源技术方面取得了显著进展。以安徽昌信生物质能源有限公司为例，该公司采用下吸式固定床气化技术，成功实现了生物质向可燃气体的转化。经过两年多的产业化最终试验，公司研发的生物质制气全套设备运行稳定，并获得了21项专利技术。此外，其技术团队还设计开发了自动化智能控制系统和自动投料系统，并通过软件技术实现了电脑单机或并网控制的目标。这一实用新型技术具有接线便捷、操作准确和使用寿命长等优点，极大地降低了投资成本、用户生产成本，有效减少了人力和物力投入，提高了运行效率。然而，江苏、上海等地的生物质能源产业的技术创新进展较为缓慢。这表明在长江经济带范围内，各地在生物能源技术方面存在差异，需要加强技术研发和创新合作，以提升整体能源产业的发展水平。未来，各省市应加强技术交流和合作，促进技术创新的跨区域合作，进一步推动长江经济带能源产业的可持续发展和创新驱动。

5.2.3 长三角生物能源系统发展现状

1. 上海市生物能源系统发展现状

（1）生物质资源情况

上海市的生物质能源相对不足，这是一个值得关注的问题。然而，我们可以通过多种方式来扩大生物质能源的利用范围，并实现能源的可持续发展。

首先，农作物秸秆是上海市最丰富的生物质资源之一，因此应该采取更多措施来提高其综合利用效率。除了目前已经采取的还田、堆肥、燃烧和作为原料等方式外，还可以进一步开发生物质能源的生产技术，如利用秸秆进行生物质发电或生物质热能生产，以更高效地利用这一资源。其次，餐厨废弃物和人畜粪便也是潜在的生物质能源资源。上海市的养殖场和居民聚集区产生的这些废弃物，可以通过生物质气化、厌氧消化等技术进行转化，用于发电、供暖或生物燃料生产。这不仅可以有效减少废弃物的排放和处理成本，还能够提供额外的能源供应。此外，上海市应该加大对生物质能源的政策支持和投资力度，鼓励企业和个人参与生物质能源项目的开发和利用。通过制定优惠政策、提供资金支持和技术指导等措施，上海市可以激发更多的创新和投入，推动生物质能源产业的发展。

总的来说，上海市的生物质能源虽然相对不足，但仍有很大的发展潜力。通过多方合作，包括政府、企业和社会各界的共同努力，上海市应实现生物质能源的有效利用，为上海市的能源结构转型和可持续发展做出贡献。

（2）生物质能源产业发展现状

在上海市科学技术委员会的组织下，多个研究单位和高等院校联合开展了研究，在沼气发酵技术方面取得了令人欣喜的成果。上海不仅在本地区大力推广沼气技术，还在全国范围内提供技术支持和服务，运用上海提供的沼气技术建设的沼气工程在国内外享有盛誉。同时，上海寿祺科技有限公司与山东大学合作，以互花米草为主要原料，经过热解气化过程，将产生的气体和热能转化为电能和热能，取得了巨大成功。在2005年的全国技术鉴定会上，专家们确认该综合技术已达到国际先进水平。这一成果不仅为互花米草等材料，如芦苇和农作物秸秆的气化、电力和热力联供提供了更全面、可靠的技术手段，而且对提高生物质资源的综合利用也具有重要意义，为人们提供了更加可持续的能源解决方案。

（3）生物质能产业技术创新进展

上海市政府一直支持再生能源的开发和研究工作，将生物质燃料、沼气发酵、直接燃烧生物质发电和生物质气化发电等纳入重点攻关课题。其中，令人瞩目的是2022年上海生物能源再利用（二期）项目。该项目位于老港生态环保基地，按照规划目标，已实现了全面达产，每日处理量达到1500吨。结合前期投产的一期工程，二期工程的湿垃圾每日处理量达到2500吨，是华东地区的大型湿垃圾处理项目。上海生物能源再利用（二期）工程于2020年9月30日开工。该工程基于生物能源再利用一期工程的建设和运营经验，主要采用稳定可靠的预处理加厌氧工艺。餐厨废弃物预处理系统采用破碎→筛分→挤出的处理工艺，包括粗破碎、厨余筛分和渣滓处理三个处理单元；物料输送采用双道门封闭和全厂微负压控制，既避免异味外溢，又采用先进的除臭工艺，异味去除率达到99%，每日可产生15万立方米的厌氧沼气，沼气可用于供热、发电上网，每日发电量可达24万千瓦时。此外，二期工程在无害化和减量化的基础上，进一步提高了资源化水平，提高了工程的经济效益，实现了对生物资源的全面利用和废弃物的资源化。例如，在一期工程的基础上，增加了对黑水虻的生物处理、沼渣制肥及其他资源化处理途径。

2. 浙江省生物能源系统发展现状

（1）生物质资源情况

浙江省拥有丰富的生物质能资源，主要包括林业资源、农业资源、生活污水、工业废水及畜禽粪便五类。浙江省位于亚热带季风湿润气候区，降水充沛，林业资源尤为丰富。2008年监测的数据显示，全省林地面积达664.46万公顷，森林覆盖率达到58.31%，在国内处于领先地位。浙江省林业废弃物约为4820万吨；年秸秆产量约为700万吨；畜牧业产生的畜禽粪便约为1690万吨；城镇生活垃圾主要包括居民生活垃圾、商业垃圾、服务业垃圾，以及少量建筑垃圾等废弃物的混合物，每天大约产生5万吨。

（2）生物质能源产业发展现状

浙江省在沼气技术开发方面已经取得一定规模，并且技术可靠性较高。截至2009年6月下旬，浙江省已建设了153万户家庭沼气工程、4438个大中型沼气工程（容量达68.5万立方米）及170.64万立方米的生活污水净化沼气池。据粗略估算，这些沼气工程每年能够生产1.37亿立方米的沼气，减少二氧化碳排放量超过 30 万吨。同时，这些厌氧污水处理工程每年处理约 1.96 亿立方米的生活污水，减少二氧化碳排放量达到 6.3 万吨，受益农户数量超过 200 万。这些沼气工程和生活污水处理工程主要采用可靠的厌氧发酵技术，并且运行费用低廉，能够适度替代传统能源并减少二氧化碳排放。

此外，生物质直燃发电技术在浙江省也取得了一定程度的发展。2009 年，浙江省衢州市龙游县成立了首家生物质能热电厂。该厂每年利用谷壳、木屑、秸秆、废木料、竹子和其他废弃物燃烧约 19.24 万吨，年发电量达到 1.08 亿千瓦时。按照同规模燃煤热电厂的测算，该厂全年可节约标准煤 8.27 万吨，二氧化硫排放量减少 291 万吨、烟尘排放量减少 425 万吨、二氧化碳排放量减少 15.3 万吨。此外，该项目还能为周边居民创造约 6000 万元的秸秆和其他燃料收入。该项目采用了国际上较为成熟的秸秆生物燃烧发电技术，充分利用了秸秆资源，并对燃烧产生的灰渣进行了回收。通过直接燃烧技术，该项目将生物质能转化为电能，不仅可以替代传统能源进行发电，还能避免秸秆腐烂释放温室气体的问题，为农村提供大量的劳动力就业岗位。

3. 江苏省生物能源系统发展现状

（1）生物质资源情况

江苏省土地辽阔，气候适宜，雨热充足，农牧业发达，有丰富的农作物秸秆与薪材，以及多种有机废弃物及其他生物质能资源。生物质能资源主要包括秸秆、人畜粪便、能源作物、工业废弃物和城市生活垃圾等。

秸秆资源：秸秆是江苏省广大农村地区的主要能源之一。根据《2006 年江苏省国民经济和社会发展统计公报》的统计数据，粮食的总播种面积为 498.51 万公顷，总产量为 3041.44 万吨，因此秸秆资源非常丰富。

沼气资源：沼气的主要原料是人类和畜禽粪便，每公斤干粪可产生约 0.2 立方米的沼气。此外，农村集镇、酒厂和食品加工厂产生的有机废水也可以用作沼气发酵的原料。

工业废弃物和城市生活垃圾：随着工业的迅速发展和人民生活水平的提高，江苏省的工业废弃物、城市生活垃圾和污水排放量逐年增加。

（2）生物质利用状况

江苏省生物质能资源的开发利用包括薪柴（秸秆和薪材）利用、沼气利用、垃圾利用和生物柴油利用、燃料乙醇的应用，以及秸秆利用、沼气利用和垃圾利用等，其中生物柴油利用占主导地位。

江苏省拥有丰富的薪柴资源，包括农作物秸秆等，但长期以来，农业薪柴的有效利用率一直较低，导致了严重的资源浪费和环境污染问题。例如，在每年的收获季节，大量的农作物秸秆被露天焚烧，这不仅浪费了可再生资源，还释放出大量的有害气体和颗粒物，对空气质量和人体健康造成了不良影响。此外，焚烧秸秆还容易引发火灾，对交通安全和农村居民的生命财产安全构成威胁。为了解决这一问题，江苏省采取了一系列措施，希望推动农业薪柴资源的高效利用。一方面，政府加大了对农村能源利用的政策支持力度，鼓励农民将秸秆用于生物质能源生产，如生物质颗粒、生物质炭等，提高资源利用效率。另一方面，政府开展了农村生物质能源利用技术推广和培训，帮助农民掌握先进的秸秆综合利用技术，如秸秆还田、秸秆压块等，实现资源化利用和环保。通过这些举措，江苏省已经取得了一定的成效，农业薪柴资源利用率逐渐提升，环境质量得到改善，农民收入也有所增加。未来，江苏省将继续加强政策引导，推动农村能源革命，实现农业资源的可持续利用和生态环境的良性循环。

目前，江苏省的沼气利用主要依靠户用沼气池和大中型沼气工程。已有部分企业采用大中型沼气工程进行沼气利用，这些企业在各自的生产和运营过程中，充分利用沼气作为能源来源，促进了清洁能源的利用和环境保护工作。与此同时，江苏省政府也在积极推动沼气利用的发展，为企业提供政策支持和技术指导，助力其实现更高效、更环保的生产模式。

4. 安徽省生物能源系统发展现状

（1）生物质资源情况

安徽省拥有丰富的生物质资源，包括农作物秸秆、林木、农副产品加工残余物、林木生产加工废弃物、薪炭林、人畜粪便和各类有机垃圾等多种形式，特别是农村地区蕴藏着大量生物质资源。根据相关部门的调查统计和测算，2010年，全省农作物秸秆年可利用量为4400万吨，畜禽粪便约6068.3万吨，农村生活有机垃圾约为1540.9万吨，农副产品和林木加工有机废弃物约为4700万吨，可收集利用的资源总量约为16709.2万吨/年，即8354.6万吨标准煤的能量当量。

（2）生物质能源产业发展情况

安徽省部分农村地区的经济社会发展水平相对较低，基础设施也相对落后，资源利用率较低。农业部2010年组织开展的全国农作物秸秆资源专项调查显示，该省农作物秸秆每年可采集的资源量为4400万吨，然而其有效利用率仅为55%。此外，约有50%的农村居民仍然使用秸秆和薪柴作为炊事用能，并且使用较传统的低效炉具和燃烧方式。因此，必须改变农村生活中落后的能源使用方式，开发节能潜力，并对剩余的大量生物质资源进行开发利用。

（3）生物质能源产业技术创新进展

安徽省的部分地区已经在生物质能源产业技术方面取得创新进展。例如，禽畜粪便、有机垃圾的沼气工程技术，以农作物秸秆为主要发酵原料，开发沼气工程技术，生物质气化发电，集中供气技术，秸秆直燃发电，生物质固化成型燃料生产及应用技术等。这些研究结果和技术的成功应用，已取得很好的社会效益和经济效益。

①生物质制取沼气

人工沼气技术在安徽省发展较早，其为解决农村生活燃料不足的问题做出了贡献。20世纪50年代，中国农科院沼气研究所在安徽省原阜阳县成立，成为我国最早的沼气研究机构，开展了沼气技术研究，并取得了许多成果。特别是在21世纪初，能源和环境面临不断变化，生态农业建设和循环经济发展已成为迫切需求。为此，安徽省积极推进农村沼气建设，加快技术的研发和推广。在沼气发酵装备和工艺技术方面，安徽省率先取得了一系列科技成果，包括全玻璃钢沼气池、工程塑料沼气池、双气箱强回流沼气池等的工厂化制造，这些技术成果均已成功转化为生产力，并实现批量化生产。

②生物质气化燃料

生物质气化技术的整体发展进展较为缓慢，但近年来也取得了一些新进展。在应用方面，除了常规供热之外，最重要的突破是向农村居民提供集中的炊事供气，并直接进行气化发电。关于小型户用生物质气化炉的研究与开发，安徽省宁国市和安徽省黄山市徽州区的一些企业已经积极开展了适用于农村生活的各种产品和所需的小型高效低排放炉的研究和开发。然而，从目前广大农村用户的使用反馈来看，实现简单易行、安全方便的燃料使用仍然需要企业付出更大的努力。

③生物质固化成型燃料

目前，安徽省内多家企业自主开发了各种生物质压缩成型机械，可制造出棒状、块状或颗粒状的成型燃料，并推广生物质固化成型技术，为生物质实现多次循环利用创造条件。例如，通过将生物质原料凝固成型，可以制出炭，并可进一步将其深加工为活性炭。安徽省丰原集团在秸秆转化乙醇技术的研究上起步较早，其研究试验证明，利用秸秆制取乙醇的成本每吨应在 4000～4300 元，相比用玉米生产乙醇，费用减少 300～500 元/吨。以秸秆产量为单位，每 667 平方米的土地，农户可多获得约 300 元的收益。

安徽省还对生物质热解液化进行了一定的研究。中国科学技术大学生物质洁净能源实验室于 2006 年成功研发了一台自热式热解液化工业中试装置，能在 1 小时内处理 150 千克的物料。他们使用木屑、稻壳、玉米秆和棉花秆等原料，采用多种试验方法研究了生物油的热解液化制取技术，其中木屑的产油率超过 60%，秸秆的产油率超过 50%，生物油的热值为 18～20 兆焦/千克。目前，该实验室在生物质热解液化配套技术研究方面已经取得重要进展，并在全国范围内产生了影响。

（4）秸秆直燃发电

2011 年底，安徽省在安庆、合肥、宿州、霍邱、临泉和砀山等地建设了 7 座秸秆直燃发电厂，总装机容量达到 21 万千瓦，每年可消耗 210 万吨秸秆。然而，由于秸秆直燃发电项目的投资大、运行成本高，并且缺乏相关政策支持以建立社会化秸秆收集、储运和管理体系等，安徽省采取因地制宜的方式，进行试点示范。

5.2.4 粤港澳大湾区生物能源系统发展现状

1. 生物质资源情况

香港的生物质资源非常有限。香港的地形特点为多山、少平地，不适合种植能源农作物。且其缺乏林业和规模化的农业，除了城市有机废物外，其他生物质资源非常有限。澳门的生物质资源主要包括生活垃圾、餐厨垃圾、海上漂浮物和污泥等。目前，主要采用焚烧发电来处理这些资源。澳门垃圾焚烧中心的日处理能力为 1728 吨，原计划在 2025 年前实现满负荷运行。在经过处理后的垃圾中，30%～40% 是餐厨垃圾。

广东省具备丰富的原料资源和气候优势，为生物质能源开发提供了良好的条件和市场潜力。在生物柴油方面，广东省拥有 300 多种原生植物，拥有丰富的油脂。这些植物主要分布在山区和沿海地区，如光皮树、黄连木、麻风树、油桐、油茶、蓖麻等。此外，广东省还拥有广阔的山区和沿海滩涂，可种植乔木和油料等植物，作为生物柴油的原料。然而，在生物质能源开发过程中，广东省目前面临着技术产业化基础薄弱、政策和市场环境不够健全等困难。作为昔日的农业大省，广东省在生物质能源开发方面具有优势。近年来，广东省生物质能源领域受到了更多的重视，并大力培育能源林。广东省适宜开发的油料树种约有33种，它们的种子油可以用作生物柴油的原料。此外，广东省的餐饮业也非常发达，主要城市产生了大量的餐饮废弃物。如果在主要城市推广应用先进的回收技术，可实现餐饮废弃物的集中资源化，还可以生产大量优质的生物柴油。

2. 生物质能源产业发展情况

由于可开发的用地有限，香港特别行政区不适宜开发风力和光伏等可再生能源发电技术。因此，香港特别行政区对以废弃物发电为主的生物质能发电技术抱有较高期望。根据国际能源署的数据，2015年香港特别行政区生活废弃物发电量为14千瓦时，到2020年增长至43千瓦时，但该技术在当前发电系统中的占比仍然较低。

目前，广东省在城市垃圾发电方面处于国内领先地位，珠海、佛山等城市已建成垃圾发电厂，实现了垃圾的无害化处理，并有效开发利用了垃圾中的生物质能。

广东省的生物质能主要包括垃圾发电、农林废弃物发电和沼气利用等。在这些领域中，广东省的垃圾发电技术发展较早，应用技术水平和产业规模居全国前列。截至2013年底，广东省的垃圾发电装机容量已达到440兆瓦。然而，农林废弃物的发电规模相对较小，全省农林废弃物直燃发电装机容量为160兆瓦。在沼气利用方面，广东省已建成并正常使用的农村沼气池数量超过50万户，年产沼气量达2亿立方米，占全国沼气生产规模的1.5%。

5.2.5 黄河流域生物能源系统发展现状

1. 生物质资源情况

黄河流域横跨9个省区，长5400千米，生物质能资源丰富，主要生物质能资源是农业秸秆资源与林木资源。黄河流域林地面积接近9000万公顷，占全国林地（约3亿公顷）的30%左右；农业秸秆资源每年约为2.9亿吨，占全国秸秆资源（8.84亿吨）的33%左右。

2. 生物质能源产业发展情况

近年来，黄河流域各省区纷纷加强农作物秸秆综合利用相关产业链的布局，在生物质发电和秸秆肥料化、饲料化、燃料化等高效利用方面取得了显著进展。其中，河南省和山东省是比较有代表性的两个省份。河南省通过多年的积累，已经建立了相对坚实的生物能源产业基础，并具备一定的技术水平。例如，天冠集团近年来取得了124项科研成果，其中包括17项国家级成果和56项省部级成果，还获得了50多项专利和专利技术，并主持研制了6项国家标准。这些科研成果和技术标准在国内大多处于领先水平，部分甚至达到国际先进水平。很多成果和标准已在全国范围内的相关行业得到推广应用，取得了显著的经济和社会效益，对推动中国生物能源行业的技术进步做出了重大贡献。以生物柴油为例，河南省拥有20余家生物柴油企业，他们主要利用废弃的煎炸油和地沟油进行生产。郑州侨联生物能源有限公司已经建成年产5万吨生物柴油的生产线，并具备开发、生产和推广应用生物柴油的条件。

自2006年《中华人民共和国可再生能源法》颁布实施以来，山东省各级政府对包括生物质能源在内的可再生能源给予了高度重视。经过多年的发展，山东省的生物质发电主要采用直燃发电、混燃发电、气化发电和沼气发电等技术。其中，混燃发电和直燃发电技术已相当成熟，并已实现产业化应用，而气化发电目前仍处于研发阶段。作为全国生物质直燃发电项目建设的示范基地，山东省的装机容量超过了全省生物质发电总装机容量的50%。国能单县生物质发电项目位于山东省菏泽市，于2006年底投产，是中国第一座生物质直燃发电厂。2009年7月28日，山东省生物质直燃发电工程技术研究中心正式成立，这是中国首家生物质直燃发电工程技术研究中心，该中心加快了山东省生物质直燃发电工程的开发，并提升了直燃发电技术水平。到2014年，直燃发电项目的装机规模超过了山东省生物质发电总装机规模的50%。目前，山东省多个单位在生物质气化方面进行研发，研究开发出了生物质秸秆气化加热技术和气化发电技术等。在生物质气化供热方面，已经开发出了一些具有代表性的工艺，如下吸式固定床户气化炉和大规模集中供热等。

伴随着碳减排目标，国内尝试在煤粉炉内进行生物质的直接耦合燃烧和生物质气化耦合发电。表5-24列出了部分典型的生物质耦合项目。华能山东日照电厂、山东十里泉发电厂和宝鸡二电厂均位于黄河流域，主要使用农作物废弃物作为主要原料。其中，山东十里泉发电厂是我国率先进行煤粉与秸秆耦合发电示范工程的项目之一。

表 5-24 国内典型生物质耦合发电机组应用情况

电厂	年份	机组容量/MW	耦合方式	生物质燃料	热量混燃比/%	特点
十里泉发电厂	2005年	140	直燃耦合	麦秆、玉米秆	5~8	采用丹麦BWE公司独立喷燃系统,独立的粉碎机和秸秆燃烧器;实行燃煤标杆上网电价
国电宝鸡二电	2010年	300	PC,直燃耦合	秸秆、成型生物质	6~21	采用备用F层燃烧系统,包括磨煤机和燃烧器;因成本问题,于2016年停止运行
长源荆门电厂	2016年	640	间接耦合	稻壳、秸秆	1.7	采用生物质CFB气化装置;由于获得生物质直燃电厂同等电价,运营良好
大唐长山热电	2018年	600	间接耦合	玉米秸秆为主	3	采用CFB微正压气化炉,产生燃气在锅炉的燃气燃烧器中燃烧
华电襄阳电厂	2018年	600	间接耦合	农业秸秆	1.8	采用CFB负压气化炉系统,运行良好
华能山东日照电厂	2021年	680	直燃耦合	秸秆	5	采用给料耦合燃烧系统,先制粉处理,再通过稀力气相输送进入煤粉管道

资料来源:郭慧娜,吴玉新,王学斌,等.燃煤机组耦合农林生物质发电技术现状及展望[J].洁净煤技术,2022,28(03):12-22.

3. 生物质能源产业技术创新进展

黄河流域生物质能源产业技术创新整体较为薄弱,但目前河南省的表现相对较好。例如,河南省天冠集团在纤维乙醇领域取得了重大进展,积累了丰富的乙醇生产经验,成为国内四家燃料乙醇生产企业之一。天冠集团的5000吨/年纤维素乙醇工程在多项关键技术攻关方面取得了长足的发展,并实现了新的突破。

首先,原料预处理工艺方法方面有了新的突破。通过采用间歇蒸汽爆破技术,新的工艺在预处理后能够改善可发酵的单糖(葡萄糖和木糖)的得率,使秸秆向糖类的转化得率从40%提高至43%。其次,低成本酶生产技术取得了新的突破。乙醇的生产成本从过去的每吨1500元以上降至每吨1000元,这为纤维质原料乙醇的生产提供了适合的条件。最后,经过驯化选育,已有的能够同化木糖并产生乙醇的基因工程菌的发酵性能得到了显著提高。经过发酵后,乙醇的含量大幅度增加,达到甚至超过高度含量。这一技术实现了糖醇转化率的新突破,通过技术攻关,糖醇转化率达到了91%,在国内处于领先水平。

山东省在生物质气化技术及产业化发展方面处于国内领先地位。在沼气方面,山东省较早地开展了生物质能源的开发利用,并推广了各种沼气发展模式,如"一池三改"道路、"生态家园富民工程"和"猪-沼-果"等。截至2017年,全省共建设了300多万户户用沼气系统,每年处理畜禽粪便及农业废弃物超过8000万吨。此外,山东省在液体生物质燃料的研究方面也取得了显著成绩。一些地区利用荒碱地,加快培育高产的能源植物种类,并倡导规模化和基地化种植,开展了甜高粱等非粮作物液体燃料的试点项目。山东省金园甜高粱秸秆乙醇开发公司解决了纤维分解发酵乙醇的世界性能源攻关课题,提高了乙醇收率,实现了产业化开发。山东冠丰创世纪生物技术公司与省花生研究所合作,利用花生油和地沟油等主要原料,开发生产生物柴油,填补了我国在该领域的空白,使我国成为少数几个成功掌握该技术的大国之一。

此外,山东省在固体生物质燃料发电方面也形成了一定规模。国能单县生物质发电项目采用世界一流的丹麦木质燃料锅炉技术,装机容量达到亿千瓦,是国内首个纯生物质直燃发电的国家级示范项目。在该项目的推动下,山东省于2010年11月正式启动了省内装机容量最大的生物质发电项目,该项目位于冠县,每年可以处理约17万吨玉米秸秆、棉花秸秆、麦草秸秆等,年发电量达到2.1亿千瓦时。

5.3　中国能源转型发展的必要性

5.3.1　国内背景

1. 碳排放所带来的危害，已实实在在地危及人类生命安全和健康

人类社会已经经历了数百年的工业化进程，而在这个过程中，我们广泛利用了化石燃料等能源，导致大量的温室气体排放。这些过度排放的温室气体引起全球气候变暖，这在2020年表现得尤为明显，全球气温比工业化前高出约1.2℃。而且，温室气体的浓度仍在逐步上升，致使气候变暖，极地冰川融化，引发海平面上升，给世界经济和粮食生产造成了严重危害。即使我们只是保持目前的发展水平，也难以解决过去多年来温室气体过度排放所造成的严重问题。

显而易见，全球变暖产生的负面影响将阻碍人们的生存、生活和进步。首先，全球气温的上升导致极端天气频繁发生。例如，美国在2021年初遭受极寒天气袭击，低温导致农作物死亡和基础设施破坏。而在2021年6月出现的高温天气，创下了数十年来的最高纪录，给社会带来了巨大的人员和财产损失。其次，全球变暖也导致了许多资源的损失。全球气温上升导致北极冰川融化，致使海平面上升，沿海生态系统（如湿地）受到影响，并面临海水侵蚀的威胁。再次，高温熔化的冰川还带有大量的有害物质，这些物质进入海洋后会污染水资源。最后，自然灾害（如旱灾和水灾）更加频繁，这导致农作物减产和损失，同时气温上升也导致农作物的整体质量恶化。

2. 气候问题中"搭便车效应"的影响

"搭便车效应"是指社会成员无论是否为公共产品的生存与发展做出贡献，都能享有其利益与方便。气候变暖是一个全球性问题，第一批进入工业革命和使用矿物燃料的发达国家，必须积极应对气候变化。然而，这些国家却希望其他国家推动应对气候变化，而自己则"置身事外"。与此不同，中国历任领导人都认识到不应走"首先是污染，其次才是处理"的道路。虽然中国的综合国力与许多发达国家相比还有很大差距，但中国能够积极主动地担起重任。习近平总书记提出的"碳达峰"和"碳中和"目标，表现出中国作为大国的责任和担当，并为世界各国有效应对气候变暖做出了表率。

3. "碳达峰""碳中和"愿景的提出是中国人民心之所向

近年来,随着中国特色社会主义新时代的到来,人们的需求也发生了相应变化。过去,人们渴望的是物质文化,但现在,人们更加追求美好的生活方式,追求更高品质的生活。习近平总书记曾强调,人民对加速改善生态环境的要求是迫切的,而环保问题一直是我国人民最为关注的议题。每个人都希望呼吸清新的空气,喝到洁净的水,吃到安全的食品,居住在适宜的环境中。因此,生态需求是人们美好生活需求中的一个重要组成部分。如果人们的生态需求不能得到满足,那么人们的美好生活愿望也无法得到实现。

化石资源在日常使用中会产生过量的温室气体等一系列毒性物质,全球大部分国家都存在这一问题。因此,实施"绿色"和"低碳"发展方式可以在环境问题上发挥改善作用。中国提出的"碳达峰"和"碳中和"愿景可以推动我国从传统发展方式向新型和绿色的生产生活方式转型,并以此为抓手更好地推进生态环境和文明建设,从而真正满足人们对美好生态环境的需求。因此,提出"碳达峰"和"碳中和"愿景符合全体中国人民的期望和心愿。

4. 中国是全球最大的能源消费国

自党的十八大以来,中国能源消费的过度增长得到了有效控制,同时能源结构调整也取得了历史性的进步。过去的几十年中,中国经济经历了改革开放,特别是 2000 年后的快速发展,导致能源消费增长迅速。然而,我们在能源生产上采取了粗放的方式,没有为能源消费设定上限,导致能源消费无限制地快速增长。尽管经济和社会发展非常快速,但能源消耗却大幅度增加。自党的十八大以来,我们采取了决定性的措施,改变了永久的能源消费模式,并逐步淘汰了以前的能源投入生产模式,使得 2011—2019 年的能源消费年均增长率大幅下降。虽然中国仍然是全球能源消费量最大的国家,但是在能源消费结构方面,我们已经开始逐步改变。在过去的很长一段时间里,特别是 2000—2015 年间,中国的主要能源消费是煤炭资源。而自党的十八大以来,我国开始逐渐改变能源资源的消费结构,2019 年煤炭占比首次降至 60% 以下,而清洁能源和效率相对较高的石油和天然气占比有所提高。这一历史性转变是对多年来复杂的能源结构调整的响应,也是中央政府按照能源结构调整的原则支持中国生态文明建设的具体成果。虽然中国在能源结构调整方面取得了显著成绩,但与那些拥有先进能源技术的发达国家相比,仍存在很大差距。

5.3.2 国际背景

1. 一场新的能源革命正在崛起,这将是新一轮工业革命的重要补充

这场革命以新能源与信息技术的融合为特点,以高效、清洁、低碳、智能化为目标。新能源革命的兴起,带来了石油、页岩等技术的重大突破,推动了全球能源革命和技术创新。一些清洁能源和绿色能源的出现和技术水平的提高,已经改变了许多国家的能源发展方向。此外,大规模电网技术的发展,也促进了全球能源供应一体化。同时,许多国家已经确立了关键原则,指导清洁和低碳能源的过渡。如今,越来越多的国家正朝着更环保、更可持续的能源体系发展,通过进一步降低对矿物燃料的依赖,为清洁、可持续的能源体系做出贡献。《巴黎协定》的签署和生效显示了全球关于绿色与低碳转变的广泛共识,许多国家致力于在21世纪中期实现碳中和。同时,G20和亚太经合组织等也在全球能源改革中发挥重要作用,为《巴黎协定》的实施做出了贡献。

2. 全球应对气候变化的步伐显著加快

气候问题已经与经济、贸易和投资交织在一起,形成了错综复杂的关系网络。尽管在解决气候变化的紧迫性问题上存在一些不同的意见,但国际社会却对解决气候问题给予了积极的支持。全球范围内的多边协定和国际合作机制不断涌现,旨在协同各国努力,共同应对气候危机。这一全球行动的加速将产生深远的影响,不仅将重塑全球经济格局,还将在地缘政治和国际外交层面引发新的变革。

3. 发达国家的低碳治理框架在结构和能效方面普遍得到了改善

发达国家在追求碳中和的道路上持续推动着创新和变革,其不仅制定了长期、全面的脱碳目标,而且明确了能效、可再生能源发展等多方面的具体目标。为了实现这些目标,许多国家还加速发展碳交易机制和经济激励措施,以激发低碳技术和清洁能源的研究与应用。例如,欧盟提出在应对气候变化方面发挥主导作用,通过低碳气候变化措施重建和更新欧洲经济,展现了一种全球范围内的引领和示范效应。这些积极的举措为全球能源转型提供了有益的经验和启示,也表明了发达国家在可持续发展方面的引领责任。

4. 全球能源部门正在出现新的和前所未有的趋势

全球正在经历着一场能源革命,向绿色能源转型,这使得全球能源领域出现了许多新的变化。首先，发达国家正在加速碳捕获和减排的努力，而发展中国家正在实施相应的碳控制措施。其次，全球石油和天然气供应过剩，世界石油公司正在加快向新能源转型。最后，新能源正在进入平价时代，其发展速度正在加快，取代传统能源的速度也在不断加快，这使得全球电气化和低碳发电量增长了 1 倍。中国致力于实现碳中和，这与全球应对气候变化的趋势一致，也是中国能源发展朝向前瞻性目标的必要解决方案。只有实现这样的承诺和目标，我们才能跟上世界潮流，使中国成为全球绿色和低碳能源转型浪潮的领导者。

6 产业部门能源转型发展现状

6.1 农业部门的能源转型发展现状分析

6.1.1 农业部门能源转型发展的内涵

人类社会的发展是一个自然历史过程,然而在发展的同时也对环境造成了破坏。过多的污染和温室气体的排放导致了温室效应,也加剧了气候变化,为了应对这个全球性的问题,碳中和成了一个全球性的趋势。实现碳中和的第一步是要实现碳达峰,因此农业也需要进行转型升级,探索"双碳"发展模式。

农业作为传统的支柱产业,也是碳排放量的重要来源之一。为了实现绿色发展和低碳发展,农业也需要进行调整,推进循环发展和减量增效。对于畜禽养殖而言,粪污的处理也是一个重要的问题,需要进行资源化利用,提高农机的节能减排水平。建立绿色农牧业体系,实现从面源污染向点源污染转化,是农业转型的必经之路。同时,高新技术的应用也为农业转型带来了新的机遇。利用现代科技手段,可以研究如何提高农作物的抗逆性和二氧化碳吸收量,进一步促进农业的可持续发展。此外,也需要建立完善的制度体系,加强农业生态环境保护,推动农村经济结构的优化调整,为绿色发展打下坚实的基础。

总之,实现碳中和是全球性的挑战,农业也需要在此过程中发挥重要作用。通过探索"双碳"发展模式、推进循环发展和减量增效、加强农业生态环境保护等措施,农业可以为实现碳中和贡献自己的力量,实现绿色低碳发展的目标。

6.1.2 农业部门能源转型发展的挑战

1. 农业投入品过量和化石能源过度消耗

农业生产对我国的环境产生了很大的影响,其中农业投入品过多和化石能源消耗过高是农业碳排放高的主要原因。特别是化肥的超量使用和农场能源消耗大对农业温室气体排放影响较大。在当前能源短缺的形势下,控制温室气体的排放量已成为一个亟须解决的问题。随着农村人口的减少、土地流转和城镇化的加速，许多农民移居城市，导致农业生产规模越来越大，生产效率有所提高，但粮食需求的上升进一步增加了温室气体减排的难度。此外，我国缺乏专门针对温室气体减排的法律法规，也加大了减排难度。劳动力匮乏和素质低下也增加了温室气体减排的压力。

当前，我国仍处于工业化时期，发展模式比较粗放，农业资源利用率不高，劳动生产率低下。由于土地资源、水资源及劳动力等自然资源的稀缺和不可替代性，我国农业发展面临巨大压力。此外，随着人口增长，我国粮食产量不断上升，但如果不能有效降低农业生产过程中所带来的环境污染和损害，粮食安全将很难得到保障。因此，提高农业生产效率对降低二氧化碳排放量至关重要。在我国的农业碳排放中，最大的碳源就是化肥。我国还没有形成完善的温室气体减排机制体系，而土地流转不足和农村剩余劳动力转移也对农户家庭经济活动形成了较大影响。因此，需要建立一个更完善的减排机制，同时解决农业生产中的"高能耗、低效率"问题。

2. 农业生产成本过高

近年来，我国在节能环保方面的投入不断加大，但由此导致的二氧化碳排放量呈快速增长趋势。同时，我国人均耕地资源不足、粮食单产偏低、水资源严重短缺等造成农业生产成本过高，同时也增加了农业碳减排的压力。因此，降低农业生产过程中的二氧化碳排放量成为亟待解决的问题。尽管我国已经基本达到温室气体减排的目标，但在农业碳减排方面仍与发达国家存在巨大差距。农业能源消耗大，结构不合理，特别是清洁能源所占的市场份额较小，都导致农业碳排放量增加。此外，农业生产过程中大量使用不可再生能源和传统粗放型生产方式都造成环境污染和破坏，使得我国农业碳排放总量不断攀升。如果不能有效减少农业碳排放，不仅会对生态环境造成负面影响，还会增加粮食安全风险。因此，必须加强对农业低碳发展模式和技术的研究，并将其作为长期战略任务加以推进，以推动农业节能减排工作，减少农业碳排放量。由此，发展农业低碳经济已成为当前及未来很长一段时间内农业领域的一个重大问题，也是实现生态文明建设目标的必然要求。目前，我国已在全国各地开展农业试点示范，取得了初步成效。尽管农业投入品减量化和替代策略，以及其他绿色可持续措施已得到落实并取得了一定效果，但这与我国走农业绿色化发展之路、为实现我国"双碳"目标提供全方位服务还有很大差距。

3. 农业资源利用率低

传统的生产方式和粗放的经营模式,导致大量土地被占用和闲置,从而降低了耕地的利用率。另外,我国农业科技发展滞后,信息不对称,也导致农业投入不足。在当前的经济形势下,提高农业生产的效益是解决这个问题的重要出路。调整农村工业结构是提高农业生产率的重要手段之一,因为不科学和不合理的使用方法导致资源利用率低下和资源浪费,所以如何对农业资源进行有效节制和高效利用,以达到节能减排的目的,是目前的一个重要课题。水利部发布的《中国水资源公报》显示,到2020年,我国农业用水量约为3612.4亿立方米,占全国用水总量的62.1%,但农田灌溉水的利用系数只有0.565,这表明水资源浪费严重,且其制约了经济社会的可持续发展。因此,加强农田水利建设,提高灌溉水利用率,是解决"三农"问题的重要举措。近几年,我国加大了水利投入,提高了民众节约用水的意识,提高了科技水平,促进了农业基础设施的发展,有力地推动了粮食生产和人民生活质量的改善。同时,由于当前的技术手段单一和不够科学,农业长期存在病虫害问题,致使农民的生产成本增加和经济损失变大,这也给食品安全带来了威胁。此外,农业部门统计显示,三大主要粮食作物(包括水稻、小麦和玉米)中,杀虫剂的使用率仅为40.6%,却造成了60%的浪费。农业生产中产生的废水、废气等污染物处理不当,甚至被排放到河流、湖泊和土壤中,污染了生态环境,对农作物的生长也产生了不利影响。我国目前对农业资源的利用水平较低,造成了资源的浪费,这也是我国农业碳排放量不断增加的重要原因。

4. 支撑农业绿色低碳发展的制度体系尚不健全

我国已经出台了许多法律法规,包括《中华人民共和国环境保护法》,但是至今仍缺乏专门针对农村环保的部门规章或规范性文件,这与当前农村环境保护的实际需要还存在较大差距。农民参与农村环境管理的意愿不高,积极性有待提升。目前,政府规制已成为农村环境治理的主要手段。在农村地区,受到历史原因和经济发展水平等因素的影响,政府过度干预和市场失灵并存的现象导致农村环境污染问题日益突出。从国家治理的角度来看,我国目前尚缺乏完善的农村环境治理法律体系,现有的农村环境相关法律体系也不够完善。同时,现有的农业绿色发展规定存在操作性不强、难以落地执行的问题,很难为农业各项生产提供有效的污染排放监管服务。因此,加强农村环境监管立法势在必行。

在社会治理方面,我国尚缺乏针对农户等市场主体的环境保护激励,农户环保意识仍显薄弱,参与积极性不高。从公众参与的角度来看,由于缺乏相关法律法规的保障,农民很难充分表达意愿。在政府监管层面上,虽然已经出台了《中华人民共和国水污染防治法》等一系列法律法规,但是缺乏专门针对农村环境保护的制度,而且执法力度也不强。这些都严重制约了政府对农村环境污染防治工作的监管力度,影响着农村环境质量的改善。因此,加强法律的支持和保障势在必行。

6.1.3 农业部门能源转型发展的意义

近年来,随着全球气候变化和资源环境约束的加剧,中国提出了新发展模式的战略目标,经济发展向绿色化转型。在农业领域,绿色发展也成为重点方向。为了实现"双碳"目标,必须把绿色经济与粮食安全、可持续发展和国际农产品市场等紧密结合起来。

传统农业生产模式存在着资源浪费和环境污染等问题,因此需要转向现代农业生产方式,实现农业绿色发展。循环经济、资源节约型和环境友好型的农业模式应成为未来农业发展的主要方向。采用现代农机和生产工艺,实现农业节能减排,对畜禽粪污进行资源化利用,对面源污染进行治理,采用高新技术促进农业发展,构建健全的制度体系等都是实现绿色转型的重要措施。为实现农业绿色转型,必须优化发展战略选择。在政策层面,需要提出绿色发展模式,倡导循环发展和减量增效。在生产层面,需要建立绿色农牧业体系,推动农业生态安全和可持续发展。在市场层面,需要拓展国际农产品市场,提高农产品的质量和安全水平。

随着人口增长和工业化的加速,自然环境受到了破坏,碳排放亦不断增加,大气中温室气体的浓度持续升高,导致冰川消融、海平面上升、气候变暖、生物多样性锐减等一系列问题。在这种背景下,各国开始重视减排工作,我国也在努力探索可持续发展道路。为了保障粮食安全和实现可持续发展,农业也需要加入减排的队伍。农业二氧化碳排放量在全球总排放中占据较大比例,因此农业生产对温室气体的减排非常关键。目前,我国正在推动温室气体减排工作,积极了解和探索农业碳排放的形势与解决方案,试图构建温室气体核算体系。同时,我国也在推进农业可持续发展,注重生态环境的保护和粮食生产的提高。评估农业减排的潜力需要考虑多种因素,包括驱动因素和评价指标体系等。政府和学术界需要共同努力,建立完善的评估体系,对农业减排潜力进行科学评估和预测,为制定合理的减排政策提供依据。并且,农民也需要积极参与,采取节能、减排的生产方式,实现农业的可持续发展。

目前,低碳农业的发展已经成为全球关注的热点话题,因为它不仅可以实现农业生产的可持续发展,还可以有效减少温室气体的排放,为应对气候变化和环境保护起到积极作用。国内外学者对低碳化农业发展所取得的研究成果,为我们深入理解低碳化理论与实践问题提供了重要的参考和依据,也为我国未来农业的可持续发展战略提供了重要的支持。然而,低碳农业仍然面临着一些挑战和困难。例如,对农业碳排放的计量和农业碳汇测算等技术问题仍然需要进一步探索和深入研究;此外,政策和体制机制等因素也需要得到更好的协调和整合。未来我们需要加强对低碳农业的研究和实践,促进技术和政策的创新,不断推进低碳农业的发展,为实现农业可持续发展和全球环境保护做出更大的贡献。

6.1.4 农业部门能源转型发展的对策

1. 加大农业资源节约集约利用力度,持续提高农业资源的利用效率与减排效果

"地广人稀、水土资源匮乏"是中国农业的基本特点。为满足广大人民群众的美好生活需要,转变经济发展方式、推进农村产业结构调整、提高土地利用效率是我国的政策目标。在新型城镇化和"一带一路"倡议建设的背景下,这一目标变得更加紧迫。从传统农业向现代农业的转变不仅是实现这一战略目标的必由之路,而且是解决当前经济和社会发展中存在问题的根本途径。在新时期,我国面临人口增加、耕地锐减和水资源短缺等多重限制,因此转变农业生产方式是当务之急。农业生产过程中会产生大量废弃物,形成农业污染,对农产品质量安全和生态系统健康产生不良影响。特别是在我国能源紧缺和环境恶化的情况下,传统粗放型经济增长方式难以支持现代农业长期平稳发展,农业的发展面临极大挑战。同时,全球气候变暖为农业的可持续发展带来了严峻挑战,气候变化已成为影响人类生存安全和经济社会协调健康发展的重要因素之一。为了应对这些困境,我国提出以"减量化""再使用"和"资源化"为原则构建生态友好的现代农业生产体系。

2. 加快耕地质量建设和耕地资源保护力度

目前,我国人口众多而土地资源有限,耕地数量在相当长的一段时间内难以满足需求,因此耕地保护问题变得越来越严峻。加强对耕地的保护是可持续发展的根本和前提，随着国家"十三五"规划提出的新型城镇化战略，以及生态文明建设理念在全国各地的实施，土地资源日益紧张，如何更好地保护和提高耕地质量成为当前亟须解决的问题。强化耕地保护，提高耕地质量对于支持新时代农业绿色化进程有着十分重要的意义。在此背景下，通过提高耕地综合生产能力，增加粮食总产和有效供给，促进农民增收，保障粮食安全，确保国家长治久安，已成为当前和未来相当长的历史阶段内的主要任务之一。当前我国耕地质量总体不高，且存在显著的地区差异、数量波动较大、生态退化严重、生产粗放、效率不高、缺乏管理等问题，这就要求我们必须重视耕地质量。当前耕地质量低下的主要原因是土地整理工程和设施农业技术应用不到位。必须针对未来农业发展目标，以高标准农田建设为重点，按照耕地质量标准，有效促进农地建设，培养耕地固碳能力，增加耕地固碳潜力。在土地整治中，将耕地质量提升与土地利用结构优化相结合，实现"生态立省"的战略目标。

3. 实施节水型灌溉技术以提高农业用水效率

节水型灌溉模式在我国的可持续发展战略中已成为必然趋势。该模式不仅可以节约水资源，还能降低能源消耗和碳排放量，是实现水资源与经济增长协调发展的重要途径之一。目前，我国大多数灌区采用传统的农业用水管理模式，造成水资源的浪费和环境问题的日益加剧。特别是在我国北部的干旱区，水资源供需关系日益紧张已经严重制约当地社会经济与生态的可持续发展。因此，我们需要借鉴国外先进的节水经验，依托现有的水利工程，构建新型节水灌溉系统，注重高效低耗，实现"一水两用"的目标，而建立水资源有偿使用制度可以使有限的水利资金发挥最大效益。同时，通过制定科学合理的水价政策和开展节约用水宣传教育等手段，加强政府的宏观调控作用和实行经济激励措施，促使农民参与灌溉管理工作。为此，我们需要推广新技术、新装备，建立健全配套的服务组织体系，形成协调有序的服务体系，并通过政策扶持引导农民群众积极参与到灌溉事业中来。在灌溉方式方面，以高效节水为重点，推广滴灌、微灌等先进的灌溉技术，促进灌区现代化发展。在土地资源约束日益增强的背景下，我们还应积极引导农户转变传统耕作模式，并合理规划土地利用方式。

4. 强化农业污染综合治理

在新农村建设中，保护生态环境是十分必要的。中国当前的生态环境问题非常突出，尤其是农产品生产和消费受到了极大的影响，这已成为制约中国农业生产和经济可持续发展的瓶颈。由于人口众多、地理条件差异大、土地利用不均衡，传统的"粗放型"农业生产方式已难以适应现代化的要求。如何有效地处理好"三农"问题，已成为一个亟待解决的重大课题，因此必须关注农业与生态之间的相互影响。在这样的大背景下，只有良好地处理农业的发展和生态保护之间的关系，才能促进农业的发展，促进农产品的出口，以及实现环保主体之间的良性互动。因此，我们需要加强农村生产方式的转变，实施肥料减施，加强减量增效与配方肥推广和使用，提高肥料利用效率，未来还应加强化肥调控。我国经济目前还处在一个高速发展期，农业现代化建设仍需继续加快推进，因而必须坚持走可持续发展之路。截至 2022 年，我国化肥施用量连续七年保持下降，农药施用量增长速度缓慢。长远来看，我国仍有很大潜力可以挖掘。自 2015 年开始，绿色发展理念逐渐成为主流。在农业生产过程中，推行肥药减施政策成效显著，既提前完成了"零增长"目标，又成功步入了负增长阶段。此外，随着农业机械化水平的不断提升，肥料的施用方式也从传统的粗放型向集约型发展方式转变。长期来看，农业生产必须以减少化肥施用量和改善土壤肥力为基础。化肥施用过量会导致土壤养分大量流失，要实现农作物高产优质高效，必须加强对化肥和农药的管理。

5. 整治农业白色污染，推进农业包装废弃物的多样化处置

农用薄膜是一种重要的农业生产资料。如果未及时回收，会导致白色污染，其分散在耕地的土壤上，会影响作物的根系生长。同时，随着农村人口的增加，生活垃圾和污染物排放量也有所增加，给农田的生态保护带来了巨大的压力。此外，农膜在运输过程中容易受雨水冲刷或太阳暴晒而老化，导致降解速率变慢，农膜残留过高。同时，废弃农膜还会造成环境污染和能源浪费，对人体健康形成极大威胁。目前，中国已成为世界白色污染的生产大国，大量废旧农膜不仅浪费资源，而且对生态环境造成了不利影响。且国内大部分地区仍采用填埋方式处理废旧农膜，不仅污染环境，还造成了资源浪费和二次污染。因此，如何解决农膜回收再利用率不高和农膜残留超标等问题，是对每个环保工作者的巨大考验。长远来看，加强对农膜回收利用技术的研究，加快推广农膜回收再利用产业的发展，是解决这一问题的根本途径。

6. 建立健全农业低碳发展相关认证体系

为促进绿色农业的发展，首先应进一步明确低碳农业与农业共同发展等相关概念的内涵和外延，并以此为依据，大力发展绿色农业，探讨生态农业和循环农业的耦合发展等问题，以促进低碳农业理念深入人心。同时，从宏观角度分析低碳农业的发展趋势和预测未来的趋势，为政府制定政策提供依据，以促进我国低碳经济的可持续发展。其次，应该深入探讨低碳农业的理论基础，构建符合我国实际情况的绿色生态环境评估指标，为我国的实际生产起到指导作用。并从农业基础理论、技术原理、技术手段、产业技术创新等方面进行深入探讨，为农业生产发展提供理论依据。再次，应该构建完善的绿色生态环境评估指标，作为衡量我国发展程度的重要手段。在此基础上，加强对我国农村经济发展的策略、制度和政策保障等方面的建设。从次，应该加强环境宣传，形成有利于人民群众形成节约能源意识的良好舆论环境。加强农产品及相关产品的鉴定工作，吸收国外先进经验，分析生产要素和其他规范，制定有关的法律和规章，为我国的农产品规范化建设提供保障。最后，应该加速农业信息化建设，利用现代化的信息技术，推动我国高效农业的发展。通过制定低碳产品标准、构建和健全碳交易平台，推动农产品的标准化，增强农产品的国际竞争力。

6.2 制造业部门的能源转型发展现状分析

6.2.1 制造业部门转型发展的内涵

自改革开放以来，我国的制造业不断取得重大成就，我国国际地位也不断提高。这几十年来，政府不断调整产业政策，从加强轻工业建设到加强基础设施建设再到加强高新技术创新，这些重点的调整伴随着政府投资、管制、财政、货币、金融政策的引导，从而影响着产业结构。如今，中国已成为全球最大的制造业强国。其主要原因在于，我国制造业在创造巨大经济效益的同时，也推动了其他工业、产业的发展。制造企业的发展、技术的不断提高，为我国实现工业化、现代化打下了坚实的基础，并逐步实现了从农业到现代的生产社会的转变。

在制造业方面，中国已经成为世界的制造业中心，这一结论得到了很多发达国家或地区的认可。随着中国逐渐兑现入世承诺，世界人民逐渐理解了"世界工厂"的含义，这一词汇也开始被广泛应用于各行各业。从历史上看，18世纪的英国、19世纪末至20世纪中叶的美国、20世纪60至

80 年代的日本相继成为"世界工厂"。这些国家以雄厚的工业基础和先进的科技水平闻名于世,并推动了全球制造业的快速发展,因此研究各国制造业的变化特征具有重要意义。实际上,不仅国家层面进行整体产业政策设计,各地区也在纷纷制定产业政策来促进地方经济发展。然而,这些产业政策存在几个方面的问题。首先是前瞻性不足。尽管中国制定的产业政策表现出了一定的计划性和超前性,但工业政策通常将重点放在发展过剩的行业上,对于那些能够形成未来竞争优势的行业,则缺乏足够的重视和扶持。其次是缺乏协调,产业政策倾向于集中在少数几个主要行业上,因此各行业之间存在巨大差异,这极大地影响了整个行业的效益。再次,中国各地的产业政策比较接近,行业间的竞争也比较激烈,造成了行业结构、出口结构参差不齐、水平接近。最后,地方之间还竞相出台产业优惠政策以吸引投资,采取市场保护措施以加快本地发展,从而造成低水平重复建设、产业同质化甚至市场割据,不利于整体产业的提升。

6.2.2 制造业部门能源转型的挑战

只有在经济社会发展的基础上,全面推进绿色转型,才能达到"双碳"目标,促进我国经济发展走向低碳、绿色、循环发展之路。这不仅是落实"双碳"目标的必要条件,也是解决中国生态环境问题的有效途径。在新的发展阶段,必须实现新的发展理念和推动新的发展模式,加快能源消耗行业的发展,并严格控制能源密集型工业的产能,推动传统钢铁、石油化工等能源密集型工业向绿色发展之路转型。此外,在全球经济大变革的背景下,中国面临着能源密集型产品出口的问题,因此需要构建一个绿色的交易体系,发展具有高附加值、高质量的绿色产品,对高能耗产品进行严格限制,以推动世界贸易的高水平发展,实现内外双赢的目标。

1. 能源转型需要

制造业对能源的需求量巨大,而且往往依赖传统的化石燃料,这导致了环境污染和资源消耗的问题。随着人们的环境保护意识不断增强,以及可再生能源技术不断发展,实现能源转型已成为当务之急。为了解决这一问题,我们需要采取更多措施改变制造业的能源消耗模式,减少对化石燃料的依赖,转向利用更清洁、可再生的能源。这意味着应推动制造业采用更节能高效的生产工艺和设备,优化能源利用结构,提高能源利用效率。同时,鼓励制造业企业投资并采用太阳能、风能、水能等清洁能源,以减少对化石燃料的依赖,减少环境污染和温室气体排放。此外,政府还可以通过制定更严格的能源消耗标准和法规,激励企业采取更环保的生产方式,通过提供资金支持和税收优惠等政策措施,促进能源转型在制造业领域的实施。通过这些努力,我们可以逐步改变制造业的能源消耗模式,实现可持续发展的目标。

2. 技术成本挑战

制造业的能源转型还面临着技术和成本方面的挑战。引入新的能源技术和设施需要巨额投资,而且在技术上可能存在一定的不确定性和风险。制造业企业需要努力克服这些挑战,同时保持竞争力和盈利能力。为了成功实施能源转型,企业可能需要进行大规模的设备更新和技术升级,这需要耗费大量时间和资源。同时,新能源技术的研发和实施可能需要与其他行业和政府部门进行合作,以共同解决技术难题和推动政策支持。在这个过程中,企业还需要寻找创新的商业模式和管理策略,以最大限度地降低成本并提高效率。因此,制造业在能源转型的道路上面临诸多挑战,只有克服这些挑战,才能实现可持续发展并保持长期的竞争优势。

在这个过程中,技术革新发挥着重要作用。中国已经将发展技术革新提升到了国家的高度,并逐渐增加了对技术的投入。虽然国际金融危机对科技创新的投资造成了冲击,但中国的科技企业在科技创新方面的投资仍在快速增加,自主创新的力量也得到了极大的提高。与世界先进水平相比,我国在科技创新方面还存在明显的差距,无论是在数量还是质量上都有所不足。在技术创新方面,中国需要解决以下问题。首先,缺乏足够的创新动力,创新活动相对不活跃,企业尚未真正主导技术创新进程,缺乏创新的内在推动力。其次,基础研究投入不足,导致技术创新的效果不尽如人意,科研成果很难转化为商业价值。最后,中国在技术创新领域也面临着人才短缺、制度不完善、市场化程度不高等挑战,需要加强政策支持和体制机制改革,激发创新活力,提高技术创新水平,缩小与世界先进水平的差距。

3. 政策法规问题

政策和法规在制造业能源转型中发挥着至关重要的作用。政府的能源政策和环境法规直接影响着制造业企业的能源选择和生产方式。因此,制造业企业需要密切关注政策变化,并及时调整他们的能源转型策略,以确保符合法规要求并获得相关支持。例如,有政府可能通过提供税收激励或补贴来鼓励企业采用清洁能源,减少碳排放。另外,环境法规可能会限制某些能源类型的使用或要求企业采取特定的环保措施，因此制造业企业需要不断更新他们的能源转型策略，以适应不断变化的政策环境，并在可持续发展的道路上前进。

4. 组织文化障碍

企业可能遇到来自员工、管理层或供应链的阻力，需要通过培训和沟通来推动变革，并确保所有利益相关方都能理解和支持能源转型的重要性。这可能涉及改变传统的生产方式、采用新技术和流程，以及重新定义工作职责和目标。为了成功实现能源转型，企业需要建立鼓励创新和持续改进的文化氛围，同时确保员工和合作伙伴都能积极参与并从中受益。这意味着领导层需要展示对变革的承诺，并提供必要的资源和支持，同时也要与所有相关方进行开放和透明的沟通，以建立信任并解决可能出现的问题。最终，通过全面的组织变革和文化转变，制造业顺利实现能源转型并迎接未来的挑战。

6.2.3　制造业部门能源转型的意义

1. 现代产业体系逐步形成

自党的十八届三中全会以来，我国政府提出了建立统一、开放、竞争、有序的市场经济体系的目标，同时大力推进现代产业体系的建设，为中国经济新常态的形成提供了微观基础。作为一个逐步发展的市场经济国家，中国正经历从计划经济向市场经济转型、从传统农业向现代化产业转型的过程。然而，目前国内大多数企业规模扩大，但产业集中度并不高，形成了"三高一低"，即高投入、高消费、高污染、低效益的发展格局。在人口红利、入世红利和全球产业转移等因素的影响下，转型升级和创新已成为中国经济发展的主要趋势，加快工业系统的现代化建设已成为中国制造业转型与发展的关键支持。在党的十九大报告中，国家明确提出了中国式现代化的发展战略，这对中国的制造业企业来说是一个新的发展方向。为了提高国家发展水平，中国需要加快网络和新能源的发展步伐，将信息化与现代化工业体系紧密结合起来，形成优势产业群和其他高效运转产业辅助系统支持下的现代产业体系。这一目标要求制造业企业在国内市场上深耕，并逐步开拓国外市场，扩大消费群体，增加品牌附加值，使得产业发展的目标从核算型转向价值创造型。

2. 制造业技术创新战略地位日益凸显

《中国工业发展报告（2012）》指出，中国已进入工业化中期，并且到了产业升级的关键时期。目前,中国正处于工业化中后期的转型过程中。以信息技术为代表的新技术革命正在快速发展,深刻地影响着各国产业结构的演进,呈现出一些与以往不同的特征。随着改革和市场化程度的不断加深,中国经济和社会也进入了一个新的阶段。中国的市场经济体系已逐渐形成并与世界接轨,内部生态条件发生了显著的变化。在这一过程中,中国企业面临着更为复杂多样的市场竞争和来自国内外各种不确定的风险考验。在世界经济复苏乏力、国际贸易保护主义抬头和国内需求增速回落等多种因素的影响下,中国制造业面临前所未有的压力和挑战。制造业开始进入走出传统发展方式路径依赖的转型期,并且进入到矛盾交织的时期。随着科学技术水平的不断提高,信息化已成为产业进步和结构调整的重要推动力。世界各国,特别是发达国家,经历了以信息技术为主线的新一轮军事变革。这场由信息化推动的军事变革将引起军队武器装备结构体系的重大调整,从而使未来战争形态发生根本性变化。在此形势下,孕育并催生了新一轮技术革命,预示着人类社会进入了一个崭新的时代——"第四次工业革命"。

第四次工业革命主要包括信息通信技术、生物工程技术和纳米技术等高新技术及其产业化应用所引发的产业革命,其发展速度之快令人瞠目。当今时代,科技创新和产业创新加速推进,在第四次工业革命时期,制造业的生产方式将从大规模标准化制造走向大规模个性化定制。同时,这一革命将促使垂直结构的中央集权组织模式演变为扁平化、社会化和竞合化的网络状组织方式。在这个过程中,企业面临的竞争环境发生了巨大变化。第四次工业革命既带来了空前的机遇,也带来了风险和挑战。当今信息技术,特别是数字经济快速发展,智能制造是一种新的生产方式,而且已成为未来制造业发展的趋势。在这种背景下,制造业必须进行转型升级,以适应时代发展的要求。在转型升级的进程中,以数字化技术为代表的智能制造技术已成为关键。因此,制造业必须加快数字化转型步伐,通过对现有生产设备和工艺过程的改造升级来提高生产率、降低能耗和原材料消耗、减少环境污染,以满足市场需求并提升竞争力。

3. 绿色低碳发展理念已成共识

随着中国经济步入"换挡"阶段,需要对各种制约因素进行调整,通过提出新的发展理念,促进中国经济的持续健康发展。当前我国正处于向资源节约型、环境友好型社会转型发展的重要时期,在新发展理念的指引下，应深刻反思我国的工业化进程，并就缓解人口、资源和环境压力做出现实选择。应完成从制造业大国到制造业强国的转变，克服产能过剩问题，增强环境保护意识。随着我国环境保护和环境治理工作的不断深入，越来越多的环境企业退出市场，因此应加快解决产能过剩的问题，大力发展循环经济，推动减量化、再利用和再生利用，以达到节约资源的目的，实施节约第一的策略，并逐步提高资源利用效率。节能减排是中国工业发展的当务之急，应该将环保技术引入到企业的生产经营中，通过实施节能减排、保护环境等措施，实现经济由消耗型向节约型转变，并从节约能源、保护环境等方面提供技术支撑，这是推动制造业可持续发展的重要保证。

4. 开放式创新系统已具雏形

目前，随着全球化进程的加速和全球资源配置的不断演变，中国长期依赖传统要素支撑经济增长的相对优势正在发生阶段性转变，经济发展由"量"的增长转向"质"的提升。2015年是"一带一路"倡议的重要发展阶段，中国积极推动着沿线各国的合作，为各国制造业企业带来了新的发展机遇，进一步推动了地区乃至全球经济的持续健康发展。当前，我国正处于新的发展阶段，主要依托市场、资源和资本来推动经济增长，未来必须通过开放促进和扩大对外贸易。在国家实施"保增长、促内需、调结构"的战略下，许多中小城市和新农村建设将继续向前推进，产品销售也会持续稳定增长。随着新技术不断更新，对新产品的研发与革新需求日益迫切，因此产学研结合已成为当前亟需解决的问题。

6.2.4 制造业部门能源转型的对策

1. 强化法律、财税、金融体系的保障

为积极推进生态环境环保，制造业应加强环保执法、节能监察、清洁生产审核及企业主体职责的落实，同时推行排污许可制度，颁发固定污染物许可证，实现行业污染物达标排放。应对各类违法违规行为加强监督管理，完善"散乱污"的识别方法，采取标准不同的措施，如关闭、整合搬迁或改造升级。要加大财政扶持，通过政府补助、税收优惠等方式，加速科技成果的转化，推动科技成果的推广和普及。并利用清洁技术改造、低碳化园区、节能减排、科技计划等多种融资渠道，加强对环境保护的专项扶持，推动能源高效利用和资源循环利用，激励企业在生产加工过程中尽快实现绿色低碳化。应加强对金融机构的评价和评级，鼓励银行、担保公司等为中小企业的绿色创新和低碳经济的发展提供担保和信贷保证。积极发展能源效率贷款、碳排放权抵押、抵押贷款及其他货物贷款。要不断完善绿色债券、绿色保险产品的标准化和信用等级确定,发挥"保费调整"的作用。同时,要充分利用金融工具,建立符合绿色发展要求的创业资本,并扶持有条件的企业上市。

2. 推动绿色技术的研究开发与推广应用

为了积极推进低碳关键技术的研发,制造业应抓住新技术革命的机遇,充分利用现有的融资渠道,在政府财政的支持和扶持下,针对战略性、先导性、重大共性需求,集中攻关传感器、核心元器件、高档芯片、关键装备和材料、基础软件、碳捕捉与存储技术、页岩气开发及其他低碳共性关键技术的研究与开发。在这些快速迭代、高成本、高用户满意度的技术和产品中,充分发挥企业的市场优势。同时,鼓励深度融合"产学研用",支持高校、科研机构、园区和其他机构成立以市场为导向的绿色技术创新联盟,并支持企业自主研发和实施绿色技术创新项目。鼓励企业加强基础研究和人才培养,健全知识产权体系,调动社会力量,推动绿色技术的发展,充分发挥大众创业、万众创新和科技人才的创造性,促进绿色高技术的发展。鼓励企业加快绿色低碳技术的推广,实施税收、补助、环保资金等扶持措施,鼓励各行业积极发展高新技术产业。鼓励企业利用先进技术,如大数据、云计算、人工智能和量子通信等,结合中国工业体系完备、产业集聚的特点,促进制造业向数字化、网络化和智能化转型,提高能效。鼓励企业建立一个促进绿色生产的资源分享平台,并用其提供技术建议,扶持企业开发绿色商品,促进资源的有效流通。鼓励企业强化产业内的循环产业连接,确保回收过程的落实,实现废弃物的零排放。

3. 促进产业结构的高质量转型

积极推动我国老工业的转型,以绿色科技和绿色工艺为核心,建立先进的绿色生产体系,强化执行标准。对于传统产业的高质量转型升级,通过绿色金融、能源审计、环境监察、环境影响评估、洁净生产、能源系统顾问、环境治理系统顾问、企业绿色产品评估、节能环保项目设计咨询、节能环保工程设计咨询等提供多样化服务,健全绿色经济发展服务体系。继续加强过剩产业的产能化解,如钢铁、电解铝、水泥、平板玻璃、船舶等,并加速与世界标准的对接。同时,大力发展新兴工业和高端制造,进一步推进"放管服"改革,简化行政审批流程,放开市场,打破行政约，激发新工业和先进制造业的发展活力，增强企业的自主创新能力。为节能减排、质量效益良好的新产业提供人工智能、大数据、云计算、信息技术、工业互联网、高端设备等方面的帮助。

4. 改善制造业能源配置

推进清洁能源的发展，逐步淘汰落后产业，大力发展风力、太阳能和水能等清洁能源。在新能源建设和基建方面加大资金投入，并大力发展零碳燃料，实现全国范围内的零碳能源供给。利用"互联网+"构建智慧能源，以有效解决零碳能源供给的随机、断续等问题，提高电力网络的调节能力和零碳能源的消耗效率。同时，要继续降低煤耗，推动煤的供应和体制变革，通过财政、税收和环保等方面的优惠政策大力发展煤基乙醇汽油等清洁能源。推动"煤改气"和"煤改电"，通过多种措施推动清洁能源使用、优化能源供应。推动清洁能源的发展，充分利用国际和国内两个循环模式的优势，加强对油气、天然气、太阳能、风能、生物质能、地热能等资源的综合利用，形成一个清洁能源联盟。

5. 健全绿色交易机制

进一步完善碳排放的交易体制。在国内建立一个完善的统一碳交易市场，及时实施碳交易，包括钢铁、有色金属、石化、化工、建材、造纸等行业的交易、登记、结算，从而实现对碳排放的监测和核查，促进企业自愿参与。明确分工、协作，共同建设碳市场，确定碳排放总量和市场配额，并严格执行超出限制的处罚制度。加快能源产权市场化改革，逐步推广试点经验至全国范围。建立公平、公开、透明、统一的市场机制，大规模推广大数据和信息化技术，实现对能源消耗的智能监控和核查。制定差异化、精准的能源配额分配计划，以满足不同企业的需求，并做好对能源产权的确认，从而有效优化资源配置。另外，在能源产权交易试点中，积极借鉴经验，大力推进能源产权交易，促进国家能源交易的统一，实现产业经济和能源节约的双赢发展。

6.3 服务业部门的能源转型现状分析

6.3.1 服务业部门能源转型的内涵

深刻理解习近平总书记提出的新时代绿色发展的深刻内涵及意义，积极推进"以绿色为本""以人为本"的新型生产模式，大力推进"三农"工作，积极应对新时代中国社会主要矛盾的转化。生态环境建设要坚持

"绿水青山就是金山银山",坚持节约资源、保护生态的基本方针,坚持生产发展、生活富裕、生态良好的发展道路。同时,要积极发展新兴产业,加快现有产业的转型升级。这意味着要发展服务业、解决环境问题等,以推动环保问题得到有效的缓解。服务业是我国国民经济的一个主要组成部分,对于促进我国经济发展具有重大意义,因此不能以牺牲生态环境来换取发展。服务行业有着自己的特点,服务业的发展必须遵循低碳思想,即在生产、使用、循环利用等方面节约能源和节约能源消费。相对于化工、原材料、采掘等行业来说,服务行业的能耗低,而且大多数的服务行业都是绿色和环境友好型的。综合来看,我们不应该因为服务业的能源节约和排放较低而忽视其对环保的作用,但同时也要注意到,一些服务行业或服务产业,由于不合理的使用和消费习惯,造成了大量甚至是不环保的能耗。从本质上讲,服务行业仍然是一种高碳的经济活动。在绿色发展思想的指引下,应顺应新时代的社会主要矛盾变化,促进服务行业的绿色发展,并以此为契机寻求服务业发展的空间。

6.3.2 服务业部门能源转型的挑战

1. 没有实现"入脑入心"的环保服务观念

随着民众环境意识和健康意识的提高,越来越多的企业和居民开始注重绿色服务。但由于环保服务的经济效益存在一定延迟,消费者难以立刻感受到其价值,其发展容易陷入先功后利的恶性循环,使得很多单位和家庭容易忽视环保服务,甚至对生态和绿色发展造成损害。新兴的"绿色消费""绿色旅游"等概念,由于缺乏有效的管理机制和激励机制,一直未能得到广泛实施。大多数消费者仍然沿袭传统消费方式,绿色消费的理念没有得到实际贯彻。由于地域和文化等方面的差异,不同社区的社会责任感和环境保护观念存在不平衡,很多企业和居民对绿色商品和服务的了解不足,还没有形成真正的认识。例如,ISO 14000 环境认证标准在中国服务行业中的应用并未得到足够的重视。

2. 企业环保工作的管理能力较差

企业经营通常会将经济效益置于第一位,但是随着企业环保意识的不断增强,强化绿色服务型经营并不会危害经济效益,相反,其可以增加企业的经济效益,实现双赢。然而,长期以来,许多公司对环保概念缺乏足够的理解。例如,在制定发展策略时,一些企业未能充分发挥已有或闲置的可用资源,导致超越市场需求的资源大量浪费。这种资源浪费不仅对企业的财务状况造成了负面影响，还对环境产生了不必要的压力，反映出了企业的可持续性问题。从经营状况来看，其服务容量利用率低下，经营效益也不佳。这可能是因为企业未能充分考虑环保因素，如能源效率和废物管理，导致资源的浪费和不必要的成本增加。为了减少服务费用，一些公司使用不安全的产品，对人体健康和环境造成威胁。这些做法虽然在短期内可能降低了成本，但长期却会损害企业的声誉和企业发展的可持续性，甚至可能引发法律问题。

这些问题的根源在于企业对环保概念的理解还不够深刻，其需要加强相关知识的学习和应用。企业可以通过员工培训和教育来提高其环保意识，制定更加可持续的战略和政策，优化资源利用，提高服务质量，降低成本，并确保产品和服务的安全性。这不仅有助于满足日益增长的消费者需求，还可以为企业带来更广泛的市场机会和长期的经济利益。从长远来看，以后的商业环境中，绿色服务型经营会成为企业实现可持续发展和经济成功不可或缺的一部分。

3. 环境保护体系不够健全

随着服务业的快速发展和能源转型的推进，一些新兴的服务业态和能源利用方式不断涌现，但相关法律法规的制定相对滞后，部分领域存在立法空白。例如，对于共享经济模式下的交通服务，如共享单车、共享汽车等，其能源消耗和碳排放核算标准以及相应的环保监管要求还不够明确，在管理和服务过程中缺乏有效的法律依据。与此同时，现有的环境保护法律法规众多，但不同法律之间的衔接和协调存在问题。例如，在服务业能源转型过程中，涉及《能源法》《可再生能源法》《环境保护法》《大气污染防治法》等多部法律，这些法律在具体条款和监管要求上可能存在不一致或冲突的地方，给企业的经营和政府的监管带来困扰，影响能源转型的顺利推进。

实际执法过程中，其同样受到人力、物力、财力等资源限制，以及地方保护主义等因素的影响，对服务业企业环境违法行为的查处力度不够，处罚措施不够严厉，因此违法成本较低，难以对违法企业形成有效的威慑。对于一些未按规定安装节能减排设备或超标排放的服务企业，仅处以少量罚款，而企业通过违法获得的经济利益远高于罚款金额，因此企业缺少主动整改的动力。环境权益交易市场在服务业领域的应用还不够广泛和深入，如碳排放权交易等市场机制不够完善，交易范围有限，市场活跃度不高，难以充分调动服务企业节能减排的积极性。此外，绿色金融体系尚不健全，金融服务对服务业能源转型的支持力度不足，企业融资困难，限制了其在能源转型方面的投资和发展。

4. 缺乏发展的产业政策和体制

当前国内的节能和环境保护行业确实存在一系列法律法规上的不足，这影响了该领域的健康发展。特别是，相关政策和法规分散在不同的法律文件和政策文件中，缺乏系统性和协调性。为了解决这一问题，有必要制定一套完善的法规框架，明确节能和环境保护的法律基础。特许经营领域也存在法律法规不够健全的问题，尤其是土地等相关问题。特许经营在促进创新和技术传递方面有巨大潜力，但需要更明确的法规来规范和解决可能出现的问题，以确保特许经营的顺利运行。

在全球范围内，节能与环保问题越来越突出，科技的发展变得至关重要。虽然中国在能源和环境保护技术方面取得了一定进步，但依然存在一些挑战。中国需要加强基础性、开拓性和颠覆性技术的研发能力，减少对国外技术的依赖。同时，加大在节能环保设备制造和工程咨询领域的投资，以满足国内经济的需求。政府可以通过资金支持、培训计划和激励措施来鼓励企业在这一领域进行创新和发展。并鼓励企业加强大学和研究机构的合作，以培养更多的专业人才，推动技术的推广和应用。

总的来说，要解决国内节能和环保行业面临的法律法规、技术和产业发展问题，需要政府、企业和学术界的合作，需要制定更完善的法规体系，加大技术研发投入力度，提高市场竞争力，培养高素质人才，以实现节能和环保领域的可持续发展。

6.3.3 服务业部门能源转型的意义

1. 服务业绿色转型有利于解决民生问题

随着人们的收入水平不断提高，民生内涵日益丰富，人们对美好生活的需求越来越高。但目前我国的社会服务业发展相对不够完善，缺乏完善的服务体系，现代服务业发展仍有不足。而随着民众服务需求的增加，势必给服务业带来新的变革。从长远看，若服务业无法实现有效的绿色转型和持续发展，会给人们的健康和幸福带来巨大的冲击，甚至会带来社会问题。只有把握适当时机，实现服务业绿色转型或者发展，才能够更好地保障民生需求，增进民生福祉。

2. 服务业的绿色转型有助于深化推进供给侧结构性改革

近年来，随着我国的经济发展，产业结构不断优化。需要注意的是，我国服务业发展中还存在着许多问题，特别是服务业结构不合理、服务要素分配不合理、对经济增长贡献率低、就业贡献率低等。而且，不管是在GDP中所占的比例，还是在服务发展的质量上，服务业的发展都明显落后于发达国家。从我国的经济发展现状及世界经济发展的总体趋势来看，我国的经济发展应当转向以服务为主、依靠两个方面、三个产业共同推动的方式，注重服务业的贡献，通过服务来支持实体经济，改善民生福利，利用绿色服务改善生态环境，优化产业结构。绿色服务业是现代服务业的核心，是一种知识密集型的行业，它不仅服务人们的日常生活，也服务生产。从整体上看，我国的服务业发展还面临着诸多问题。在解决我国发展中存在的一些问题的同时，要从供给上加强对服务业发展不平衡问题的解决和促进服务结构的调整。

3. 发展绿色服务是缓解资源、环保压力的重要措施

目前，中国经济发展呈现出一种粗放式的发展方式，能源利用率低下，制约着中国经济的高质量发展。2015年，中国的能源消耗为23%，占总GDP的14.7%。随着我国经济的快速发展，城市化的速度不断加快，能源消耗也不断增长。从这一点可以看出，国内生产总值的能耗和资源消耗远远超过了国际上的平均水平。随着全球气候变暖和人为活动对生态环境造成的破坏，未来的能源需求将会不断增加，能源的供求关系将面临更加严峻的挑战。当前，我国正处于经济社会快速转型时期，面对着巨大的能源需求和严峻的生态环境挑战，正从传统的粗放型增长模式向集约型转变，更加全面节约、高效利用自然资源，走可持续发展之路。随着工业化、城市化进程的加快，我国经济发展面临的环境瓶颈问题日益突出。当前，无论是工业发展、科技创新还是新经济发展，都无法从根本上改变原有的生产模式，节能减排是发展新型工业化的必然选择。党的十九大报告提出，中国的经济要从中高速发展走向高质量发展，这种依靠能源、大规模消耗资源的发展模式是不可能持久的，必须进行转型。绿色服务业已经成为我国节能减排的重要发展方向。

6.3.4 服务业部门能源转型的对策

40多年来，中国经济快速发展并取得了丰硕成果。然而，我们必须看到，要实现可持续发展，必须从传统的"粗放型"模式转向"集约型"模式。由于资源的限制和人口减少,经济增长停滞,规模效应逐渐减弱,难以持续。因此,必须寻找新的发展方式,以绿色发展为目标,提高经济发展的质量。要实现这个目标,需要政府的政策和资金支持,也需要广大群众的共同努力,建设好美丽中国,这不仅仅是人民的愿望,也是民族复兴的需要。为了达成这一伟大目标,需要进行改革创新、科技创新和体制改革,让人民的生活更加健康和幸福。基于绿色发展的指导思想,中国需要改变"粗放型"的发展方式,以绿色发展为导向,把中国的高质量发展与绿色发展相结合,推动经济走向更加可持续的发展道路。

1. 加快从粗放式到集约化的发展模式

集约发展方式的形成不仅有赖于资源的合理分配、技术进步、职工素质提高和资源合理利用,还有赖于低碳循环发展和经济发展。通过采用新的产品和消耗方式,可以实现经济发展和生态环境双赢,实现人与自然和谐共生的目标。与过去的高消耗、高排放、高污染、低效率的经济发展模式相比,集约型经济发展模式注重低效率、低排放和低污染,这将有助于减缓环境压力,提高资源利用效率,促进经济可持续发展。

我国需要转变发展方式,实现从高速发展向高质量发展的转变。高质量发展需要综合考虑经济、社会和环境的协调发展,其中绿色发展是至关重要的内容。绿色发展旨在实现经济增长与环境保护的协调,推动资源节约和循环利用,减少污染排放,构建生态良好的发展格局。为了实现高质量发展,政府、企业和社会各界需要共同努力。政府应该加强宏观调控,制定相关政策和法律法规,推动绿色技术创新和应用,提高环境保护意识。企业应该积极履行社会责任,加强节能减排,推动绿色生产和消费。社会各界应该增强环保意识,支持和参与环境保护活动,共同促进经济社会可持续发展。

2. 大力实施金融政策,促进服务业的绿色转型

我国服务业的绿色转型是经济向绿色发展的必然趋势,而目前绿色产业的外部性特征较为明显,社会融资困难,投资能力有限。因此,需要进一步深化金融体制改革,以促进服务业的绿色化发展。在这样的大环境下,我国应加大对服务业的投入,推动其绿色化发展。为此,必须对我国的财税制度进行改革与创新,充分发挥税收优惠的功能,从而推动服务业的绿色转型。例如,政府应该采取专项基金、补贴、奖励等方式,在绿色工业上加大投资力度,并通过贴息和其他方式,通过多种担保方式引导社会投资流向绿色工业，支持企业实现绿色转型。同时，还要建立完善的环境评价体系和绿色信用体系，完善绿色采购体系，扶持绿色服务业发展，以推进服务业的绿色化转型。

3. 完善相关税制，为服务业实现绿色转型提供资金支持

为了实现环保要求，应动态调整相关税费。加快资源税改革、调整消费税、适度降低企业税负、促进绿色转型、推动绿色服务业发展是国际通行的做法，我国税制应吸取国外先进的税制经验，完善税制和税收政策。必须完善相应的成本体系，对一些能耗高、环保不达标的生产和消费企业实施处罚，强制企业或消费者进行环保转型。同时，还要提升消费者对环保产品的认知，推动全社会形成健康、和谐、文明的消费环境。建议相关部门取消不必要的关卡和收费，颁发环保产品运输统一标志，制定环保产品运输标准，打通环保服务渠道，降低环保企业运营成本，促进其发展。

4. 对绿色服务行业的市场环境进行规范

当前市场条件下，需要发挥国家的宏观调控作用，强化服务业的法治建设。为实现这一目标，必须对其进行多层次的保护和监管，促进有序竞争和信用体系建设，避免垄断和恶性竞争，使企业获得平等竞争机会。加强市场监管是构建公平、公正市场环境的关键。应充分发挥市场调节作用，优化资源配置，提高服务效率，节约资源，减少消耗，创造公平的市场环境，推进我国环保服务产业的发展。政府应出台相关政策、法规，制定扶持政策，完善绿色服务市场主体准入标准，并在此基础上进一步完善相关政策，促进绿色服务企业健康快速发展。政府应根据不同地区、部门和行业的特点，采用价格和税收政策等手段，引导资金流向、资源配置和消费方式。政策的制定要以"速度、规模、质量和效益"为原则，以工业化为基础，以质量效益为核心，以完善的服务体系为保障，以国内和国际市场为基础，加快培育和拓展市场，提升中国环保服务市场在国际市场上的竞争力。同时，要完善商标的绿色产品制度，通过产品质量来提高环保的市场占有率，并在保证生态环境前提下，保护公众的合法权益。

5. 加强国际贸易和发展绿色服务等领域的改革

在经济全球化的视野下，我国应大力发展绿色服务业，并提出一系列有效的国际贸易政策，以推动其健康可持续发展。具体来说，以激励与制约相结合的政策为引导，制定绿色发展策略，给予企业和行业更多反倾销调查权力，保护我国服务贸易权益，建立和完善服务外包标准制度。当前，服务外包的技术标准大多由发达国家制定，而发展中国家也应建设各自的外包标准，要真正解决这一问题，需要突破国外技术贸易的绿色壁垒，提升我国外包服务质量。但目前国内外有关服务外包的研究主要集中在技术标准的制定上，较少关注环境问题，特别是缺乏有关服务外包行业的环保技术法规和国家标准。因此，中国服务业的绿色技术法规和标准应统一国内和国际标准，并在需要时引进国际标准，了解其发展趋势和背景，进行细致分析和合理采纳。

6. 充分调动市场主体的积极性和主动性

推动服务业的绿色发展，关键在于充分发挥市场主体主观能动性。首先，应加强对企业的环保意识、服务品质、服务效能、服务水平、服务能力和竞争能力等方面的宣传，并制定激励机制和政策建议，促进企业参与绿色转型。其次，有关方面应出台相应的政策，促进服务业的绿色转型。利用广告和宣传，促进服务类公司发掘绿色市场的商机，鼓励其积极开展绿色转型。最后，对于不同的服务产业，其实现绿色服务产品的过程也不同，因此必须在多层次上促进服务业的发展。第一，大力倡导绿色消费，引导服务企业实现绿色转变。第二，从消费者的行为角度来看，绿色消费可以改善环境问题，促进社会的和谐发展。要正确引导和鼓励消费者树立正确的消费理念，提倡低碳生活。第三，政府也应制定相关的管理制度，把国际标准转变成国内的标准，并加以推广和运用，积极引导服务企业开展绿色认证。同时，政府还应积极引导服务类企业与更多的国际权威认证组织进行交流和合作，使企业获得更多的国际认可，从而为企业的发展创造更好的环境。

6.4 交通运输业部门的能源转型现状分析

6.4.1 交通运输业部门能源转型的内涵

应对气候变化首先要减少城市交通的温室气体排放。全球交通运输业的排放量约占总排放量的23%，仅次于工业和建筑部门。交通是社会和经济发展的重要支柱，促进绿色交通的发展对于促进交通强国的建设具有重要意义。作为一个重要的能耗行业，交通行业的节能和减排工作直接影响着整个社会的可持续发展和生态环境的构建。在我国，道路和水路运输是现代化运输体系的重要内容之一，其能源和环境保护程度对我国的运输和国民经济的可持续发展具有重要的作用。目前交通运输领域的二氧化碳排放量较高，是减排的重点。

总体而言，中国的交通工具在碳达峰、碳中和方面仍然存在诸多问题。第一，运输企业的总体低碳水平较差。从存量来看，交通是人们基本生活和后勤保障，而碳排放量的总量调控则相对困难。目前我国私家车比例较高，但其中新能源车所占比例较低。第二，我国铁路客运的整体交通效率较低，交通组织不够科学，交通能源消耗较大。总体上讲，随着我国经济社会不断发展，运输行业的发展速度依然很快，新能源、新设备、旅客出行、货物运输、快递业务等都存在巨大的增长空间，需要新能源、新技术、新模式的支撑。

"绿色交通"是一种全新的思想，符合可持续发展的理念。"绿色"的含义是减轻城市交通拥堵、减少环境污染、推动社会公正和合理利用各种资源。其实质在于建立一种交通体系，以最小的社会成本，最大限度地提高交通效率。在"绿色运输"理念的指导下，现代城市铁路运输系统的优化设计应当将"绿色运输"理念纳入到优化的方案中。"数字化、绿色化、融合化"是2022年全国交通工作会议的新要求。各地交通工作会议紧紧围绕这个目标，密集召开，会议积极规划绿色和智慧交通的发展。我国交通运输业的绿色转型重点在于从过去的资源浪费和环境污染的发展方式，转变为资源循环利用、环境友好、科学的发展模式。过去的人与自然分离，经济、社会和生态分割的发展模式需要朝着人与自然和谐相处，经济、社会和生态相协调的发展模式迈进。在"绿色发展"和"绿色转型"相互补充和交融的过程中，需要坚持"绿色""转型"和"发展"三大要素。

以交通为关键支撑环节发展中国经济，是实现中国"双碳"承诺行之有效的法宝，也是实现中国生态文明建设战略之基础支撑。因此，应从低碳经济的角度出发，综合改善城市公共交通运输管理成效，为中国的绿色和可持续发展做贡献。基于社会进步和可持续发展的新观念，即通过对公交能源的科学优化，提高公交能源利用率，强化公交系统的运行，充分满足大众和社会的需求，并在保障大众安全、舒适出行的前提下，减少碳排放和能源消耗。在此背景下，相关领域的工作人员必须与时俱进，不断创新公共交通管理理念，充分认识到低碳交通对国家稳定发展的重要性。整体上看，公交管理工作已取得了显著成效，为广大市民带来了良好的出行体验。

6.4.2 交通运输业部门能源转型的挑战

1. 城市交通规划存在漏洞

随着我国经济的快速发展，资源供给的限制日益凸显。然而土地、水、能源等资源供给的成本相对较低，资源消耗为零，资源消耗粗放，高消耗、高排放、高污染的发展方式已经难以为继。为了实现从"粗放"向"集约""可持续"的转变，我们必须遵循科学发展观的指导方针。我国经济正在从"高投入、高能耗、高污染、低产出"向"低投入、低能耗、低污染、高产出"转变，实现快速高质量发展。党的十八届五中全会明确提出"创新、协调、绿色、开放、共享"的新发展理念。而交通运输是中国能源节约、减少排放、应对气候变化的关键环节，是发展的先行者。因此，在实现经济高质量发展的同时，应积极推动交通运输领域的绿色、低碳、可持续发展，以实现资源的有效利用和环境的可持续保护。

2. 大众低碳出行意识不强

随着我国市场经济的迅速发展，人民的生活水平不断提高，个人收入水平逐年攀升，机动车拥有率也逐年增加。根据统计，近年来我国机动车保有量增长迅猛，其中以轿车和SUV（运动型多用途汽车）为主的私家车数量持续攀升，成为城市道路主要的交通方式。由于私家车的便捷和舒适，再加上城市道路交通拥堵和公共交通体系尚未完善等问题，民众更愿意选择自驾出行，而非搭乘公共交通工具。但这种出行方式不仅加剧了城市道路拥堵，还会带来环境污染和能源浪费等问题。且大部分民众尚未牢固树立环保意识和绿色出行意识，缺乏对低碳出行方式的认知和接受度。因此，为了有效缓解城市道路交通压力、减少交通污染、实现城市可持续发展，必须加强低碳出行意识的普及和培养。只有倡导和引导市民绿色出行、积极推进绿色交通和智慧交通建设、提高公共交通服务水平，才能让更多的民众选择低碳出行方式，从而减少交通拥堵和环境污染。

3. 交通管理缺乏信息化手段

一些城市由于资金、技术等客观因素的制约，目前尚缺乏信息化和智能化的手段，市民不能随时查询公交车等公共交通工具的到达时间、始发时间和最后班次到达时间，并根据自己的时间灵活调整出行方案。一些城市官方发布公交运营状况，但更新速度缓慢，无法及时反映交通堵塞和交通事故等情况。这导致市民在等待公交车时容易花费大量时间，转而选择汽车出行，增加化石能源消耗，进而导致交通运输行业的碳排放量不断增加。据统计，2019 年我国交通运输行业能源消耗为 13.66 艾焦耳，造成了巨大的能源浪费。同时，交通运输行业消耗化石能源的比例极高，如汽油、柴油、煤炭和石油等，致使交通运输行业的碳排放量巨大。相对于其他主要经济体，中国的交通运输业能源消耗比例还在继续上升。美国、日本和欧盟的交通运输业碳达峰能源消耗比重都在 20% 以上，而我国仅为 15.53%。

6.4.3 交通运输业部门能源转型的意义

1. 有利于建设生态文明型社会

随着我国经济的增长，资源的稀缺性问题日益凸显，传统的发展方式已经无法持续。在这种情况下，迫切需要转变发展理念，从"粗放"向"集约"和"可持续"发展模式转变。土地、水、能源等资源供给成本相对较低，但这并不意味着资源消耗可以无限制。恰恰相反，必须根据科学发展观的指导，推动经济向着"低投入、低能耗、低污染、高产出"的方向发展。

作为中国经济发展的先行者，交通运输业在资源节约和环境保护方面发挥着至关重要的作用。党的十八届五中全会提出的"创新、协调、绿色、开放、共享"新发展理念，为交通运输业的发展提供了明确的指引。在此基础上，进一步贯彻落实这些发展理念，将为交通运输业的可持续发展提供强有力的支持，为中国经济转型升级奠定坚实的基础。

2. 有利于建立现代综合交通运输体系

目前，我国正处于交通基础设施建设和服务水平不断提升、转型升级的黄金时期。中国的交通运输业正处于一个经济快速转型、产业结构调整和国家对交通行业扶持的新的历史时期。在"十三五"期间，我国的交通基础建设仍然需要重点发展，规模扩张是其发展的一个重要阶段，同时也是加快网络建设速度和结构优化的关键阶段。在未来 5 年，我国将继续推进交通强国战略，加快建设现代化铁路，构建完善的综合运输网络，完善路网结构，提升公交服务水平。这一阶段将是现代综合交通运输体系结构优化的黄金时期，也是多种交通方式融合和转型升级的黄金时期。城市交通的绿色发展和城市交通系统的可持续发展是建设现代化综合交通系统的必要条件。因此，在新的历史条件下，构建以铁路为基础的现代化综合运输网络已成为我国新时期的必然选择。在资源与环境矛盾交织的今天，建设具有中国特色的现代化综合交通系统必须要做到统筹、协调、可持续发展，必须要立足我国实际，坚持走科学发展道路，构建合理、高效的综合交通系统。

3. 有利于交通行业供给侧结构性改革

在当前，我国的发展已进入新阶段，以"供给侧"为中心、"转型"为主要方向，交通运输业也处于一个新的历史时期，这是一个经济快速转型、产业结构调整的时期。为了实现供给结构优化，提高供给效率和质量，满足现有和潜在需求，实现长期发展，国家亟须提高资源综合利用和优化配置的能力和水平，以解决当前面临的产能过剩和结构调整等深层次矛盾。中央现已提出了"五大支柱""五项工作"的具体要求，全面部署了"供应侧"改革。交通作为国民经济的基础建设，也是国民经济发展的重要战略问题。从根本上讲，我国交通运输供给侧结构性改革就是要克服各种资源和约束之间的矛盾，使各种生产要素合理流动、优化组合、优化分配。在运输要素的投入、排放、产业、区域、需求、指标及其他要素的构成方面，进行充分考虑。

4. 有利于"四个交通"系统的建设

"四个交通"的建设，是交通运输部根据当前形势和工作需要，结合交通事业发展的阶段性特征，以全面推进交通事业的科学发展为主线，提出的"两个一百年"奋斗目标，即加速推进综合交通、智慧交通、绿色交通和平安交通的发展。四个主要的交通系统包括交通枢纽、枢纽节点、基础设施和管理服务系统，这些系统相互联系、相互促进。其中，综合交通是核心，智能交通是支撑，绿色交通是导向，平安交通是基础。新时期"四个交通"的建设需要从多个角度、多个层面来进行分析和探讨。在"四个交通"的发展过程中，关键在于全面深化改革，转变交通发展方式，从传统的污染型、消耗型发展逐渐转变为科学的、可持续的、绿色的发展模式，遵循自然规律和社会规律，实现可持续发展。

6.4.4 交通运输业部门能源转型的对策

提高交通规划、提高交通运输效率是推动整个城市经济发展的动力。因此，在新时代经济发展的大背景下，相关领域人员可以通过对城市公共交通线路进行科学优化，建设完善的交通运输业设施体系，促进城市经济发展。

1. 对公交线路进行科学规划，提高公交出行的利用率

首先是科学规划城市道路。在规划城市道路时，需要考虑城市的发展战略、原有的公共交通设施、城市功能分区规划等因素。根据不同的现状和需求，可以在城市密集的市中心或校园内增设公交优先通道等，调整城市交通线路，提高交通效率。其次，可以对公共交通体系进行合理规划。城市轨道交通是城市"内循环"的主要载体，地面公交是城市的"微循环"，二者共同推动城市综合、绿色、环保型管理模式的实现。同时，还需要引导城市区域规划，贯彻集约发展理念，整合公共交通与可利用的土地资源，减少无效出行，提升公共交通的使用效益。这些措施将有助于解决城市交通拥堵问题，提高城市的可持续发展水平。

2. 大力推广公共交通，加强公共教育的宣传

实现城市交通的快速发展，需要广大市民的支持和认可。因此，应加强对多种经济、交通需求、旅游和环保等方面的宣传，巩固发展的群众基础，实现绿色可持续发展。为实现市民对公共交通的自主选择，减少汽车尾气的排放，创造一个新的城市生态环境，需要采取多种措施。首先，可以适当增加促销政策，降低地铁、公交等票价，吸引更多人乘坐公共交通出行和旅游，以较低的票价激发居民的购买积极性。其次，可以通过多种途径进行宣传，如城市官方微信、抖音、微博等新媒体平台，城市广播电视台和报纸等，通过横幅、标语等方式，从小区和社区活动、教育等多元化渠道向市民进行渗透。这样能够提升市民对低碳经济、可持续性发展的全面认识，加深其环保意识，促进城市经济的稳步发展。最后，还可以邀请明星、专家、群众代表、党员先锋等，让他们亲身体验新时代的公共交通，宣传各种城市公共交通工具的快捷、舒适和方便性，以公众人物的"现身说法"促进旅游业的经济发展，提高民众对公共交通的信任，使民众更愿意主动地乘坐公共交通工具。

3. 强化科技创新，提高我国交通运输业的综合实力

为了适应智能化、网联化的发展趋势，中国交通运输业正加速推进信息化和智能化发展。大数据、物联网、云计算、人工智能等科技的成熟应用，为公共交通管理提供了良好的手段，能够提高公共交通质量，缩短公共交通时间。在中国信息化水平加快的背景下，公共交通行业能得到全方位发展，并通过信息化技术运营，促进我国现代运输系统向信息化、智能化方向发展。在此基础上，进一步加强科技应用，推动绿色、低碳等方面的改革，转变公众对于过去观望、换乘公共交通工具效率不高的负面认识，使其真正感受到公共交通工具的可靠、便捷和舒适。通过公共交通工

具改善居民的出行习惯，减少车辆的废气排放量，以推动城市的可持续发展。然而，当前我国公交交通行业的专业技术人才短缺，未能与地方高校、科研院所等共同培养高素质人才。因此，应以城市公共交通为基础，通过人才、技术等因素构建便利的公共交通网络，促进城市发展。

4. 健全多部门间的协商与协调机制，促进区域内的交通建设

发展绿色、低碳的交通，需要国土部门、生态环境部门等多方力量共同努力。针对交通运输系统的顶层设计，建议交通运输部与工信部协商确定低碳交通相关设备的技术研究和推广。在城市建设方面，应实行多个中心、多个组团的城市规划，优先安排交通基础设施用地，并加强用地的混合利用度，以满足不同市民居住需求。此外，需要完善充电站等相关的低碳交通配套设施，支持新能源车辆的发展。针对机动车排放及其他污染治理方面，交通运输主管部门与生态环境相关部门应联合制定实施方案，并共同实施。在制定科学的排放标准时，应尽快制定相应的政策和制度，并建立有效的监测系统，以保证实施效果。

5. 不断推进提高运输系统效能的智能化运输

推动智能交通和绿色交通的发展，提升交通效率和服务质量，是当前交通领域的重要目标。智慧道路、感知航道等智能交通基础设施的建设，以及自动化港口等绿色交通措施的实施，将为实现这一目标提供有力支持。在智能交通技术方面，通过ETC（电子收费）、车路协同等技术手段，可以有效改善城市道路交通运行状况，缓解城市拥堵，提高能源利用效率，减少城市道路交通污染。同时，人工智能、大数据等技术的快速发展，也能为智能交通领域的创新提供广阔的空间，如无人驾驶技术、交通信息系统的整合等。

7 长三角区域协同联动对能源转型的分析

7.1 长三角区域协同联动对能源转型的实证分析

7.1.1 样本选择

研究选取 2003—2021 年我国 30 个省、自治区、直辖市的年度宏观经济数据为样本数据，同时对数据进行了初步的筛选处理，对连续变量进行 1%～99% 水平上的缩尾处理，经过上述整理，共得到 570 个样本数据。

本章研究数据均来自国家统计局网站和地方统计局公布的历年统计年鉴。

7.1.2 变量设计

7.1.2.1 被解释变量

被解释变量为能源结构转型，用 energy 表示。参考柳亚琴等（2022）的研究，采用能源消费结构低碳化指数来衡量能源结构转型。能源消费结构低碳化指数的构造：首先，将所消费的能源划分为 3 类，即煤炭、油气及其他能源消费，t 年份每一类能源的消费占比作为空间向量的一个分量，进而构成一组三维向量 $E_t = (e_t^1, e_t^1, e_t^1)$；其次，计算 E_t 与能源消费由高碳到低碳排列的向量 $E_0^1 = (1, 0, 0)$，$E_0^2 = (0, 0, 1)$ 夹角，θ_t^1、θ_t^2、θ_t^3：

$$\theta_t^j = \arccos\left(\frac{\sum_{i=1}^{3}(e_t^i \times e_0^i)}{\sqrt{\sum_{i=1}^{3}(e_t^i)^2 \times \sum_{i=1}^{3}(e_0^i)^2}}\right) \quad j = 1, 2, 3 \qquad 式 7-1$$

最后，对 t 年份所有向量夹角进行加权，构成能源消费结构低碳化指数，具体计算公式如下：

$$energy_t = \sum_{s=1}^{3}\sum_{t=1}^{s}\theta_t^j \qquad 式 7-2$$

7.1.2.2 解释变量

解释变量为区域协同发展，用 Rcoo 来表示。参考鲁钊阳等（2023）

的研究，选取需求结构、城乡结构、产业结构、政府债务负担、投资效率、市场化程度、城乡消费差距等指标构建区域协调发展指标体系。通过熵值法计算结果。

7.1.2.3 控制变量

影响区域能源结构转型的其他因素有很多，本章梳理和总结了相关参考文献，选择了政府支持、产业结构、城镇化水平、地区金融发展水平、人力资本水平、信息化水平等作为控制变量，同时控制了年份和地区虚拟变量，变量定义如表7-1所示。

表 7-1 变量定义表

变量类型	变量名称	变量符号	定义或者描述
被解释变量	能源结构转型	energy	能源消费结构低碳化指数
解释变量	区域协调发展	Rcoo	由熵值法计算得出
控制变量	政府支持	govz	政府一般预算支出占GDP的比例
控制变量	产业结构	ind	第三产业产值占第二产业产值的比重
控制变量	城镇化水平	town	城镇人口占总人口的比重
控制变量	地区金融发展水平	finance	金融机构存贷款总额占当年GDP的比重
控制变量	人力资本水平	human	普通专科在校生人数占年末总人口的比重
控制变量	信息化水平	hit	地区邮电业务总量占GDP的比重

7.1.3 模型构建

为了研究区域协调发展对能源结构转型的影响，以区域协调发展（$Rcoo$）为解释变量，能源结构转型（$energy$）为被解释变量，在控制其他变量的基础上，构建了以下模型：

$$energy_{i,t}=\alpha_0+\alpha_1 Rcoo_{i,t}+\alpha_i Controls+\lambda+\gamma+\varepsilon_{i,t} \quad \text{式 7-3}$$

其中，i 表示城市，t 表示时间。被解释变量 $energy$ 表示能源结构转型，解释变量 $Rcoo$ 表示区域协调发展，$Controls$ 表示控制变量。此外，对时间固定效应（λ）、地区固定效应（γ）进行控制，$\varepsilon_{i,t}$ 为随机误差项。

7.1.4 回归结果与分析

7.1.4.1 各变量的描述性统计

首先对变量进行描述性统计,包括标准差、中位数、均值和极值等多个指标,以揭示本研究相关变量的整体情况和内在规律,结果如表7-2所示。由描述性统计表可以看出,能源结构转型升级(energy)的极小值为5.041,极大值为6.252,说明不同的省份之间能源结构的差异较大;中位数为5.471,均值为5.535,均值小于中位数,说明有一部分省份的能源结构转型升级情况较差。区域协同发展(Rcoo)的极大值为0.707,极小值为0.287,标准差为0.108,说明各个省份之间的区域协同发展程度存在不均衡的状况;中位数为0.399,均值为0.425,中位数大于均值,说明有一部分省份的区域协调发展程度较低。其他控制变量的描述性统计情况与相关文献类似,在此不再赘述。

表 7-2 描述性统计

变量	sd	N	p50	mean	min	max
energy	0.359	570	5.471	5.535	5.041	6.252
Rcoo	0.108	570	0.399	0.425	0.287	0.707
govz	0.0820	570	0.201	0.213	0.101	0.395
ind	0.128	570	2.302	2.311	2.060	2.586
town	0.141	570	0.532	0.546	0.328	0.863
finance	0.893	570	2.745	2.901	1.702	5.180
human	0.00600	570	0.0180	0.0180	0.00700	0.0300
hit	0.0360	570	0.0550	0.0620	0.0210	0.152

7.1.4.2 相关性分析

主要变量相关性分析如表7-3所示,从表中可以看出,区域协同发展(Rcoo)与能源结构转型升级(energy)呈现出显著的正相关关系,这为下一步回归检验提供了验证。其他变量,如政府支持、产业结构、城镇化水平、地区金融发展水平、人力资本水平、信息化水平等均与能源结构转型升级(energy)呈现出显著的相关性,说明本研究选取的控制变量是合适的。

表 7-3 相关性统计

变量	energy	Rcoo	govz	ind	town	finance	human	hit
energy	1.000	—	—	—	—	—	—	—
Rcoo	0.652***	1.000	—	—	—	—	—	—
govz	0.130***	−0.075*	1.000	—	—	—	—	—
ind	0.598***	0.825***	0.062	1.000	—	—	—	—
town	0.649***	0.927***	−0.112***	0.775***	1.000	—	—	—
finance	0.612***	0.744***	0.379***	0.665***	0.652***	1.000	—	—
human	0.357***	0.698***	−0.032	0.608***	0.743***	0.440***	1.000	—
hit	0.136***	0.039	0.198***	0.070*	−0.032	0.180***	−0.048	1.000

注：***、*分别代表在1%、10%的水平上显著。

7.1.5 总样本回归分析

回归检验结果如表7-4所示，其中回归（1）为未加入相关控制变量的回归结果，回归（2）为加入相关控制变量后的回归结果，可以看到加入相关控制变量后，模型的R^2从0.9022上升到0.9049，模型的解释力增强。从回归（2）可以看出，区域协调发展（Rcoo）对能源结构转型升级（energy）的回归系数为0.601，在5%的水平上显著为正，区域协调发展（Rcoo）显著促进了能源结构转型升级（energy）。

表 7-4 区域协同发展与能源结构转型升级回归结果

变量	（1） energy	（2） energy
Rcoo	0.638*** （2.680）	0.601** （2.369）
govz	—	−0.336 （−1.340）
ind	—	0.042 （1.351）
town	—	0.683** （2.182）

续表

变量	(1) energy	(2) energy
finance	—	−0.004 (−0.209)
human	—	−8.781** (−2.478)
hit	—	0.112 (0.213)
_cons	5.263*** (51.661)	5.093*** (27.039)
Year	Yes	Yes
Industry	Yes	Yes
n	570	570
R^2	0.9022	0.9049
adj. R^2	0.8931	0.8950
F	7.183	3.196

注：***、**分别代表在1%、5%的水平上显著。括号内的为稳健性检验结果。

7.1.6 稳健性检验

为对实证结果的稳健性进行检验，同时考虑内生性的影响，本研究采用解释变量滞后一期回归和剔除直辖市的样本两种方法进行检验。

第一，将解释变量进行滞后一期处理，然后将其带入回归模型，重新进行检验，结果如表7-5第1列所示，可以看到滞后一期的区域协同发展（$Rcoo_{T-1}$）对能源结构转型升级（energy）的回归系数为0.708，在1%的水平上显著为正，结果与前述一致。

第二，考虑到四大直辖市的经济发展水平较高，区域协同能力较强，且较早进行能源结构转型，与其他省、自治区存在一定的差异，因此对直辖市样本进行剔除，并重新进行回归检验，结果如表7-5第2列所示，可以看到区域协同发展（Rcoo）对能源结构转型升级（energy）的回归系数为0.794，仍在1%的水平上显著为正，结果与前述一致。

上述稳健性检验结果表明，实证结果具有稳健性。

表 7-5 稳健性检验结果

变量	滞后一期回归 energy	剔除直辖市样本 energy
$Rcoo_{T-1}$	0.708*** （2.617）	—
$Rcoo$	—	0.794*** （2.675）
$govz$	−0.427 （−1.639）	−0.389 （−1.375）
ind	0.149 （1.467）	−0.131*** （−2.975）
$town$	0.381 （1.289）	−0.172 （−0.448）
$finance$	−0.001 （−0.045）	0.040 （1.576）
$human$	−6.290* （−1.700）	−13.453*** （−3.009）
hit	0.084 （0.159）	0.061 （0.097）
$\_cons$	4.897*** （19.120）	5.600*** （24.339）
Year	Yes	Yes
Industry	Yes	Yes
n	540	494
R^2	0.9083	0.9065
adj. R^2	0.8983	0.8960
F	3.085	3.947

注：***、*分别代表在1%、10%的水平上显著。括号内的为稳健性检验结果。

7.1.7 异质性分析

考虑到我国省份较多，东、中、西部发展不平衡的情况依然存在，地域性差异可能导致区域协同发展程度不同，因而影响能源结构转型升级。因此，本研究根据省份将样本分为东部和中西部两组，分别进行回归检验，结果如表 7-6 所示，可以看到在中西部地区组的回归中，区域协同发展（Rcoo）对能源结构转型升级（energy）的回归系数未通过显著性检验，而在东部地区组的回归中，区域协同发展（Rcoo）对能源结构转型升级（energy）的回归系数为 2.878，在 1% 的水平上显著为正，说明区域协同发展（Rcoo）对能源结构转型升级（energy）具有促进作用，且对不同地区的促进作用存在差异，对东部地区的促进作用更加明显。

表 7-6 异质性分析结果

变量	中西部 energy	东部 energy
$Rcoo$	−0.145 （−0.491）	2.878*** （4.800）
$govz$	0.142 （0.412）	−0.259 （−0.497）
ind	−0.071 （−1.441）	0.066 （1.435）
$town$	0.473 （1.069）	0.748 （1.482）
$finance$	0.052* （1.793）	−0.103*** （−2.948）
$human$	2.107 （0.445）	−8.112 （−1.090）
hit	−0.579 （−0.798）	−0.702 （−0.746）
$\_cons$	5.123*** （20.188）	4.303*** （11.855）
$Year$	Yes	Yes
$Province$	Yes	Yes
n	361	209
R^2	0.8571	0.9184
$adj. R^2$	0.8378	0.9019
F	1.332	5.863

注：***、*分别代表在 1%、10% 的水平上显著。括号内的为稳健性检验结果。

7.2 长三角区域协同联动对能源转型的案例分析

长三角区域协同联动是指上海、江苏、浙江、安徽及其相邻地区之间进行合作与协同，以推动经济发展和社会进步。在能源转型方面，长三角区域一直在努力实施可持续发展战略，如长三角城市群智能能源网格建设，旨在实现能源系统的智能化管理，提高能源利用效率，降低环境影响，推动清洁能源的应用。

1. 协同现状

最初的合作主要集中在长三角区域智能能源网格的建设上，旨在实现城市群之间的跨区域能源互通。这一合作框架跨越省市界限，为能源资源的流通提供了更加灵活和高效的机制，从而有效提升了整个区域的能源利用效率。通过共享清洁能源，各地减少了对传统能源的依赖，进一步促进了绿色能源的发展。这种协同作用不仅有助于缓解能源短缺问题，同时为各地提供了更多清洁、可持续的能源选择，共同推动了长三角区域的可持续发展。这一合作框架的成功实施也为其他地区提供了可借鉴的经验，促进了更广泛范围内的合作与创新，为全国范围内的可持续能源发展树立了榜样。

目前，长三角区域智能能源网格的建设不仅仅关注能源的生产和分配，还致力于提升能源系统的智能化管理水平。通过引入先进的物联网技术、人工智能和大数据分析，该区域能实现对能源流动、消耗和存储等方面的实时监测和智能调控。这种智能化管理不仅提高了能源系统的响应速度和适应性，还有助于预测和满足能源需求，从而更加精准地进行能源分配，减少浪费，推动可持续发展。此外，长三角区域的合作还涉及清洁能源技术的研发和应用。通过共同投入资源，长三角区域推动新能源技术的创新，如太阳能、风能等清洁能源的开发和利用。这不仅有助于减少资源有限的压力，还能推动清洁能源行业的发展，有助于提供更多的就业机会，促进经济可持续增长。

在环境保护方面，长三角区域通过智能能源网格的建设，有效减少了能源产生和利用过程中的排放量，减轻了对环境的负面影响。这种环保效应有助于改善空气质量，减缓气候变化，为居民提供更加健康宜居的生活环境。通过引入先进的信息技术，长三角区域实现了对能源系统的智能管理，如智能电网、智能储能系统、能源数据监测等技术的应用，能更好地协调和平衡不同地区的能源供需,提高系统的韧性和可持续性。与此同时,长三角区域通过协同联动,可以更好地推广清洁能源技术,共同投资研发、共享先进技术,促进太阳能、风能等清洁能源的大规模应用。这有助于减少对传统燃煤等高污染能源的需求,减少空气污染和温室气体排放。长三角区域各级政府可以通过协同制定和执行能源政策,形成统一的政策框架,推动能源转型。这包括减少对高排放能源的补贴,鼓励清洁能源产业的发展,以及推动能源市场的自由化和公平竞争。

2. 协同存在的问题

在长三角区域推动清洁能源转型不仅是一项紧迫的任务,更是一个需要多方面协同努力的过程。然而,这一伟大目标的实现面临着一系列挑战,需要克服政策协调、技术标准和社会接受度等方面的难题。

(1)政策协调难度

长三角区域涵盖多个省份和城市,其各自拥有不同的政策体系,这为政策协调带来了巨大的难度。特别是在清洁能源转型方面,政策协调的复杂性更加显著。不同地区在能源政策、市场准入、监管要求及财政支持等方面存在差异,这可能导致清洁能源项目的不平衡发展,增加投资的不确定性。此外,长三角区域的跨地域性质也加剧了政策协调的复杂性。不同省市之间的法律、税收政策和环保标准并不一致,可能导致跨地域清洁能源项目面临额外的挑战。例如,一个项目可能需要同时遵守上海、江苏和浙江等地的政策要求,这需要耗费大量时间和资源来确保合规性。同时,清洁能源转型需要大量的投资,但投资者通常需要稳定和一致的政策环境进行决策。政策不确定性可能会降低投资者的信心,使他们更加谨慎,这可能导致一些潜在的清洁能源项目被搁置或取消,从而影响地区可持续发展目标的实现。

因此,长三角区域需要采取积极的政策协调措施,以促进清洁能源项目的发展和投资。这可能包括建立跨地区的协调机制,统一政策框架,减少地区之间的政策差异,并提供稳定的投资环境,以吸引更多的资金和技术支持,推动清洁能源转型的顺利进行。

(2)技术标准一致性

长三角区域协同存在的问题之一是技术标准的不一致,这一问题在清洁能源领域尤为突出。不同地区对清洁能源技术的标准可能存在显著的差异,这不仅增加了跨区域清洁能源项目的复杂性,还可能引发一系列潜在问题。

  首先,技术标准的不一致可能导致设备规格的混乱。不同地区可能会制定不同的设备要求,这可能会使在不同地区之间生产和采购清洁能源设备变得更加困难。这种差异也可能导致供应链的断裂,影响设备供应的稳定性和可靠性。其次,性能测试的不一致也是一个值得关注的问题。不同地区可能采用不同的性能测试方法和标准,这使得项目的性能评估变得复杂,并可能导致不同地区之间的性能数据无法比较。对于投资者和项目运营商来说,这可能是一个严重的问题,因为他们需要可靠的性能数据进行投资决策和项目管理。最后,安全要求的差异也可能引发问题。不同地区可能对清洁能源项目的安全要求有不同的标准,这可能会增加项目的风险,并带来安全合规性方面的挑战。在一个高度互联互通的地区(如长三角),安全标准的不一致可能给人员和环境造成潜在的威胁。

  为解决这些问题,长三角区域应采取一系列措施来推动技术标准的一致性。首先,各省市应积极参与制定统一的清洁能源技术标准,确保这些标准综合考虑不同地区的需求和实际情况。其次,政府和产业协会可以发挥积极作用,促使各地区采用这些统一的技术标准,并为企业提供相应的指导和支持。当不同地区采用一致的技术规范时,企业和投资者将更容易跨越地区界限,减少项目定制化和适应性调整的需要,从而降低成本和风险。最后,一致的技术标准还可以促进清洁技术的协同发展,激发各地区共同研发创新解决方案的动力,以提高清洁能源技术的效率和性能,从而推动长三角区域协同发展迈出更大的步伐。

  (3)社会接受度

  长三角区域的协同发展面临着一个重要问题,那就是社会接受度的差异。这一区域拥有庞大而多元化的人口及复杂的社会结构,这种多样性使得社会接受度的问题变得尤为复杂和重要。

  首先,不同地区的居民对清洁能源转型的态度和期望存在差异。一些地区的居民可能更加积极支持可再生能源的发展,因为他们可能更容易受到污染和气候变化的影响。然而,另一些地区的居民可能对清洁能源持怀疑态度,因为他们担心潜在的就业影响或经济不稳定性。因此,在推动清洁能源转型时,必须认真研究并理解不同地区居民的需求和期望,这是确保项目成功实施的关键因素之一。其次,长三角区域包括城市和农村地区,城市之间和城市与农村之间的社会接受度也存在差异。城市居民可能更容易接受新技术和新政策，而农村地区可能因为基础设施不足或文化传统的影响而对清洁能源转型持怀疑态度。因此，需要针对不同地区制定不同的推广策略，以确保社会接受度的提高。最后，社会接受度还受到年龄、教育程度和经济状况等因素的影响。不同年龄段的人可能对清洁能源的理解和态度有所不同，受过高等教育的人可能更容易接受新理念，而低收入群体可能更关心清洁能源的经济可行性。因此，需要充分考虑不同社区的特殊情况，制定更具针对性的推广策略。

3. 协同的对策

只有深入剖析这些问题，并寻找创新性的解决方案，才能够为长三角区域的清洁能源转型铺平道路。在面对挑战的同时，我们也要展望未来，思考如何建立更紧密的区域协作机制，制定统一标准，提高社会认知水平，从而为清洁能源领域的发展奠定更加坚实的基础。

（1）建立跨区域政策协调机制

为了进一步深化跨区域政策协调，长三角区域可以考虑建立一个专门的跨省市政策协调机构，该机构可以由各省市政府的代表组成，负责监督和协调清洁能源政策的实施。此外，还可以设立一个专门的政策研究团队，负责研究和分析各地政策的差异，提出改进和调整的建议，以确保政策的一致性和协调性。另外，建议长三角区域的政府机构加强信息共享和沟通，建立一个统一的清洁能源政策数据库，以便各省市之间能够及时获取最新的政策信息，从而更好地协调政策实施。当然，可以定期举行跨区域政策协调的研讨会和培训班，让各地政府官员能够互相学习经验，以提高清洁能源政策的执行能力。最后，长三角区域可以积极争取中央政府的支持，通过制定一揽子政策，鼓励和支持清洁能源产业的发展，包括提供财政补贴、税收优惠、技术支持等方面的政策措施，以吸引更多的投资和技术引进，进一步推动清洁能源产业的发展。通过这些跨区域政策协调和支持措施，长三角区域可以实现政策的协同效应，加速清洁能源产业的发展，促进可持续发展和环境保护。

（2）制定统一技术标准

制定和推广统一的清洁能源技术标准是长三角区域发展清洁能源产业的关键一步。首先，各省市可以建立一个统一的技术标准协调机构，其由各地的技术专家和产业代表组成，负责制定和更新清洁能源技术标准。这些标准应该包括清洁能源的生产、储存、输送和利用方面的技术要求，以确保各地的清洁能源设备和系统可以互通和共享。

统一技术标准的制定将有助于降低技术壁垒，使不同地区的清洁能源产业能够更容易地合作和竞争。此外，统一标准还可以促进技术创新，吸引更多的研发投入和人才，推动清洁能源技术的不断改进和升级。这将有助于长三角区域的清洁能源产业在国际市场上更有竞争力，吸引更多国内外投资者的关注和投资。当然，统一的技术标准还可以减少产品测试和认证的成本和时间，降低企业的运营成本，提高生产效率。这将有助于促使长三角区域的清洁能源产业更加具有竞争力，加速产业的发展和壮大。最终，通过制定统一的清洁能源技术标准，长三角区域可以构建清洁能源产业的良性竞争格局，推动可持续发展和绿色经济的建设。

（3）推进基础设施互联互通

为了促进长三角区域协同发展，建议加强基础设施的互联互通，特别是交通和能源基础设施。首先，可以考虑修建更多高速铁路、高速公路和跨江大桥，连接上海、江苏、浙江和安徽等地。这不仅能够缩短人员通勤和货物运输的时间，还可以促进人员和资源的流动，进一步推动区域经济的发展。此外，还应该注重提升公共交通网络运营效率，如地铁、有轨电车和巴士系统，使居民出行更加便捷，减少交通拥堵问题。与此同时，为了确保能源供应的稳定和高效，应该加强电力、天然气和水资源的互联互通。建议建设更多的电力互联互通通道，以实现电力资源的跨区域流动和共享。同时，优化天然气管道网络，确保各地的能源供应充足，满足工业和民用需求。再者，应该加强水资源的管理和调配，确保区域内各地的水资源合理分配和利用，防止水资源短缺问题对发展造成影响，这些基础设施的改善将有助于促进跨区域产业协同发展。通过更加高效的交通和能源互联互通，企业可以更轻松地扩大市场覆盖范围，实现跨区域合作。最后，提高资源利用效率也是关键，可以通过加强环保技术和资源循环利用来减少浪费，提高生产效率，促进可持续发展。

总之，加强长三角区域的基础设施互联互通，特别是交通和能源基础设施，以及提高资源利用效率，将有助于促进区域协同发展，实现更加可持续和繁荣的长三角区域经济。这些建议对策有望为区域内的各个地方政府和企业提供指导，推动协同发展的实现。

（4）加强人才培养和流动

为了实现长三角区域协同发展，除了建立人才培养和流动的机制，还需要采取一系列综合的建议对策。首先，可以建立更多的研究合作平台，促成不同高校和研究机构之间的合作项目。这不仅可以推动科研成果的共享，还可以提供更多的跨学科交流机会，推动创新和技术进步。其次，应该加强技术转移和产业协同发展。长三角区域拥有丰富的科研和产业资源，可以建立更多的科技园区和孵化器，吸引创新型企业和初创公司入驻，促进技术成果的商业化和产业链的优化。其次，可以建立产业协同发展的政策框架，鼓励不同城市之间的产业合作，形成产业链的互补和协同效应。再次，优化交通和基础设施建设，以降低区域间的物流成本，提高人员流动的便捷性。加强交通互联互通，建设高速铁路、高速公路和跨江通道，提高长三角区域的整体交通效率。从次，加大基础设施建设的力度，包括水、电、气等公共设施，以满足区域发展的需求。当然，还应该加强生态保护和环境治理，以保护长三角区域的生态环境。制定严格的环保政策和法规，加强污染治理，推动绿色产业发展，实现经济增长和生态保护的良性循环。最后，建议建立长三角区域协同发展的协调机制，由各级政府和相关利益方共同参与，协调区域发展规划和政策实施，解决跨区域合作中可能出现的问题和矛盾，确保长三角区域协同发展取得更好的成果。可以定期召开协商会议，共同研究和解决发展中的难题，以推动区域一体化发展顺利进行。

8 重大国家发展战略区协同联动对能源转型的分析

8.1 重大国家发展战略区协同联动对能源转型的实证分析

8.1.1 理论分析与假设提出

地理区位理论强调地理位置对区域发展的影响。地理位置决定了资源分布、交通网络和市场接触面，从而对一个区域的经济发展产生深远的影响。首先，地理位置不仅关系到资源的分布，还与交通网络和物流体系息息相关。一个地区若处于交通枢纽或拥有发达的物流网络，将更容易吸引投资和带动产业发展。交通便利性可以降低运输成本，促使生产要素更加高效地流动，从而提高经济效益。其次，地理位置的独特性有助于形成产业集聚效应。相似产业在相近地理位置上聚集，更容易形成产业链和产业集群，从而提高整个区域的生产效率和创新能力。这种产业集聚还可以促进技术创新和知识溢出。再次，地理位置还受到区域文化和历史的深刻影响。某地的文化传统、历史渊源会塑造当地企业家精神和社会价值观，进而影响经济发展模式。这可以为某一区域提供独特的竞争优势，如文化创意产业方面。最后，地理位置还与环境可持续性密切相关。一些地区因地理位置的特殊性可能更容易受到自然灾害的威胁，而另一些地区可能因为自然环境的优越性而受益。对地理位置的合理利用需要考虑环境因素，确保经济活动的可持续性。

而地方比较优势理论认为区域经济活动的发展受益于地方资源的差异。每个地区都有独特的资源、技术和产业结构，通过充分利用这些优势，可以实现更高的效益。除了物质资源，人才也是影响地方比较优势的关键因素。某些地区可能拥有丰富的高素质人才，这些人才能够促进技术创新、产业升级和企业竞争力的提升。通过充分挖掘人才资源，地区可以实现更高水平的经济发展。地方的自然环境和生态资源也构成了比较优势的一部分。一些地区可能因独特的自然风光、气候条件或丰富的生态资源而受到青睐，从而在旅游、生态农业等领域具有比较优势。此外，每个地区都有其独特的政治、法律和经济制度，地方比较优势也可以体现在制度与政策环境的优越性上，如税收政策、产业支持政策等。合理制定和执行政策可以使地区更有竞争力。最重要的是，具备知识产权和技术创新能力的地区，在产业升级和新兴产业方面可能拥有比较优势。通过鼓励研发和保护知识产权，地方可以培育技术创新的生态系统，推动经济的可持续发展。而发达的交通、通信、能源等基础设施能够提高生产效率，吸引投资，进而形成经济竞争力。地方比较优势不仅仅是资源分布的问题，更是一个包含多方面优势的复杂体系，需要综合考虑以制定有针对性的发展战略。

重大国家发展战略区域协同联动，将各重大发展战略区域的优势有效整合，推动整体经济发展，促进技术的共同研发和应用，推动能源领域的创新，从而形成全面的能源转型战略。技术革新的本质是技术与经济的融合，是技术的发展与运用的结合。技术合作是促进经济发展的重要手段，它可以推动生产技术的发展，从而促进生产的分工和生产的专业化，提高生产要素的使用率和生产率，进而降低生产成本，减少资源的使用，创造更多的财富，提升生产力和经济效益。以市场为导向的技术协同创新，地方政府的行为及其动机对于优化市场营商环境、破解企业发展难题具有重要意义，它对经济发展有着举足轻重的作用。为提高区域技术协同创新水平，促进经济增长，各个区域应建立以创新为导向的机制，地方政府应根据区域内实际情况，以技术引进为手段，采取人才引进和税收优惠的行为模式，推动区域内经济发展。

具体而言，采用先进技术具有弥补本地区技术落后、提高劳动生产率、扩大经济效益、促进地区经济发展等方面的作用。在引入了新古典经济学理论后，这种作用被进一步强化，从而使得本地资本存量增加，生产率提升和人均产出水平提高。但是对技术引入的积极调整并不一定会使地区的经济发展呈现出非线性的边际效应，因此引进外资并不能从根本上改变我国经济发展的困境。原因有二：第一，其还与自身技术吸收能力等内在因素相关；第二，以技术引进带动区域经济增长战略路径，常受技术输出国的限制。因此，要想推动当地经济社会持续稳定、快速地发展，就必须依靠科技创新驱动发展模式。从我国科技人才队伍建设来看，当前各地方政府对人才政策理解存在差异，各地人才流动机制存在很大差别。地方政府以人才引进为手段，吸引高素质科技人才，形成规模效应、知识溢出效应、竞争激励效应等较好地为区域内经济发展服务。同时，企业本身的研发成本较高，使其可能倾向于选择不投资研发活动，从而导致企业研发投入不足，不利于企业长期可持续发展。税收负担对企业从事研发投入具有显著的影响，为了吸引优秀的人才参与科技创新活动，地方政府往往会给予一定程度的优惠政策，以鼓励企业开展自主创新活动，如减税、免税、退税、税式支出等。一方面，上述优惠政策，以及加速折旧、延期纳税等方式，可以帮助减轻企业的税负，改善企业的自由现金流量，扩大公司的资金来源，提高公司的研发投入预期回报，促使公司增加技术创新；另一方面，这些措施又可以为本地企业提供外部资金支持，吸引外资企业或者具有技术创新水平的公司到当地，拓展本地技术协同创新，继而带动区域内经济发展。

8.1.2 变量选择与数据来源

研究选取中国 30 个省、自治区、直辖市（不包括香港、澳门、台湾、西藏）的生物能源公司作为样本，对 2011—2020 年国家重点地区的科技合作程度进行了实证分析。五个国家重点地区分别是：包括北京、天津、河北的京津冀协同发展战略区域；涵盖上海、江苏、浙江、安徽的长三角一体化发展战略区域；长江经济带发展战略区域，包含江西、湖北、湖南、重庆、四川、云南、贵州、上海、江苏、浙江、安徽；黄河流域生态保护和高质量发展战略区域，包括青海、甘肃、宁夏、内蒙古、陕西、山西、河南、山东；包括广东、香港、澳门的粤港澳大湾区战略区域。因为缺少相关的资料，所以粤港澳大湾区数据仅限于广东省。每个省份选取 20 家生物能源上市企业的数据来代表该省份生物能源行业的发展水平，数据来自国泰安数据库与《中国科技统计年鉴》。

8.1.3 相关指标体系构建

研究采用了结构模式和 AHP（模糊层次综合评价法）相结合的方法对各项指标进行加权计算，以量化评价生物能源企业技术协同创新复合系统。首先，对复杂系统的影响因子分析问题进行了分解，通过逻辑关系和矩阵运算将其结构化和系统化。AHP 方法是一种分层体系，能利用有限的数据对各指标的权重进行定性和定量分析。ISM（解释结构模型法）方法可以揭示指标之间的逻辑关系，并将目标、规范、方案等按更高层次划分。然而，ISM 方法本身无法对分析指标的权重进行定量评估。因此，本研究结合了层次分析法（见图8-1），采用二元比较法建立了指标间的定量关系，构建了一个城市能源转换的评估系统。该评估系包括六个阶段。

一是确定被评价对象，记为 S_0。根据相关专业知识、文献、经验、专家意见等，确定能够影响被评价对象的因素集，即评价指标集。

二是根据评价指标之间的相互关联，建立连接矩阵 A。若评价指标 S_i 能够直接影响 S_j，则 a_{ij} 为 1；若无影响，则为 0。对角线上的元素 a_{ii} 为 0。由此，建立起评价指标间关系的初步模型。

三是建立指标集的可达矩阵。连接矩阵有如下性质：对 A 求 k 次幂，则 A_k 中的分量表示 S_i 与 S_j 之间长度为 k 的链路的个数。因此，通过计算：

$$(A+I)^k, \quad k=1, 2, 3\cdots n-1 \qquad 式8-1$$

可以得到评价指标之间的影响情况，即可达矩阵，记为 $M=\{m_{ij}\}$。在可达矩阵中，若 S_i 能够影响 S_j（包括直接和间接影响），则 m_{ij} 为 1，否则为 0。

四是根据可达矩阵将评价指标分层。对于评价指标 S_i，找到 S_j 能影响的评价指标的集合 P，即：

$$P(S_j) = \{S_j | m_{ij}=1\} \qquad 式8-2$$

P 为可达集合，找到能影响 S_i 的指标的集合 Q，即：

$$P(S_j) = \{S_j | m_{ij}=1\} \qquad 式8-3$$

Q 为先行集合。再根据：

$$L_1 = \{S_j | P(S_i) \cap Q(S_i) = P(S_i)\} \qquad 式8-4$$

求出 L_1，即第一层对应的评价指标。删除 S_i 在可达矩阵中对应的行与列，重复步骤（4），直到将所有评价指标分配完毕。由此，可以得到被评价对象的 ISM，进一步加深对被评价对象的理解。

五是采用 AHP 计算各个评价指标的影响权重。对于评价指标 S_i，找

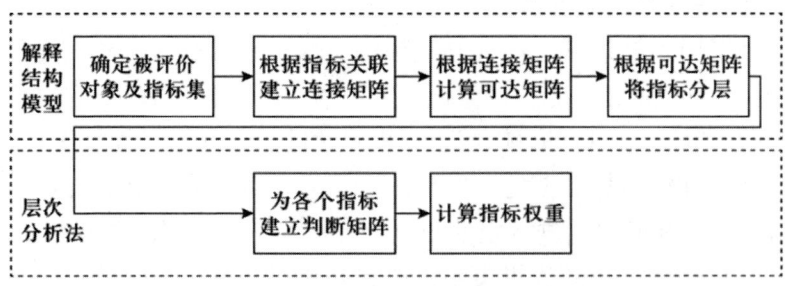

图8-1 层次分析法示意图

到能直接影响 S_i 的 m 个指标，记作 b_1, b_2, ⋯, b_m。若 $m=1$，则该影响因素与 S_i 的权重相同。若 $m \neq 1$，构建判断矩阵 B：

$$B = b_{ij} = \begin{vmatrix} b_{11} & \cdots & b_{1m} \\ \vdots & \ddots & \vdots \\ b_{1m} & \cdots & b_{mm} \end{vmatrix} \quad \text{式 8-5}$$

式 8-5 中，b_{ij} 为 b_i 与 b_j 相比的重要程度，两者具有同样的重要性，则 $b_{ij}=1$；若 b_i 比 b_j 稍重要，则 $b_{ij}=3$；若 b_i 比 b_j 明显重要，则 $b_{ij}=5$；若 b_i 比 b_j 强烈重要，则 $b_{ij}=7$；若 b_i 比 b_j 极端重要，则 $b_{ij}=9$。2、4、6、8 为中间值。计算 B 的最大特征值 $\lambda_{\max}$ 及其对应的正向单位特征向量 W，在影响 S_i 的 m 个元素中，第 j 个元素对 S_i 的影响力权重因子记为 w_{ij}。判断矩阵需要按照式 8-6 进行一致性检验，若 $C_I<0.1$，则一致性检验通过。

$$C_I < \frac{\lambda_{\max} - m}{m - 1} \quad \text{式 8-6}$$

六是根据 ISM，按照从上到下的顺序求解评价指标 S_i 对 S_0 的权重因子 w_{i0}。对于评价指标 S_i，找到其能够直接影响的 k 个评价指标，则：

$$w_{i0} = \sum w_{ik} w_{k0} \quad \text{式 8-7}$$

式 8-7 中，w_{ik} 为 S_i 对 S_0 的影响权重，w_{k0} 为 S_k 对 S_0 的影响权重。最后，将所有权重因子做归一化处理，得到每个评价指标的归一化评分。

1. 选取研究对象及设定综合评价参数

本章以中国 30 个省、自治区和直辖市（不包含香港、澳门、台湾和西藏）的生物能源公司作为研究样本，测算我国重大国家发展战略区域能源系统转型程度，记为 S_0，五个重大国家发展战略区域包含的省份如前文所述，时间跨度为 2011—2020 年。基于相关性、可量化性、可得性、全面性等原则，结合政府公开信息，如表 8-1 所示，选取供能能力（S_{29}）、能耗强度（S_{30}）、能源效率（S_{31}）、能源结构（S_{32}）、研发强度（S_{33}）、产业发展（S_{34}）6 个一级指标，与 28 个次级指标相对应，对我国重要的国家发展战略性地区的能源转换进行评估。6 个主要的指标，分别体现了能量转换应当实现的目的：第一，在任何时刻，都应将其所需的能量传输至任何进入体系中的任何能量；第二，尽量减少能源消耗，以保证城市的正常生产和生活（能源消耗）；第三，有效地转化和使用能量（能量利用率）；

第四，减少使用（能量构成）的二氧化碳排放量；第五，为今后的能源工业发展（R&D）提供技术革新；第六，促进（工业）的发展。其中，第一项是对我国城市能源转型的6个维度进行评估，而非评估指标，仅在统计中具有结构性功能，并将其与目标相联系。本研究以《中国统计年鉴》和《中国能源统计年鉴》为基础，对我国的经济发展状况进行了分析。

供能能力（S_{29}）为供能系统对能源需求的满足程度，在一定程度上也体现了区域的能源安全。包括电力自给率（S_1）、最大用电负荷（S_2）、人均天然气供气管道长度（S_3）3个指标。其中，电力自给率（S_1）为发电量与全社会用电量的比例；最大用电负荷（S_2）为当年电网调度最大负荷；人均天然气供气管道长度（S_3）由城市天然气供气管道总长度除以当年常住人口数量得来，反映城市天然气的供气能力。

能耗强度（S_{30}）为城市在节能领域的努力，反映城市能源总量控制及与经济脱钩的情况，包括规模以上工业企业用能总量（标煤）/万元GDP（S_4）、规模以上工业企业化石能源用量（标煤）/万元GDP（S_5）、规模以上工业企业用电/万元GDP（S_6）、规模以上工业企业工业用热/万元GDP（S_7）、全社会用电量/人（S_8）、城市天然气供气总量/人（S_9）、城市液化石油气供气总量/人（S_{10}）共7个指标。按照煤炭、焦炭、天然气、汽油等化石能源消耗，将原料消耗掉，然后将它们的热量按照标准煤产量换算。根据不同的城镇大小，产业领域按照GDP和其他领域的固定居民数量来进行规范计算。

能源效率（S_{31}）为火力发电的供电效率和工业生产过程中单位产品的用能效率，包括火电厂供电煤耗（标煤）（S_{11}）、火力发电厂用电率（S_{12}）、吨钢综合能耗（标煤）（S_{13}）、万米丝织品综合能耗（标煤）（S_{14}）、吨涤纶综合能耗（标煤）（S_{15}）、机制纸及纸板综合能耗（标煤）（S_{16}）共6个指标。考虑到我国产业结构中炼钢、化工、纺织、造纸行业的能耗较高，因此选取这4个行业的代表产品作为评估工业生产能效的指标。

能源结构（S_{32}）为城市在减煤方面的努力及可再生能源的贡献，从侧面反映出能源系统对生态环境的影响，包括规模以上工业企业天然气消耗量占比（S_{17}）、规模以上工业企业原煤及其他煤制品消耗量占比（S_{18}）、可再生能源电占全社会用电量的比例（S_{19}）、规模以上工业企业余压余热利用与用热的比例（S_{20}）、规模以上工业企业垃圾与生物质能利用（S_{21}）共5个指标。规模以上工业企业原煤及其他煤制品消耗量包括原煤、洗精煤、其他洗煤、煤制品、焦炭、焦炉煤气、高炉煤气、转炉煤气，均扣除用于原材料的量后按照热值换算得到。

研发强度（S_{33}）反映能源领域的科技创新情况及潜力，是未来能源发展的重要动力，包括规模以上电力、热力生产和供应业专利申请数量（S_{22}）、大中型企业研发人才数量（S_{23}）、研发投入资金（S_{24}）3个指标，分别从成果产出、人才投入、资金规模3个角度，评价能源领域的研发成果和潜力。

产业发展（S_{34}）为能源对区域经济的贡献，包括新能源产业总产值（S_{25}）、智能电网与物联网产业总产值（S_{26}）、节能环保产业总产值（S_{27}）、规模以上电力及供热企业工业总产值（S_{28}）4个指标。能源系统中新兴产业的发展也是未来城市能源发展情况的重要风向标，通过规模以上电力及供热企业工业总产值（S_{28}）评价能源产业整体发展规模，并通过能源新兴产业中较为典型的新能源产业（S_{25}）、智能电网与物联网产业（S_{26}）、节能环保产业（S_{27}）的总产值评价能源产业的未来发展潜力。

表 8-1　我国重大国家战略区域能源转型评价指标

编号	一级指标	编号	二级指标	单位
S_{29}	供能能力	S_1	电力自给率	%
		S_2	最大用电负荷	万千瓦
		S_3	人均天然气供气管道长度	米
S_{30}	能耗强度	S_4	规模以上工业企业用能总量（标煤）/万元 GDP	吨/万元
		S_5	规模以上工业企业化石能源用量（标煤）/万元 GDP	吨/万元
		S_6	规模以上工业企业用电/万元 GDP	千瓦时/万元
		S_7	规模以上工业企业工业用热/万元 GDP	兆焦耳/万元

续表

编号	一级指标	编号	二级指标	单位
S_{30}	能耗强度	S_8	全社会用电量/人	千瓦时/人
		S_9	城市天然气供气总量/人	立方米/人
		S_{10}	城市液化石油气供气总量/人	千克/人
S_{31}	能源效率	S_{11}	火电厂供电煤耗（标煤）	$g/(kW \cdot h)$
		S_{12}	火力发电厂用电率	%
		S_{13}	吨钢综合能耗（标煤）	kg/t
		S_{14}	万米丝织品综合能耗（标煤）	千克/万米
		S_{15}	吨涤纶综合能耗（标煤）	kg/t
		S_{16}	机制纸及纸板综合能耗（标煤）	kg/t
S_{32}	能源结构	S_{17}	规模以上工业企业天然气消耗量占比	%
		S_{18}	规模以上工业企业原煤及其他煤制品消耗量占比	%
		S_{19}	可再生能源电占全社会用电量的比例	%
		S_{20}	规模以上工业企业余压余热利用与用热的比例	%
		S_{21}	规模以上工业企业垃圾与生物质能利用	t/MJ
S_{33}	研发强度	S_{22}	规模以上电力、热力生产和供应业专利申请数量	个
		S_{23}	规模以上电力、热力生产和供应业大中型企业研发人才数量	个
		S_{24}	规模以上电力、热力生产和供应业大中型企业研发投入资金	万元
S_{34}	产业发展	S_{25}	新能源产业总产值	亿元
		S_{26}	智能电网与物联网产业总产值	亿元
		S_{27}	节能环保产业总产值	亿元
		S_{28}	规模以上电力及供热企业工业总产值	亿元

根据相关文献和专家经验，结合我国重大国家发展战略区域能源供应与消费特征，确定各个评价指标之间直接影响关系如表8-2所示。通过表8-2，可以按照步骤二描述的方法得到连接矩阵。

表 8-2　我国重大国家战略区域能源转型评价指标的直接影响关系

指标	其直接影响指标	指标	其直接影响指标
S_0	—	—	—
S_1	S_{29}	S_{18}	S_{11}, S_{32}
S_2	S_{29}	S_{19}	S_4, S_{13}, S_{14}, S_{15}, S_{16}, S_{32}
S_3	S_{29}	S_{20}	S_4, S_{13}, S_{14}, S_{15}, S_{16}, S_{32}
S_4	S_{30}	S_{21}	S_4, S_{13}, S_{14}, S_{15}, S_{16}, S_{32}
S_5	S_4	S_{22}	S_5, S_{11}, S_{25}, S_{26}, S_{28}, S_{33}
S_6	S_4, S_8	S_{23}	S_{22}, S_{26}, S_{28}, S_{33}
S_7	S_4	S_{24}	S_{22}, S_{25}, S_{26}, S_{28}, S_{33}
S_8	S_1, S_{30}	S_{25}	S_1, S_{19}, S_{28}, S_{34}
S_9	S_{30}	S_{26}	S_1, S_2, S_{11}, S_{19}, S_{28}, S_{34}
S_{10}	S_{30}	S_{27}	S_8, S_{13}, S_{14}, S_{15}, S_{16}, S_{34}
S_{11}	S_4, S_{13}, S_{14}, S_{15}, S_{16}, S_{31}	S_{28}	S_1, S_2, S_{34}
S_{12}	S_{11}	S_{29}	S_0
S_{13}	S_5, S_6, S_7, S_{31}	S_{30}	S_0
S_{14}	S_5, S_6, S_7, S_{31}	S_{31}	S_0
S_{15}	S_5, S_6, S_7, S_{31}	S_{32}	S_0
S_{16}	S_5, S_6, S_7, S_{31}	S_{33}	S_0
S_{17}	S_{11}, S_{32}	S_{34}	S_0

根据步骤三和四的方法，能够获得一个用于城市能量转换评估指数的 ISM，从而得到一个评估指数的层级图（图 8-2）。研究结果表明，研究开发与开发的关联指数处于信息资源管理的最低层次，它反映了对资源利用效率最基本的影响；其次是与工业发展有关的指数；能源消耗强度和效率优化是工业和研发发展的必然产物。

按照步骤五和六，为每个指标建立判断矩阵，并根据判断矩阵的特征值得到相对权重，最后根据指标的层次关系，结合具体指标对能源转型目标的影响能力，得到权重计算结果，如表 8-3 所示。

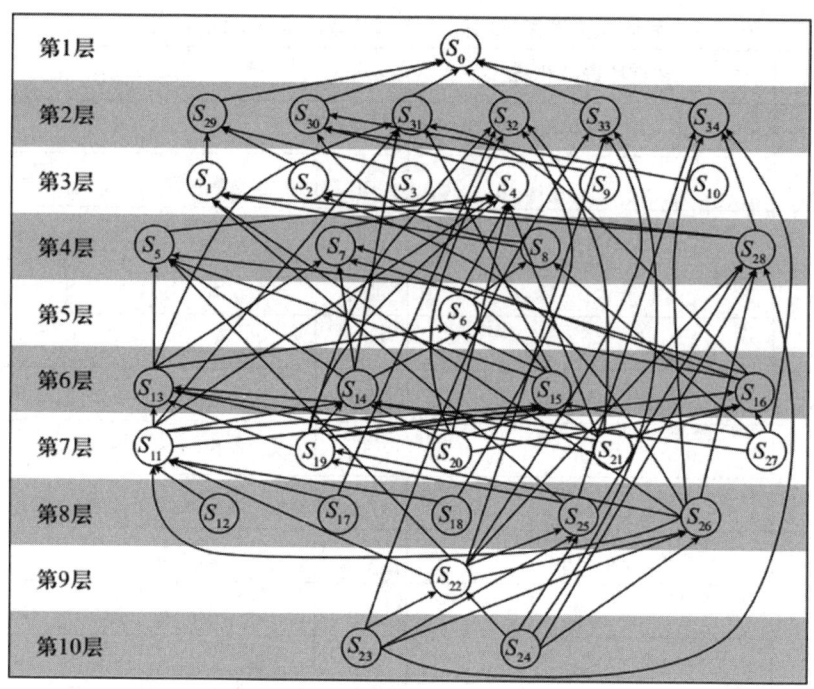

图 8-2 我国重大国家发展战略区域能源转型评价指标的层次结构图

表 8-3 评价指标的影响权重计算结果

二级指标	权重因子	二级指标权重(%)	一级指标权重(%)
S_1	0.0542	2	供能能力 S_{29}：4.4
S_2	0.0542	2	
S_3	0.0108	0.4	
S_4	0.1821	6.6	
S_5	0.0563	2	能耗强度 S_{30}：19.7
S_6	0.1131	4.1	
S_7	0.0347	1.3	
S_8	0.1134	4.1	
S_9	0.0211	0.8	
S_{10}	0.0211	0.8	

续表

二级指标	权重因子	二级指标权重(%)	一级指标权重(%)
S_{11}	0.2718	9.9	能源效率 S_{31}：25.3
S_{12}	0.015	0.5	
S_{13}	0.2031	7.4	
S_{14}	0.0688	2.5	
S_{15}	0.0688	2.5	
S_{16}	0.0688	2.5	
S_{17}	0.1362	5	能源结构 S_{32}：20
S_{18}	0.1362	5	
S_{19}	0.1282	4.7	
S_{20}	0.1157	4.2	
S_{21}	0.0345	1.3	
S_{22}	0.1243	4.5	研发强度 S_{33}：15.3
S_{23}	0.1486	5.4	
S_{24}	0.1486	5.4	
S_{25}	0.0881	3.2	
S_{26}	0.1367	5	产业发展 S_{34}：15.3
S_{27}	0.1	3.6	
S_{28}	0.096	3.5	

由此可见，该指标对燃煤发电、吨钢综合能耗、规模以上工业单位能源消费总额/GDP 的变动是非常重要的，同时也强调了研发强度、能源结构和能源效率对能源转换的作用。在加快发展第三产业、从传统工业到高科技产业的过程中，规模以上工业能耗占 GDP 比重将逐步降低。燃煤电厂的煤炭消费占比较高，表明目前全国重点地区电网主要依靠矿物能源，而随着清洁能源使用比重的提高，这一比例将继续降低，或考虑用其他相似的能源消耗替代。在资源配置中不同能源所占比重的大小，体现了对国家

重要战略性地区能源转变的预期。在该指数的权值分配中，3项主要的指标对碳排放的作用都很大。考虑到碳达峰、碳中和等方面，今后还可以再增加对碳排放有重要作用的评价标准。

2. 重大国家发展战略区域生物能源企业能源系统转型程度测评结果

通过输入2011—2020年我国重大国家发展战略区域相关统计数据，以各指标在各年中的最小值和最大值分别作为标准化的最小值和最大值，可以得到表8-4的评价结果。

表8-4 我国重大国家发展战略区域能源转型总体评价变化

年份	区域	总分
2011	京津冀协同发展战略区域	16.4
	长三角一体化发展战略区域	14.2
	长江经济带发展战略区域	22.6
	黄河流域生态保护和高质量发展战略区域	18.4
	粤港澳大湾区战略区域	21.0
2012	京津冀协同发展战略区域	22.9
	长三角一体化发展战略区域	19.1
	长江经济带发展战略区域	28.2
	黄河流域生态保护和高质量发展战略区域	28.4
	粤港澳大湾区战略区域	24.5
2013	京津冀协同发展战略区域	26.7
	长三角一体化发展战略区域	20.5
	长江经济带发展战略区域	33.4
	黄河流域生态保护和高质量发展战略区域	31.2
	粤港澳大湾区战略区域	27.1
2014	京津冀协同发展战略区域	28.4
	长三角一体化发展战略区域	26.4
	长江经济带发展战略区域	32.3
	黄河流域生态保护和高质量发展战略区域	37.6
	粤港澳大湾区战略区域	29.4

续表

年份	区域	总分
2015	京津冀协同发展战略区域	37.2
	长三角一体化发展战略区域	33.7
	长江经济带发展战略区域	42.6
	黄河流域生态保护和高质量发展战略区域	40.7
	粤港澳大湾区战略区域	39.1
2016	京津冀协同发展战略区域	44.8
	长三角一体化发展战略区域	40.5
	长江经济带发展战略区域	52.4
	黄河流域生态保护和高质量发展战略区域	46.9
	粤港澳大湾区战略区域	43.7
2017	京津冀协同发展战略区域	49.7
	长三角一体化发展战略区域	53.4
	长江经济带发展战略区域	64.9
	黄河流域生态保护和高质量发展战略区域	59.4
	粤港澳大湾区战略区域	50.5
2018	京津冀协同发展战略区域	61.3
	长三角一体化发展战略区域	59.3
	长江经济带发展战略区域	71.4
	黄河流域生态保护和高质量发展战略区域	66.5
	粤港澳大湾区战略区域	64.7
2019	京津冀协同发展战略区域	70.7
	长三角一体化发展战略区域	67.4
	长江经济带发展战略区域	76.9
	黄河流域生态保护和高质量发展战略区域	72.8
	粤港澳大湾区战略区域	72.6

续表

年份	区域	总分
2020	京津冀协同发展战略区域	75.6
	长三角一体化发展战略区域	72.5
	长江经济带发展战略区域	83.4
	黄河流域生态保护和高质量发展战略区域	80.3
	粤港澳大湾区战略区域	77.8

由表 8-4 可以看出，2011—2020 年，京津冀协同发展战略区域、长三角一体化发展战略区域、长江经济带发展战略区域、黄河流域生态保护和高质量发展战略区域，以及粤港澳大湾区战略区域生物能源转型总体评价分数都呈稳步上升趋势，其中长江经济带发展战略区域能源转型总体评价明显高于其他区域。我国在近 10 年重大国家区域发展战略区能源转型处于持续发展阶段，在能源系统转型上实现了较大的进步。

8.1.4 数据来源

研究选取 2011—2021 年我国 30 个省、自治区、直辖市的年度宏观经济数据作为样本数据。同时，对数据进行了初步的筛选处理，对连续变量进行 1%～99% 水平上的缩尾处理，经过上述整理，共得到 330 个样本数据。

本章研究数据均来自国家统计局网站和地方统计局公布的历年统计年鉴。

8.1.5 变量设计

8.1.5.1 被解释变量

被解释变量为能源结构转型，用 energy 表示。本章参考柳亚琴等 (2022) 的研究，采用能源消费结构低碳化指数衡量能源结构转型。能源消费结构低碳化指数的构造：首先，将所消费的能源划分为 3 类，即煤炭、油气及其他能源消费，t 年份每一类能源的消费占比作为空间向量的一个分量，进而构成一组三维向量 $E_t = (e_t^1, e_t^1, e_t^1)$，其次，计算 E_t 与能源消费由高碳到低碳排列的向量 $E_0^1 = (1, 0, 0)$，$E_0^2 = (0, 0, 1)$ 夹角，θ_t^1、θ_t^2、θ_t^3：

$$\theta_t^j = \arccos\left(\frac{\sum_{i=1}^{3}(e_t^i \times e_0^i)}{\sqrt{\sum_{i=1}^{3}(e_t^i)^2 \times \sum_{i=1}^{3}(e_0^i)^2}}\right) \quad j = 1, 2, 3 \qquad \text{式 8-8}$$

最后，对 t 年份所有向量夹角进行加权，构成能源消费结构低碳化指数，具体计算公式如下：

$$energy_t = \sum_{s=1}^{3} \sum_{t=1}^{s} \theta_t^j \quad 式\ 8-9$$

8.1.5.2 解释变量

解释变量为产业协同发展，用 Incoo 来表示。本章参考王文成等（2022）的研究，选取各省级行政区生产性服务业和高技术产业协同集聚指数衡量地区产业协同发展。该指数代表了两个产业在空间上的协同程度，目前常见的测算方法主要有杜兰特（Duranton）等构建的 D-O 指数、埃里森（Ellison）等构建的 E-G 指数，以及陈建军等构建的修正后的 E-G 指数。其中，D-O 指数受数据限制较大，适用性不高；而修正后的 E-G 指数与原 E-G 指数相比更符合中国实际情况，被国内学者广泛使用。因此，本研究采用修正后的 E-G 指数来测算二者的协同集聚指数，计算公式如下：

$$\begin{cases} SA_{is} = (L_{is}/L_i)/(L_s/L) \\ HA_{ih} = (L_{hs}/L_i)/(L_h/L) \end{cases} \quad 式\ 8-10$$

式 8-10 中，SA、HA 分别表示 i 地区生产性服务业（s）、高技术产业（h）的区位商；L_{is}、L_{ih} 分别表示 i 地区生产性服务业、高技术产业从业人员数；L_s、L_h 分别表示全国生产性服务业、高技术产业从业人员数；L_i、L 分别表示各地区和全国的从业人员总数。进一步，生产性服务业和高技术产业协同集聚指数构建如下：

$$XT = [1 - |SA-HA|/(SA+HA)] + |SA+HA| \quad 式\ 8-11$$

8.1.5.3 控制变量

影响区域能源结构转型的其他因素有很多，本章梳理和总结了相关参考文献，选择了政府支持、产业结构、城镇化水平、地区金融发展水平、人力资本水平、信息化水平等作为研究的控制变量，同时控制了年份和地区虚拟变量，变量定义见表 8-5。

表 8-5 变量定义表

变量类型	变量名称	变量符号	定义或者描述
被解释变量	能源结构转型	energy	能源消费结构低碳化指数
解释变量	产业协同发展	Incoo	见上文构造

续表

变量类型	变量名称	变量符号	定义或者描述
控制变量	政府支持	$govz$	政府一般预算支出占GDP的比例
	产业结构	ind	第三产业产值占第二产业产值的比重
	城镇化水平	$town$	城镇人口占总人口的比重
	地区金融发展水平	$finance$	金融机构存贷款总额/当年GDP
	人力资本水平	$human$	普通专科在校生人数/年末总人口
	信息化水平	hit	地区邮电业务总量/GDP

8.1.6 模型构建

为了研究产业协同发展对能源结构转型的影响，以产业协同发展（$Incoo$）为解释变量，能源结构转型（$energy$）为被解释变量，在控制其他变量的基础上，构建了以下模型：

$$energy_{i,t}=\alpha_0+\alpha_1 Icoo_{i,t}+\alpha_i Controls+\lambda+\gamma+\varepsilon_{i,t} \qquad 式8\text{-}12$$

其中，i表示城市，t表示时间。被解释变量$energy$表示能源结构转型，解释变量$Incoo$表示产业协同发展，$Controls$表示控制变量。此外，对时间固定效应（λ）、地区固定效应（γ）进行控制，$\varepsilon_{i,t}$为随机误差项。

8.1.7 回归结果与分析

8.1.7.1 各变量的描述性统计

首先对变量进行描述性统计，包括标准差、中位数、均值和极值等多个指标，以揭示研究相关变量的整体情况和内在规律，结果如表8-6所示。由描述性统计表可以看出，能源结构转型升级（$energy$）的极小值为5.041，极大值为6.252，说明不同的省份之间能源结构的差异较大，中位数为5.614，均值为5.660，均值大于中位数，说明有一部分省份的能源结构转型升级情况较好。产业协同发展（$Incoo$）的极大值为10.93，极小值为0.802，标准差为1.874，说明各个省份之间的产业协同发展程度存在不均衡的状况，差异较大；中位数为2.140，均值为2.705，中位数小于均值，说明有一部分省份的产业协同程度较高。其他控制变量的描述性统计情况与相关文献类似，在此不再赘述。

表 8-6 描述性统计

变量	sd	N	p50	mean	min	max
energy	0.352	330	5.614	5.660	5.041	6.252
lncoo	1.874	330	2.140	2.705	0.802	10.93
govz	0.0820	330	0.226	0.241	0.107	0.395
ind	0.705	330	1.083	1.246	0.518	5.297
town	0.119	330	0.581	0.595	0.350	0.863
finance	0.880	330	3.051	3.185	1.702	5.180
human	0.00500	330	0.0200	0.0200	0.00800	0.0300
hit	0.0440	330	0.0360	0.0560	0.0210	0.152

8.1.7.2 相关性分析

主要变量相关性分析如表8-7所示,从表中可以看出,产业协同发展(lncoo)与能源结构转型升级(energy)呈现显著的正相关关系,为下一步回归检验提供了验证。其他变量,如政府支持、产业结构、城镇化水平、地区金融发展水平、人力资本水平、信息化水平等均与能源结构转型升级(energy)呈现出显著的相关性,说明本章选取的控制变量是合适的。

表 8-7 相关性统计

变量	energy	lncoo	govz	ind	town	finance	human	hit
energy	1.000	—	—	—	—	—	—	—
lncoo	0.494***	1.000	—	—	—	—	—	—
govz	−0.055	−0.277***	1.000	—	—	—	—	—
ind	0.560***	0.561***	0.112**	1.000	—	—	—	—
town	0.609***	0.701***	−0.381***	0.561***	1.000	—	—	—
finance	0.589***	0.493***	0.309***	0.683***	0.564***	1.000	—	—
human	0.171***	0.276***	−0.322***	0.364***	0.581***	0.209***	1.000	—
hit	0.250***	−0.055	0.246***	0.248***	0.121**	0.316***	0.111**	1.000

注:***、**分别代表在1%、5%的水平上显著。

8.1.8 总样本回归分析

回归检验结果如表 8-8 所示,其中回归(1)为未加入相关控制变量的回归结果,回归(2)为加入相关控制变量后的回归结果,可以看到加入相关控制变量后,模型的 R^2 从 0.9256 上升到 0.9334,模型的解释力增强。从回归(2)可以看出,产业协同发展($Incoo$)对能源结构转型升级($energy$)的回归系数为 0.041,在 1% 的水平上显著为正,产业协同发展($Incoo$)显著促进了能源结构转型升级($energy$)。

表 8-8　产业协同发展与能源结构转型升级回归结果

变量	(1) energy	(2) energy
$Incoo$	0.034** (2.581)	0.041*** (3.069)
$govz$	—	0.484 (1.290)
ind	—	−0.093** (−2.248)
$town$	—	0.309 (0.537)
$finance$	—	0.036 (1.392)
$human$	—	16.320*** (2.785)
hit	—	−1.440*** (−2.596)
_cons	5.688*** (466.510)	5.146*** (15.963)
Year	Yes	Yes
Province	Yes	Yes
n	330	330
R^2	0.9256	0.9334

续表

变量	(1) energy	(2) energy
adj. R^2	0.9153	0.9226
F	6.661	5.788

注：***、**分别代表在1%、5%的水平上显著。括号内的为稳健性检验结果。

8.1.9 稳健性检验

为对实证结果的稳健性进行检验，同时考虑内生性的影响，本章采用解释变量滞后一期回归和剔除直辖市的样本两种方法进行检验。

第一，将解释变量进行滞后一期处理，然后将其带入回归模型，重新进行回归，结果如表8-9第2列所示，可以看到滞后一期的产业协同发展（$Incoo_{T-1}$）对能源结构转型升级（energy）的回归系数为0.033，仍在10%的水平上显著为正，结果与前述一致。

第二，考虑到我国四大直辖市的经济发展水平较高，区域协同能力较强，且较早进行能源结构转型，与其他省、自治区存在一定的差异，因此将直辖市样本进行剔除，重新进行回归，结果如表8-10第3列所示，可以看到产业协同发展（Incoo）对能源结构转型升级（energy）的回归系数为0.054，仍在1%的水平上显著为正，结果与前述一致。

上述稳健性检验结果表明，实证结果具有稳健性。

表8-9 稳健性检验结果

变量	滞后一期回归 energy	剔除直辖市样本 energy
$Incoo_{T-1}$	0.033* (1.965)	—
incoo	—	0.054*** (3.565)
govz	0.426 (1.025)	0.483 (1.041)

续表

变量	滞后一期回归 energy	剔除直辖市样本 energy
ind	−0.019 (−0.416)	−0.092* (−1.810)
town	−0.408 (−0.609)	−1.114 (−1.370)
finance	0.008 (0.282)	0.013 (0.385)
human	3.978 (0.611)	2.494 (0.374)
hit	−0.979* (−1.672)	−1.204* (−1.741)
_cons	5.849*** (15.407)	6.248*** (13.279)
Year	Yes	Yes
Province	Yes	Yes
n	300	286
R^2	0.9466	0.9322
adj. R^2	0.9371	0.9205
F	1.928	3.938

注：***、*分别代表在1%、10%的水平上显著。括号内的为稳健性检验结果。

8.1.10 异质性分析

考虑到我国省份较多，各地区经济发展不平衡的情况依然存在，经济发达地区的工业化程度一般较高，工业门类更加齐全，有利于产业协同发展，而经济欠发达地区的工业化程度一般相对较低，工业门类缺失或者较为单一，不利于产业协同发展，因而影响能源结构转型升级。根据工业化水平（工业增加值/地区生产总值）将样本分为工业化水平低和工业化水平高的两组，分别进行回归，结果如表8-10所示。可以看到，在工业化水平低组的回归中，产业协同发展（Incoo）对能源结构转型升级（energy）

的回归系数未通过显著性检验,而在工业化水平高组的回归中,产业协同发展(Incoo)对能源结构转型升级(energy)的回归系数为0.025,仍在5%的水平上显著为正,说明产业协同发展(Incoo)对能源结构转型升级(energy)的促进作用在工业化水平不同的地区存在差异,当工业化水平较高的时候,这种促进作用更加明显。

表 8-10 异质性分析结果

变量	工业化水平低 energy	工业化水平高 energy
$Incoo$	0.032 (0.620)	0.025** (2.436)
$govz$	0.213 (0.257)	1.095*** (3.236)
ind	0.094 (0.604)	−0.070* (−1.762)
$town$	−0.427 (−0.377)	1.026 (1.629)
$finance$	−0.127* (−1.836)	0.003 (0.114)
$human$	17.854* (1.882)	15.458** (2.138)
hit	−2.022 (−1.477)	−0.235 (−0.559)
$\_cons$	5.800*** (8.843)	4.649*** (13.280)
$Year$	Yes	Yes
$Province$	Yes	Yes
n	179	148
R^2	0.9425	0.9787
$adj. R^2$	0.9248	0.9708
F	1.687	9.370

注:***、**、* 分别代表在1%、5%、10%的水平上显著。括号内的为稳健性检验结果。

8.2 煤炭行业能源系统转型案例分析

针对煤炭行业供给侧产能过剩、煤炭价格大幅下跌、落后产能造成的资源浪费等问题，党的十八大以来，煤炭行业开展了供给侧结构性改革，并取得了显著成效，2016—2020 年累计淘汰落后产能超过 10 亿吨，淘汰煤矿数量一半以上，超额完成 2016 年提出的化解过剩产能目标。根据煤炭工业协会数据，截至 2020 年底，全国累计退出煤矿 6100 处左右，2021 年我国煤矿数量进一步减少至 4500 处左右。

当前环境下国家实施"双碳"重大战略部署，对新能源产业提供政策性支持，促进新能源产业发展，"双碳"目标对于保障国家能源安全、积极推动能源强国建设有着重要作用，必将带来一场系统性、根本性、颠覆性的绿色变革、技术变革和产业变革。持续发力的"双碳"政策，对煤炭行业影响深远，"碳达峰""碳中和"已成行业共识，远期煤炭需求的大幅下降必将对现在煤企新建产能产生负面影响。一般煤矿开采期限为 40～50 年，目前新建矿井达产后将很快迎来"碳达峰"。可以预计在"碳达峰"后煤炭消费量将逐渐下降，投资新矿或已达不到煤企设计的开采年限，新建煤矿已不是煤企的最优选择。2020 年以来，我国新批煤炭产能数量明显减少，煤企新建产能意愿亦大幅减弱。国际煤炭新增产能增速明显下滑，2019 年以来全球化石能源资本开支增速明显下滑，"碳中和"已成为全球共识，国际能源机构预计 2022—2025 年全球煤矿新建产能中枢约 5000 万吨，大幅低于 2021 年的 1.4 亿吨。

2016 年以来，随着供给侧结构性改革、"碳中和"政策带来的供给约束及俄乌冲突下出现的全球能源紧张局面，煤炭行业盈利稳步提升，当前行业维持高景气度，在新增供给受约束的情况下，煤炭供给有望持续偏紧，行业高盈利有望长时间持续。万德数据显示，2021 年，主要煤炭企业实现净利润 1515 亿元，比上年增加 74.9%；货币资金总额 4669 亿元，同比增长 47.5%；经营性现金流量净额 3452 亿元，同比增长 70.8%。2022 年一季度，重点煤炭企业实现净利润 1455 亿元，同比增加 98.79%。其中，货币资金 5829 亿元，同比增加 43.0%，经营性现金流量净额 1812 亿元，同比增长 46.6%。2021 年以来，重点煤炭上市公司盈利能力大幅提升。受煤炭企业扩大产能的影响，今年主要上市煤矿企业购买固定资产、无形资产及其他长期资产的资金净额为887亿元，较上年同期只增加0.2%。企业经营活动的资金流与其投资的净流出存在着显著的偏离，煤炭企业的资金流动状况良好。

高盈利为煤企开启能源转型提供了支撑。在"碳中和"的大背景下，煤炭主业没有明显增量，未来煤炭供给有望持续偏紧，煤炭价格中枢有望维持高位，煤企高盈利为传统能源转型提供了支撑。能源转型有望确保煤企的未来市场地位与竞争优势，能源转型已成煤企共识。同时，煤企能源转型受到政策大力支持，《"十四五"现代能源体系规划》《"十四五"可再生能源发展规划》都提出要积极推进煤炭企业能源绿色低碳转型，大力发展风电、光伏、水电、生物质等可再生能源，在可再生能源的存储、消纳和外送等方面的能力要进一步加强。传统能源与新能源结合、传统煤化工与高端新材料结合成为煤企的主要转型方向，煤企的转型路径与政策匹配，主要包括风光绿电、储能电池、氢能、高端新材料等。

煤炭生产氢气的技术依据是什么？在供给潜能方面，当前，中国煤化工业已经相当发达，煤炭具有很强的制氢能力，生产能力较大，可依托现有煤气化厂，净化采用变压吸附（PSA）技术，达到燃料电池要求。一家煤气化厂，日耗煤2000吨，只需在负荷下精炼，即可生成1560～2340千克氢气。

宁夏宝丰能源公司完成了"绿色氢气"的延伸和"绿色"的战略规划。自2005年11月以来，其一直坚持"国家不支持不倡导的坚决不干、淘汰落后的产业坚决不干、不利于行业发展的坚决不做、对社会没有价值的坚决不做"的原则，坚持科技创新、绿色发展，在中国能源金三角——宁东能源化工园区的核心区域，划地面积达14000公顷，用于建设"宝丰能源循环经济产业园"，形成了全国大规模的、产业链完善的聚乙烯、聚丙烯、焦油加工、针状焦、苯加氢、碳四、绿氢、绿氧等产业集群，以煤炭替代石油、清洁能源替代石化能源，生产多种化工制品，不仅能够清洁使用煤炭资源，还能大幅提高效率，有效填补了国内化工产品进口缺口，积极响应国家号召，为推动国家能源安全建设做出了突出贡献。在工业规模、工艺技术、经营效益、环保指标等方面，其都是业内的佼佼者，是全国煤炭新能源领域的佼佼者，是宁夏地区的私营龙头，拥有15000名职工。宝丰能源公司于2018年在上海证券交易所挂牌。

为了促进企业低碳转型和绿色升级，宝丰能源公司通过"全国太阳能电解水生产全国示范工程"的创新性实践，将"绿色"与"绿色"有机结合起来，形成了一条以新型能源取代传统能源，全面启动企业"碳中和"的道路，努力在全国范围内实现"碳中和"。其加快工业自动化、信息化、数字化、智能化转型升级，引进5G、大数据、人工智能、工业互联网等技术手段，大力建设"智慧工厂"，致力于建设世界一流的高技术制造业。为推动宁夏发展重要工业和行业，促进黄河地区生态环境的保护与发展，保持国家能源的稳定性，促进"碳中和"的发展做出了杰出的贡献。

宝丰能源集团总部坐落于宁东国家能源化工"金三角"中心，在内蒙古自治区鄂尔多斯市乌审旗苏里格经济特区有着中国新投入的 4×100 万吨／年煤制烯烃示范工程。"金三角"区域拥有丰富的煤炭资源，原料供应充足、方便，原料价格低廉。内蒙古分公司靠近华北和华东地区的主要市场，物流和交通方便，而且运输费用也比较低廉。公司一期、二期、三期烯烃工程采用了世界一流的技术。第二期工程具有年产高档聚乙烯双峰产品和茂金属聚乙烯产品的能力，三期工程具有年产 250000 吨乙烯－醋酸乙烯酯树脂（EVA）的产能（见图 8-11），在全国范围内处于领先地位。

宝丰能源公司针对目前的产业链特征，充分发挥设备潜能，提高现有的设备质量，降低成本，提高生产效率。以聚乙烯 6081H 为原料，2021 年共产 6081H 160000 吨，色度、冲击性能等各项性能均得到了提高，不仅节约了助剂成本，而且不断提高了下游用户的满意度。同时增加了技术创新，加速了新技术的发展，在报告期，公司投入了 1.33 亿元的研发经费，用于茂金属等聚烯烃新产品、高强度 85 冶金焦、84 冶金焦等焦炭新产品的开发研究，同时储备了 20 多个项目和产品，而且对储备项目进行了初步可行性研究和能耗评估，确保了公司现有产业结构升级稳中有进、进中向好、好中提质，提高了公司的核心竞争力。

项目于 2021 年 1 月 9 日正式投入运行，投产 30 套 1000 标方／小时的电解水生产装置，年产 2.4 亿标方（2.14 万吨），将生产的氢气送入化工装置。从 2022 年开始，计划在全国范围内，通过每年加大绿色氢气生产规模 3 亿标方，降低化学装置二氧化碳排放量 5%，尽量在 10 年内完成企业 50% 的碳减排，在 20 年内率先实现企业"碳中和"。

表 8-11 宝丰能源煤化工在建项目

项目名称	产能	投产时间
宁东三期烯烃项目	100 万吨	前段甲醇于 2022 年底投产,后段烯烃和 EVA 于 2023 年上半年投产
宁东四期烯烃项目	50 万吨	50 万吨/年煤制烯烃项目预计于 2022 年完成审批并开始建设
内蒙古烯烃一期	300 万吨	审批已经进入最后阶段,待环评批复后即可开工
内蒙古烯烃二期	100 万吨	审批中
绿氢项目	2.4 亿标方	每年新增 3 亿标方绿氢

氢能是一种新型的、洁净的能源,未来有望成为最大的能量来源。和其他能量相比,氢气蕴藏着大量的能量。氢气来自水中,经过反应后会产生水蒸气,热量密度高,无污染。国内大部分的氢源为煤,煤炭公司在氢能生产方面占有一定的领先地位。

绿色氢气是发展氢能的终极目的。氢气具有零排放、高热值、高转化性等优点,是 21 世纪最具发展前景的二次能源。虽然,氢自身的特征是无碳,但是当前的氢生产过程中会产生很多 CO_2。氢可按其产生的 CO_2 释放量分为灰氢、蓝氢和绿色氢三种。灰氢和蓝氢都是由碳基矿物能源生产的,其生产工艺过程中往往伴随着较多的 CO_2。绿色氢是利用可持续发展的能量,通过电解法或光解法得到的,在零碳排放的过程中产生的氢。绿色氢能实现零碳排放,是发展氢能产业的终极目标。

绿色氢能作为宝丰在企业绿色低碳发展布局中的重要战略举措,前期已得到了规划,公司将其与绿色技术结合,在"碳中和"方面走在了发展前列。公司在 2018 年投入 14 亿元,新建一座年产 20 万千瓦的太阳能光伏电站及年产 20000 吨的电解水生产氢气。公司在今后 5 年内,将进一步拓展"太阳能光电+电解水"的发展模式,预计将增加约 3 亿标方绿氢、1.5 亿标方绿氧。同时,公司将在 10 年内减少 5% 的 CO_2 排放量,在 20 年内实现"碳中和"。

氢能作为清洁高效、安全、可持续的新能源,已成为能源低碳变革的重要方向。2022 年,国家出台了氢能产业中长期发展规划,将氢能纳入国家能源体系,构建了"大氢能"的发展图景,大力推进交通、工业等领域绿色转型。在宝丰能源公司的绿色氢气直接供应体系中，一种新的化学原料已取代传统的煤炭，从而推动了工业的绿色转型，宝丰能源的年产量已经达到了每年 6 亿立方米。此外，其还大力推广绿色氢气在交通、电子、冶金等方面的发展，为工业的进一步发展提供有力的支持。宝丰能源公司秉持着安全、环保、节能、清洁生产的发展之路，坚持引进、自主创新，努力做大做强煤制聚烯烃产业，深耕精细化工产业，为新能源产业和现代煤化工产业之间的融合发展起到了推动作用，有利于实现产品高端化、差异化。宝丰能源公司在煤基新材料行业的地位举足轻重，已成为国际上的"绿氢"生产企业。其大力引进高精尖技术人才，加大与清华大学等国际著名院校的合作力度，增强企业的自主创新能力。一是以高端化、差异化为核心，积极开发高性能、专用化的新品种。二是要加强对高端精细化工的开发，并在国际上进行并购，逐步扩大其下游的产业链，以提高公司的抗风险能力。三是重点推进产业转型，发展利用新的太阳能电解水生产技术，加速推进新能源替代化石能源发展进程，逐步发展成为世界级煤基新材料供应商和"绿氢"的重要供货商。

未来的产业发展必定依托科技赋能，宝丰能源集团股份有限公司加大对科技创新方面的投入，选用具备国际先进技术的单台产能 1000 立方米/小时碱性电解槽制氢，同时副产氧气；制取的氢气、氧气经气液分离器系统分离、洗涤、冷却后，进入脱氢塔、脱氧塔、干燥塔纯化，生产出 99.999% 的高纯度绿氢和绿氧，可广泛应用于工业补氢、氢能交通及其他领域。生产装置自动化程度高，应用分布式控制系统（DCS）、安全仪表（SIS）自控系统，可实现一键启停，保障了设备的安全、稳定运行；生产系统转化率高、原料消耗低，每生产 1 立方米绿氢耗电仅为 4.8 度，综合成本可降至 0.7 元，达到行业最优水平，树立了行业标杆。

宝丰能源集团股份有限公司围绕宁夏"六新六特六优"产业布局，高标准建设全国首个单厂规模最大的储能绿色全产业链项目，选用国内外最尖端的设备、技术，打造 100 吉瓦时储能绿色全产业链项目。集"光伏自备电站（6 吉瓦）、碳酸锂（6 万吨/年）、磷酸铁锂正极材料（25 万吨/年）、人造石墨负极材料（15 万吨/年）及电解液（17 万吨/年）生产、电芯模组及 PACK 制造"于一体，高水平建造高品质的能量存储型电池生产基地，重点培育达百亿规模的洁净能源产业，为宁夏、全国新材料、新能源、高端制造业的高质量发展奠定基础。宝丰能源公司把创新摆在企业发展的核心位置，依托科技创新，持续推动工艺革新、装备升级，不断提高产品转化率，降低单位能耗，提升综合效益，实现节能降耗、提质增效、绿色发展，引领现代煤化工产业实现清洁生产。与此同时，宝丰能源公司通过引进 5G、大数据、人工智能、工业互联网等技术手段，大力推进"智慧工厂"的建设，推动企业的高质量发展，努力创建技术领先、行业领军、世界一流的科技型绿色制造企业。

9 国外市场协同联动对能源发展的分析

9.1 国外市场协同联动对能源发展的实证分析

9.1.1 理论分析与假设提出

1. 市场协同联动理论

市场协同联动理论强调了国际市场之间相互依赖的现象,并指出这一现象在经济全球化的背景下尤为显著。这种联动不仅限于贸易领域,而是涵盖了多种途径,包括投资、技术合作等方面,形成了一个错综复杂的国际市场网络结构。在能源领域,市场协同联动具有至关重要的作用。

第一,国际市场协同联动通过国际贸易,为各国提供了高效配置资源的机会。这意味着各国可以根据其自身资源的特点和需求,参与全球资源的交流和分配。这种资源的优化配置不仅能够满足各国的能源需求,还有助于减少资源浪费,提高整体能源利用效率。例如,能源丰富的国家可以通过出口能源资源来获得收入,而资源相对匮乏的国家则可以通过进口资源来满足自身需求,实现互惠互利的局面。第二,投资和技术合作是市场协同联动在能源领域的重要体现。通过跨国投资和技术合作,各国不仅可以促进能源领域的创新和发展,还能够加速先进的能源技术在国际市场上的传播和推广。这有助于提高全球能源产业的整体水平,促进更环保和更高效的能源解决方案推广。例如,国际合作可以促进太阳能和风能等清洁能源技术在全球范围内的推广,减少对化石燃料的依赖,减少碳排放,从而应对气候变化挑战。

综上所述,市场协同联动在国际能源市场中发挥着关键作用,通过资源的高效配置和技术的传播,有助于提高全球能源利用效率,促进能源领域的创新,为发展可持续能源做出重要贡献。这种国际市场协同联动将在全球经济中发挥积极作用,并推动着能源领域的进步与发展。通过协同机制,各国能够共同应对全球能源挑战,分享创新成果,共同探索清洁能源和可持续发展路径。这种紧密的市场联系也在一定程度上降低了各国在能源领域的不确定性，促使其更好地适应全球经济的变化。然而，市场协同联动也带来了一些挑战和风险。国际市场的不确定性和波动性可能会对各国经济产生负面影响，因此需要建立有效的协调机制和风险管理体系。此外，资源分配的不均衡和技术传播的不平衡也可能导致一些国家在合作中处于相对弱势的地位，这就需要通过国际合作和政策引导来解决上述问题。总体而言，市场协同联动理论为国际经济合作提供了理论基础，尤其在能源领域的应用更是凸显了其重要性。通过深入理解和积极引导市场协同联动，各国能够共同应对全球性挑战，实现经济的可持续发展。

2. 能源发展理论

能源发展理论不仅关注了资源的开发、能源技术的创新及能源利用效率，还涉及可持续性、环境保护、能源安全等多个关键方面。在全球范围内，各国面临着各种不同的能源挑战和机遇，这包括不同国家拥有不同类型和数量的能源资源、不同国家之间的能源需求和供应不平衡、能源价格波动、环境污染等一系列问题。同时，新兴的能源技术，如太阳能、风能、电动汽车等也为全球能源领域带来了新的机遇，可以推动能源的可持续发展和减少碳排放。

在这一背景下，国际市场的协同联动成为解决这些问题、推动能源领域发展的新途径。首先，国际市场的协同联动可以促进能源资源更加有效地开发和利用。跨国合作可以促使资源丰富的国家将其能源资源供给需求更大的国家，从而实现资源的互补性利用，提高资源的整体效率。其次，国际市场也为各国提供了获取能源技术和知识的机会，有助于加速能源领域的创新和技术进步。再次，国际市场的协同联动有助于应对能源安全和环境保护挑战。多国合作可以降低单一国家对特定能源来源的依赖，减少能源供应中的风险。最后，国际合作也有助于各国共同应对气候变化和环境污染问题，各国可以通过技术合作和共享最佳实践，推动清洁能源和可再生能源的发展。

总之，能源发展理论在全球范围内引发了各国对能源问题的深刻思考，国际市场的协同联动为各国合作应对能源挑战提供了新的机会和解决方案。通过跨国合作和资源共享，国际社会可以更好地实现能源的可持续发展，共同应对全球性的能源问题，为未来能源领域的发展开辟更为广阔的前景。首先，国际合作可以促使跨国公司和各国政府共同参与资源的勘探和开采，实现资源的合理配置和可持续利用。通过共享技术和经验，国际合作有望提高资源勘探的效率，减少环境负面影响，进而实现能源供应的多样化和稳定性。其次，能源技术的创新对于实现可持续发展至关重要。跨国合作可以推动全球范围内的科研机构、企业和政府共同参与新能源技术研发，加速技术创新的步伐。通过分享研究成果和共同投资，国际社会可以共同应对能源安全、气候变化等全球性挑战，促进清洁能源的普及和可再生能源的大规模应用。最后，国外市场协同联动还有助于提高能源利用的效率。在全球范围内共享先进的能源管理和节能技术，推广高效能源系统，将有助于减少能源浪费，提高整体能源利用效率。国际协作还可以促进能源市场的开放和竞争，推动能源合理价格的形成，从而促使各国更加注重提高能源利用效益。

9.1.2 数据来源

本章选取 2003—2021 年我国 30 个省、自治区、直辖市的年度宏观经济数据作为样本数据。同时，对数据进行了初步的筛选处理，对连续变量进行了 1%～99% 水平上的缩尾处理，经过上述整理，共得到了 570 个样本数据。

本章研究数据均来自国家统计局网站和地方统计局公布的历年统计年鉴。

9.1.3 相关指标体系构建

1. 协同创新系统结构构建

哈肯的协同理论指出，协同创新系统是一个开放的非线性系统，系统内各个主体或要素通过相互影响，促使系统从无序向有序状态转变。生物能源企业的技术协同创新系统同样具有开放性和非线性特征。在技术、资源和知识的支持下，克服技术合作体系中的薄弱环节，提高整体的协同创新能力。该技术协作体系的另一个主要特点是非线性。非线性作为协同的驱动力，使协调体系从混乱逐渐转向有序，进而提高协同能力。生物能源技术协同创新体系是指以多个主体或多个要素为基础，在各个主体或要素的协作下，产生协调效应，使整个体系向着更高、更有序的方向发展。在该体系中，公司与供应商、顾客进行垂直协作，与合作伙伴和竞争对手进行合作；在行业技术合作体系的框架下，公司与政府机构、高校科研机构、金融机构、技术服务中介机构等进行垂直协作；企业内外两个体系之间的协作使企业的整体体系从散乱变为有序，从而促进企业间的协调发展。因此，本章构建了生物能源企业技术协同创新系统的结构，如图 9-1 所示。

9 国外市场协同联动对能源发展的分析

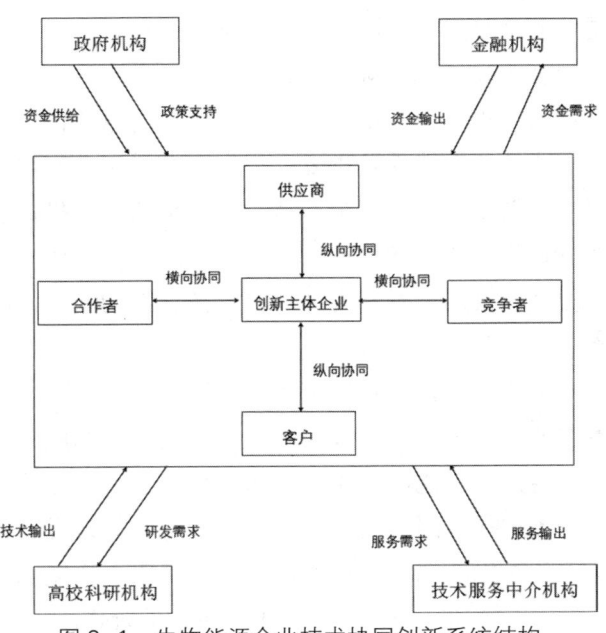

图 9-1 生物能源企业技术协同创新系统结构

（1）与政府机构的协同创新

在科技合作体系中，政府的作用至关重要。除了为公司提供融资和规划支持外，政府还应建立健全技术合作机制和营造政策环境，以促进有力的技术合作。在产业政策、专利保护、人才激励和融资条件等多个层面上，国家对技术创新的支持具有重要意义。因此，必须加强与政府的协作，并在国家层面上提供支持，鼓励公司与大学、科研机构开展技术交流、风险共担、利益共享等形式的协同发展。同时，还应从增加研发机构数量、提高研发投入比例、减免税收等方面入手，为我国生物能源产业创造良好的创业环境。

（2）与高校科研机构的协同创新

作为生物能源公司的创新资源提供者，高等院校在生物能源领域具有重要地位，是新技术的主要来源。大专院校和研究单位可以提供人才、研发基地、设备等方面的支持，并通过人才的交流促进双方的协作。通过向生物能源公司提供科研设施，引导大专院校参与科技创新工作，吸引优秀的大学科研团队从事科研工作；另外，通过在大学建立专业实验室进行新技术研究和技术再创新等途径，提升生物能源企业的技术创新能力。通过与高校、科研机构的合作，企业可以获得大量的人力、物资、技术等资源，有效地提高企业的自主创新能力。

（3）与金融机构的协同创新

与金融机构的合作是生物能源公司科技创新的重要体现。在科技合作体系中，金融机构是一个特殊且重要的组织，在科技合作体系中扮演着重要角色。任何技术创新都需要资金支持，而大量的风险投资和贷款必须通过金融机构来改善公司的金融体系。科技合作的发展需要国家投入大量资金，然而我国的财政投入并不能完全解决科技合作的问题，因此需要与金融机构展开合作。

（4）与技术服务中介机构的协同创新

技术服务中介是技术转让与技术交流的桥梁。技术服务中介机构的作用是通过市场来转让生物能源公司的技术成果。技术转让的成功与否直接影响着技术合作的进行，因为技术服务的转让行为如果无法转化为市场价值，也就无法为公司创造利润，那就容易产生阻碍生物能源企业的技术协同创新活动，因此需要加强与技术服务中介机构的合作。

2. 系统评价模型

根据哈肯的协同学理论，整个系统的有效运行有赖于各个子系统的协同发展，子系统组成要素之间协同可使系统走向有序的状态，它们之间的协调程度决定着整体系统的协同水平。因此，本章引用复合系统协同度模型，对我国重大国家发展战略区域生物能源企业技术协同创新系统子系统的有序度及整体系统的协同度进行实证分析。

具体模型构建过程如下：根据对生物能源企业技术协同创新系统结构的分析，设生物能源企业技术协同创新系统的子系统为 s_i，$i \in [1, 2]$，s_1，s_2 分别代表技术协同创新系统的内部核心子系统和外部环境子系统。在各子系统技术协同创新过程中，序参量 x_{ij}（$j=1, 2, 3 \cdots\cdots m$）为第 i 个参量的第 j 个指标值，其中 $m \geq 1$，表示产业技术协同创新系统创新机制及运行情况的若干指标，u_{ij}，v_{ij} 分别表示系统达到稳定状态下的上下限值，可以得到有序度的计算公式如下：

$$u_i(x_{ij}) = \begin{cases} \dfrac{x_{ij}-v_{ij}}{u_{ij}-v_{ij}}, & i \in [1, k_1] \\ \dfrac{u_{ij}-x_{ij}}{u_{ij}-v_{ij}}, & i \in [k_1+1, m] \end{cases} \qquad 式9\text{-}1$$

式9-1中，$u_i(x_{ij})$ 表示序参量 x_{ij} 对子系统有序的影响贡献程度。根据上面的定义，可以知道 $u_i(x_{ij}) \in [0, 1]$，并且 $u_i(x_{ij})$ 的值越大，说明 x_{ij} 对系统有序的贡献程度越大，就越能促进子系统由无序走向有序状态。从总体上看，子系统 u_i 的有序度可以通过以下两种方法计算得到。

第一：线性加权求和法

$$u_i(x_i) = \sum_{i=1}^{m} \omega_j u_i(x_{ij}), \quad \omega_j \geq 0, \quad \sum_{i=1}^{m} \omega_j = 1 \qquad 式9\text{-}2$$

从式 9-2 中可以看出 $u_i(x_i) \in [0, 1]$，$u_i(x_i)$ 的值越大，表明子系统有序的程度就越高，反之则越低。因为不同指标对系统影响的程度不同，所以需要对不同指标进行赋权，由此采用该方法对子系统的有序度进行测算。

第二：几何法

$$u_i(x_i) = \sqrt[m]{\prod_{j=1}^{m} u_i(x_{ij})}, \quad i \in [1, 2] \qquad 式9\text{-}3$$

通过上述方法计算得到的 $u_i(x_i) \in [0, 1]$，同线性加权求和法计算所得是一样的，$u_i(x_i)$ 的值越大，说明子系统的有序程度就越高，反之则越低。但这种方法没有考虑不同指标对系统影响的程度，缺乏一定的科学性。

在这里，我们假设已经给定的某个特定的时间段或者某个特定的时刻为 t_0，各子系统有序度取 $u_1^0(x_i)$ 和 $u_2^0(x_i)$，到了 t 时，各子系统的有序度分别变化为 $u_1^t(x_i)$ 和 $u_2^t(x_i)$，从而构建复合系统协同度的测算公式如下：

$$c = \theta_2 \sqrt{\prod_{i=1}^{2} [u_i^t(x_i) - u_i^0(x_i)]} \qquad 式9\text{-}4$$

其中 $\theta = \dfrac{\min[OD_j^t(X_j) - OD_j^0(X_j)]}{|\min[OD_j^t(X_j) - OD_j^0(X_j)]|}$

复合系统的协同度 $c \in [-1, 1]$，当 c 取负值时，说明存在负的协同效益，即系统处于无序的状态；当 c 取 0 时，说明没有协同效应；当 c 取正值时，说明存在正向协同效应，即系统处于有序的状态，并且 c 的值越大，表明系统的协同程度越高；c 的值越小，表明系统的协同程度就越低。根据以上计算公式，当 θ 取正值时，c 才会取正值，也就是 $\min[u_i^t(x_i) - u_i^0(x_i)] > 0$，协同度才会是正值。

从组织上来看，生物能源公司的技术合作体系包括内部和外部的创新环境因素。这些内外因素相互影响，在整个体系中共同发挥作用。生物能源公司在实施技术革新时的主要目标是追求经济利益，其中人力资源、资金和技术是主要的影响因素。作为技术协同创新体系的外部因素，涵盖了政府、高校科研机构、中介机构和金融机构等。这些外部因素对生物能源公司的自主创新活动有一定制约作用，因此公司必须吸收外部的技术、人才和信息等资源，其中与高校科研机构合作是最主要的方式之一。大学拥有强大的研发实力，是人才、技术、设备和场地等重要的资源供应商，但缺乏市场化力量。通过资源共享，两者可以形成优势互补。作为科技扩散和转让的媒介，中介机构可以为生物能源产业提供信息咨询和资金支持等。中介服务能够有效降低科技创新的成本，促进科技的发展。作为推动生物技术创新的重要外部因素，政府组织既可以在技术革新方面提供财政支持，也可以在金融和政治层面上提供激励和扶持。生物能源公司的研发经费单靠自身和国家力量是远远不够的，还需要从外部获得资金支持。其中，金融机构是为公司提供融资的重要组织，其在融资方面的影响力较大。生物能源公司技术合作体系的开放性和非线性特点，使其具有开放性和动态性。该系统由国家提供财政和制度保证，大学研究部门提供人才、技术、设备和场地等资源，中介机构为系统提供信息和技术转移等服务，金融机构为系统提供金融服务。系统内各组织的协作程度会影响系统的创新效果。因此，必须持续进行技术交流和技术转让，并在技术交流和资源共享的基础上进一步完善技术合作机制，提高企业的技术创新效能。

就内容而言，生物能源企业的技术协同创新系统由多个不同主体构成，这些主体通过相互作用推动技术协同创新系统的运行。工业技术革新是企业技术创新的最终目标，工业内部企业的技术创新主要体现在自身的技术革新上，因此工业内部的技术创新是其成功的关键因素。在我国的生物能源技术合作体系中，分为企业的内部和外部两个方面。生物能源公司需要与政府、高校科研机构、中介机构等其他主体进行横向和纵向的合作，进行技术、资金和人才等资源的交流，实现资源的最大化分配，并充分发挥各个环节的功能。

根据前文分析，本章借鉴顾菁和薛伟贤（2012）构建的协同创新评价指标体系，把生物能源企业技术协同创新系统分为创新的内部核心子系统和创新的外部环境子系统，内部核心子系统包括创新投入要素和创新产出要素，外部环境子系统包括政府、高校科研机构和金融机构、技术服务中介机构等要素，在考虑数据可获取性和可量化性的基础上，最终确定了12个评价指标，如表9-1所示。

表9-1 系统评价指标

子系统	序变量	解释	单位
创新的内部核心 S_1	X_{11}	R&D 经费	万元
	X_{12}	R&D 人员全时当量	人年
	X_{13}	技术引进经费	万元
	X_{14}	技术改造经费	万元
	X_{15}	技术消化吸收经费	万元
	X_{16}	有效的发明专利数	个
	X_{17}	新产品的销售收入	万元
创新的外部环境 S_2	X_{21}	研究与开发机构的数量	个
	X_{22}	全国技术市场成交合同金额	万元
	X_{23}	财政科技拨款占财政支出比例	%
	X_{24}	科技活动经费中的金融机构贷款占筹资的比例	%
	X_{25}	研究和试验经费占GDP比例	%

创新的内部核心子系统决定着创新的投入及绩效。其包括生物能源企业的R&D经费、R&D人员全时当量、技术引进经费、技术改造经费、技术消化吸收经费、有效的发明专利数及新产品的销售收入方面。创新的外部环境子系统主要由政府、高校科研机构、服务中介机构和金融机构等构成，它们为创新活动提供政策支持、资金支持、技术提供及技术转移等服务。

（1）研发资金投入：该指标反映了技术合作创新所需的资金投入。资本是影响技术合作创新的重要因素，所有创新活动都需要资金支持。只有不断投入资金，持续提供资金支持，才能确保技术合作的顺利进行。

（2）研究与开发人员数量：该指标反映了科技合作创新所涉及的人力资源。技术合作创新的核心在于人才的培养和引进，必须重视创新人才的培养和引进，确保持续的知识支持，从而推动技术合作的发展。

（3）技术引进、改进和消化吸收的资金投入：该指标反映了技术合作创新中的技术资金投入。技术合作是企业技术创新的关键，技术资金的投入是企业技术创新能力的重要保证。

（4）发明专利数量：该指标反映了技术合作创新的成果。通过对创新的投资，生物能源公司的技术合作创新将产生创新成果，其中有效的发明专利数量是衡量创新成果的重要指标。

（5）新产品销售收益：该指标反映了公司在市场中的竞争力。生物能源公司通过技术合作开发和制造新产品，并将其推向市场，从中获得经济利益。

（6）参与研发的单位数量：该指标反映了参与科技项目的单位数量，以及在产业创新环境中提供创新资源的能力。研发机构可提供技术、人才、设备、场地等方面的支持。

（7）技术市场上的国家合约交易总额：该指标能够反映技术转移在中介市场上的活跃程度，间接反映技术转移和扩散的情况，能对各合作主体产生重要影响。

（8）财政科研经费在财政支出中的比重：这两项指标反映了国家对技术创新的支持和关注。企业要想进行创新，仅凭自身资金是远远不够的，必须寻求国家财政支持。

（9）金融机构提供的资金在科学技术活动资金中所占的比重：该指标反映了金融市场对创新行为的支持程度。金融机构可以为企业的创新活动提供大量的创业资本、融资、贷款等服务，有效解决企业在创新过程中的融资问题。

9.1.4 相关实证模型构建

为了研究区域协调发展、国外市场协同对能源结构转型的影响，以及国外市场协同发挥的调节作用，本章以区域协调发展（$Rcoo$）为解释变量，能源结构转型（$energy$）为被解释变量，国外市场协同（CFM）为调节变量，在控制其他变量的基础上，构建了以下模型：

$$energy_{i,t}=\alpha_0+\alpha_1 Rcoo_{i,t}+\alpha_i Controls+\lambda+\gamma+\varepsilon_{i,t} \quad \text{式 9-5}$$

$$energy_{i,t}=\alpha_0+\beta_1 CFM_{i,t}+\alpha_i Controls+\lambda+\gamma+\varepsilon_{i,t} \quad \text{式 9-6}$$

$$energy_{i,t}=\alpha_0+\alpha_1 Rcoo_{i,t}+\beta_1 CFM_{i,t}+\beta_2 Rcoo_{i,t}*CFM_{i,t}+\alpha_i Controls+\lambda+\gamma+\varepsilon_{i,t}$$

式 9-7

其中，i 表示城市，t 表示时间。$energy$ 表示被解释变量能源结构转型，$Rcoo$ 表示解释变量区域协调发展，CFM 表示调节变量国外市场协同，$Controls$ 表示控制变量。此外，对时间固定效应（λ）、地区固定效应（γ）

进行控制，$\varepsilon_{i,t}$ 为随机误差项。

9.1.5 回归结果与分析

9.1.5.1 各变量的描述性统计

首先对变量进行描述性统计，包括标准差、中位数、均值和极值等多个指标，以揭示本章相关变量的整体情况和内在规律，结果如表9-2所示。由描述性统计表可以看出，能源结构转型升级（energy）的极小值为5.041，极大值为6.252，说明不同省份的能源结构差异较大，中位数为5.471，均值为5.535，均值小于中位数，说明有一部分省份的能源结构转型升级情况较差。区域协同发展（Rcoo）的极大值为0.707，极小值为0.287，标准差为0.108，说明不同省份的区域协同发展程度存在不均衡的状况；中位数为0.399，均值为0.425，中位数小于均值，说明有一部分省份的区域协调发展程度较低。国外市场协同（CFM）的极大值为1.712，极小值为0.008，标准差为0.363，说明不同省份之间的国外市场协同发展程度存在较大的差异；中位数为0.142，均值为0.311，中位数远小于均值，说明有一部分省份与国外市场的协同程度较高。其他控制变量的描述性统计情况与相关文献类似，在此不再赘述。

表 9-2 描述性统计

变量	sd	N	p50	mean	min	max
energy	0.359	570	5.471	5.535	5.041	6.252
Rcoo	0.108	570	0.399	0.425	0.287	0.707
CFM	0.363	570	0.142	0.311	0.00800	1.712
govz	0.0820	570	0.201	0.213	0.101	0.395
ind	0.128	570	2.302	2.311	2.060	2.586
town	0.141	570	0.532	0.546	0.328	0.863
FDI	1.686	570	5.455	5.154	0.566	7.529
finance	0.893	570	2.745	2.901	1.702	5.180
human	0.00600	570	0.0180	0.0180	0.00700	0.0300
hit	0.0360	570	0.0550	0.0620	0.0210	0.152

9.1.5.2 相关性分析

本章主要变量相关性分析如表 9-3 所示，从表中可以看出，区域协同发展（Rcoo）与能源结构转型升级（energy）呈现出显著的正相关关系，国外市场协同（CFM）与能源结构转型升级（energy）也呈现出显著的正相关关系，为下一步回归检验提供了支持。其他变量，如政府支持、产业结构、城镇化水平、地区金融发展水平、外商投资水平、人力资本水平、信息化水平等均与能源结构转型升级（energy）呈现出显著的相关性，说明选取的控制变量是合适的。

表 9-3 相关性统计

变量	energy	Rcoo	CFM	govz	ind	town	FDI	finance	human	hit
energy	1.000	—	—	—	—	—	—	—	—	—
Rcoo	0.652***	1.000	—	—	—	—	—	—	—	—
CFM	0.431***	0.630***	1.000	—	—	—	—	—	—	—
govz	0.130***	−0.075*	−0.392***	1.000	—	—	—	—	—	—
ind	0.598***	0.825***	0.421***	0.062	1.000	—	—	—	—	—
town	0.649***	0.927***	0.678***	−0.112***	0.775***	1.000	—	—	—	—
FDI	0.204***	0.512***	0.471***	−0.614***	0.418***	0.529***	1.000	—	—	—
finance	0.612***	0.744***	0.417***	0.379***	0.665***	0.652***	0.008	1.000	—	—
human	0.357***	0.698***	0.311***	−0.032	0.608***	0.743***	0.472***	0.440***	1.000	—
hit	0.136***	0.039	−0.061	0.198***	0.070*	−0.032	−0.190***	0.180***	−0.048	1.000

注：***、*分别代表在1%、10%的水平上显著。

9.1.6 区域协同对能源结构转型升级的回归分析

区域协同发展与能源结构转型升级的回归检验结果如表 9-4 所示，其中回归（1）为未加入相关控制变量的回归结果，回归（2）为加入相关控制变量后的回归结果，可以看到加入相关控制变量后，模型的 R^2 从 0.9022 上升到 0.9097，模型的解释力增强。从回归（2）可以看出，区域协调发展（Rcoo）对能源结构转型升级（energy）的回归系数为 0.856，在 1% 的水平上显著为正，区域协调发展（Rcoo）显著促进了能源结构转型升级（energy）。

表 9-4 区域协同发展与能源结构转型升级回归结果

变量	(1) energy	(2) energy
Rcoo	0.638*** (2.680)	0.856*** (3.298)
govz	—	−0.099 (−0.397)
ind	—	0.271*** (3.198)
town	—	0.536** (1.982)
FDI	—	−0.047*** (−4.552)
finance	—	−0.046** (−2.070)
human	—	−8.746** (−2.581)
hit	—	0.005 (0.011)
_cons	5.263*** (51.661)	4.804*** (21.156)
Year	Yes	Yes
Province	Yes	Yes
n	570	570
R^2	0.9022	0.9097
adj. R^2	0.8931	0.9001
F	7.183	6.358

注：***、** 分别代表在1%、5%的水平上显著。括号内的为稳健性检验结果。

9.1.7 国外市场协同对能源结构转型升级的回归分析

国外市场协同发展与能源结构转型升级回归检验结果如表9-5所示，其中回归（1）为未加入相关控制变量的回归结果，回归（2）为加入相关控制变量后的回归结果，可以看到加入相关控制变量后，模型的R^2从0.9035上升到0.9103，模型的解释力增强。从回归（2）可以看出，国外市场协同（CFM）对能源结构转型升级（energy）的回归系数为 0.136，在 5% 的水平上显著为正，国外市场协同（CFM）显著促进了能源结构转型升级（energy）。

表 9-5　国外市场协同发展与能源结构转型升级回归结果

变量	（1）energy	（2）energy
CFM	0.263*** （5.385）	0.136** （2.139）
govz	—	0.010 （0.037）
ind	—	0.285*** （3.129）
town	—	0.377 （1.196）
FDI	—	−0.022** （−2.049）
finance	—	−0.060** （−2.570）
human	—	−16.075*** （−4.094）
hit	—	0.108 （0.191）
_cons	5.568*** （836.788）	5.258*** （19.623）
Year	Yes	Yes
Province	Yes	Yes
n	570	570
R^2	0.9035	0.9103
adj. R^2	0.8947	0.9007
F	28.996	8.656

注：***、**分别代表在 1%、5% 的水平上显著。括号内的为稳健性检验结果。

9.1.8　国外市场协同的调节作用

国外市场协同调节作用的回归检验结果如表 9-6 所示，其中回归（1）

为未加入区域协同和国外市场协同交互项（$Rcoo \times CFM$）的回归结果，回归（2）为加入区域协同和国外市场协同交互项（$Rcoo \times CFM$）的回归结果。在回归（1）中，区域协同对能源结构升级（$energy$）的回归系数均在1%的水平上显著为正，在回归（2）中，可以看到区域协同和国外市场协同交互项（$Rcoo \times CFM$）的回归系数为0.795，在5%的水平上显著为正，说明国外市场协同正向调节区域协同对能源结构升级的促进作用。

表 9-6　国外市场协同调节作用回归结果

变量	(1) energy	(2) energy
$Rcoo$	0.848***	0.406
	(3.264)	(1.411)
CFM	0.041	−0.218
	(0.714)	(−1.418)
$Rcoo \times CFM$	—	0.795**
		(2.423)
$govz$	−0.064	−0.085
	(−0.253)	(−0.300)
ind	0.275***	0.302***
	(3.237)	(3.202)
$town$	0.604**	0.507
	(2.106)	(1.578)
FDI	−0.047***	−0.033***
	(−4.491)	(−2.829)
$finance$	−0.046**	−0.054**
	(−2.075)	(−2.158)
$human$	−7.913**	−16.390***
	(−2.207)	(−4.169)
hit	0.033	0.075
	(0.064)	(0.133)
$\_cons$	4.738***	5.059***
	(19.317)	(18.108)
Year	Yes	Yes
Province	Yes	Yes
n	570	570
R^2	0.9098	0.9113
adj. R^2	0.9000	0.9015
F	5.703	7.603

注：***、**分别代表在1%、5%的水平上显著。括号内的为稳健性检验结果。

9.1.9 稳健性检验

为对实证结果的稳健性进行检验，同时考虑内生性的影响，采用解释变量滞后一期回归和剔除直辖市的样本两种方法进行检验。

第一，将解释变量进行滞后一期处理，然后将其带入回归模型，重新进行回归，结果如表 9-7 第 2 列所示，可以看到滞后一期的区域协同发展（$Rcoo_{T-1}$）对能源结构转型升级（$energy$）的回归系数为 1.013，在 1% 的水平上显著为正，结果与前述一致。

第二，考虑到四大直辖市的经济发展水平较高，区域协同能力较强，且较早进行能源结构转型，与其他省、自治区存在一定的差异，因此对直辖市样本进行剔除，重新进行回归检验，结果如表 9-7 第 3 列所示，可以看到区域协同发展（$Rcoo$）对能源结构转型升级（$energy$）的回归系数为 0.597，仍在 5% 的水平上显著为正，结果与前述一致。

上述稳健性检验结果表明，实证结果具有稳健性。

表 9-7 稳健性检验结果

变量	滞后一期回归 energy	剔除直辖市样本 energy
$Rcoo_{T-1}$	1.013*** （3.709）	—
$Rcoo$	—	0.597** （1.994）
$govz$	−0.204 （−0.787）	−0.430 （−1.496）
ind	0.189* （1.890）	0.290*** （2.699）
$town$	0.473 （1.631）	0.405 （1.113）
FDI	−0.049*** （−4.633）	−0.028** （−2.379）
$finance$	−0.040* （−1.802）	0.010 （0.385）
$human$	−5.987* （−1.652）	−10.934** （−2.523）

续表

变量	滞后一期回归 energy	剔除直辖市样本 energy
hit	−0.039	−0.004
	（−0.075）	（−0.006）
$\_cons$	4.952***	4.784***
	（19.715）	（15.041）
$Year$	Yes	Yes
$Province$	Yes	Yes
n	540	494
R^2	0.9121	0.9069
$adj.\ R^2$	0.9024	0.8961
F	5.496	3.662

注：***、**、*分别代表在1%、5%、10%的水平上显著。括号内的为稳健性检验结果。

9.1.10 异质性分析

考虑到我国省份较多，东、中、西部发展不平衡的情况依然存在，地域性的差异可能导致区域协同发展程度不同，因而影响能源结构转型升级。因此，根据省份将样本分为东部和中西部两组，分别进行回归检验，结果如表9-8所示，在中西部地区组的回归中，区域协同发展（$Rcoo$）对能源结构转型升级（$energy$）的回归系数未通过显著性检验；而在东部地区组的回归中，区域协同发展（$Rcoo$）对能源结构转型升级（$energy$）的回归系数为2.476，在1%的水平上显著为正。这说明区域协同发展（$Rcoo$）对能源结构转型升级（$energy$）有促进作用，且在不同的地区存在差异，在东部地区，这种促进作用更加明显。

表9-8 异质性分析结果

变量	中西部 energy	东部 energy
$Rcoo$	−0.168	2.476***
	（−0.523）	（4.099）
$govz$	0.065	0.511
	（0.192）	（0.921）

续表

变量	中西部 energy	东部 energy
ind	0.272** （2.567）	0.230 （1.573）
town	0.720* （1.777）	0.807 （1.648）
FDI	−0.019 （−1.569）	−0.075*** （−2.852）
finance	0.038 （1.246）	−0.155*** （−4.259）
human	3.032 （0.644）	−16.179** （−2.229）
hit	−0.559 （−0.777）	−0.888 （−0.968）
_cons	4.458*** （14.144）	4.702*** （10.537）
Year	Yes	Yes
Province	Yes	Yes
n	361	209
R^2	0.8600	0.9223
adj. R^2	0.8405	0.9061
F	1.991	6.440

注：***、**、*分别代表在1%、5%、10%的水平上显著。括号内的为稳健性检验结果。

9.2 跨国并购协同联动对能源发展的案例分析

2016年，荷兰皇家壳牌公司成功完成对英国石油与天然气公司（BG Group）的收购，这一并购案例被视为能源行业历史上的一次重要事件。这次并购将两家能源巨头合并为一体，从而形成了一个更加庞大和综合的能源公司，在全球能源市场上产生了广泛的影响。首先，这次并购加强了壳牌公司在液化天然气（LNG）领域的地位。BG Group 在 LNG 方面拥有丰富的经验和资产，通过这次收购，壳牌公司扩大了其在 LNG 生产、运输和销售方面的市场份额，进一步巩固了其在全球 LNG 市场的领先地位。其次，这次交易也帮助壳牌公司在深水勘探和生产领域取得了显著突破。BG Group 在深水领域有着丰富的资源和技术，它帮助壳牌加速深水项目的开发，增加了其在这一关键领域的竞争力。再次，壳牌公司通过收购 BG Group 获得了更广泛的全球资产组合，包括在巴西、澳大利亚等地的重要项目和资源。这一多样化的资产组合使得壳牌公司能够更好地应对市场波动和能源供应的不确定性。最后，这次并购还反映了能源行业的趋势，即能源公司寻求通过合并和收购来增强其全球竞争力，提高效益并降低成本。这次成功的收购案例在全球范围内产生了示范效应，引发了其他能源公司之间的一系列合并和收购活动，重塑了全球能源市场格局。

1. 背景

壳牌公司的历史可以追溯到 1907 年，这家全球领先的综合性能源公司总部分别在荷兰和英国。公司以卓越的能源价值链业务而闻名，其业务涵盖了石油和天然气的各个环节，包括勘探、生产、炼油、化工及销售等领域。通过不断的创新和技术进步，壳牌公司一直在满足全球不断增长的能源需求方面发挥着关键作用。作为一家注重可持续发展的公司，壳牌公司将可持续性视为核心价值观之一。其不仅在提高能源效率和减少环境影响方面积极努力，还致力于开发和推广新能源解决方案，包括投资太阳能、风能、电动汽车充电基础设施等领域，以帮助塑造未来的能源格局。壳牌公司的全球影响力不仅仅局限于能源领域，其还在可持续社会发展方面扮演着积极角色，通过支持教育、环境保护和社会项目来回馈社会。同时，壳牌公司的创新和技术领先地位使其成为能源行业的领袖，其不仅满足了能源需求，还为人类社会的可持续发展提供了关键支持。在不断演变的能源市场格局中，壳牌公司始终站在前沿，不断适应和塑造未来的能源格局。

BG Group 曾经是一家以天然气为主要业务的国际性能源公司，其独立运营时，在全球范围内拥有丰富的天然气资源，包括涉及 LNG 的业务。公司通过领先的 LNG 生产和运输技术，在国际市场上发挥重要作用。然而，2016 年，BG Group 被壳牌公司成功收购，这次收购将两家公司的能力和资源整合在一起，产生了协同效应，进一步推动了可持续能源发展和全球能源市场的变革。通过这一并购，壳牌公司增强了在天然气领域的实力，将

BG Group 的天然气专业知识与自身的全球资源相结合，为满足未来能源需求和减少碳排放做出了积极贡献。这一合并也标志着壳牌公司在天然气领域的领导地位得以进一步巩固。

2. 协同联动的措施

（1）资源整合

通过收购 BG Group，壳牌公司获得了更多的天然气资源，特别是 LNG 领域的专业知识。这使得壳牌公司在全球范围内能够更好地整合天然气价值链。BG Group 是一家在液化天然气领域具有丰富经验的公司，其资产分布在世界各地，拥有庞大的液化天然气生产和运输设施。通过并购 BG Group，壳牌公司成功获取了这些关键资源，进一步丰富了其天然气储备和供应渠道。这一战略决策使壳牌公司得以更好地满足全球不断增长的天然气需求，确保了原材料供应的稳定性。具体而言，这种资源整合不仅帮助壳牌公司确保了更稳定的原材料供应，还提高了其在全球市场上的竞争力。LNG 市场的需求不断增加，而壳牌公司正好处于这个领域的领先地位。BG Group 的专业知识和现有资产为壳牌公司提供了强大的竞争优势，使其能够更好地满足客户的需求，同时也提供了更多的灵活性，以适应市场变化。由于 BG Group 在 LNG 领域具备丰富的专业经验，壳牌公司能够借助其技术和人才资源，更高效地进行 LNG 项目的开发和运营，这包括从生产到运输再到销售的全过程，壳牌公司由此能够更好地掌握整个价值链，降低成本，提高效率，从而提供更具竞争力的产品和服务。

这一整合也为壳牌公司提供了更多的发展机会，进一步巩固了其在能源领域的领导地位。在全球范围内，壳牌公司的天然气业务不仅增长迅速，还实现了更多的创新和可持续发展。通过跨国并购协同联动，壳牌公司不仅扩大了其天然气业务，还巩固了其在能源市场的地位，为其未来的发展提供了坚实的基础。这一案例展示了跨国并购如何能够通过资源整合和专业知识的融合，对能源行业的发展产生积极影响。

（2）技术共享

这个案例展示了如何通过技术共享在天然气行业实现协同效应，从而提高生产效率、降低生产成本，并推动整个行业的技术进步。壳牌公司和 BG Group 合并后，双方开始共享先进的天然气开发技术，这包括探索新的开采方法和提高生产效率的创新技术。通过共享最佳实践和经验，双方能够更有效地开发油气资源，减少浪费，并提高采收率。这不仅有助于提高产量，还有助于延长资源的寿命，确保能源供应的持续性。同时，技术共享还有助于降低生产成本。双方可以共同研发和采用节能和成本节约型技术，减少能源开采和生产过程中的浪费。这种合作使双方能够更有效地降低成本，并在竞争激烈的市场中保持竞争力。通过共享先进技术，壳牌公司和 BG Group 可以共同努力减少天然气开发对环境的不利影响，共同研发环保技术，减少排放和废物产生，减轻对周围生态系统的影响。这种环保举措有助于提高行业的可持续性，并符合国际社会的环境法规和标准。最重要的是，技术共享为双方带来了更多的创新机会。合并后，壳牌公司和 BG Group 可以共同投入更多资源和资金进行研发，加速新技术的推出。这不仅有助于提高双方的竞争力，还能够帮助其在全球能源市场上占据更具影响力的地位。

首先，技术共享有助于提高生产效率，因为合并或并购可以使公司在资源分配和生产流程方面更加高效。这意味着能源公司能够以更低的成本生产能源，从而降低能源价格，使消费者受益。其次，技术共享有助于减少环境影响。通过共享环保技术，能源公司可以更有效地减少碳排放和其他有害物质的释放，降低对环境的不良影响，这对于实现可持续发展目标至关重要。再次，技术共享还推动了整个能源行业的技术水平提升。当不同国家或公司合并或共同投资时，它们通常会将各自的技术和研发能力合并，以创造更先进的能源解决方案。这有助于促进创新，并在全球范围内推动能源技术的进步。最后，这种合作模式为能源公司在全球市场上取得成功和可持续增长提供了有力的支持。合并和并购可以帮助公司扩大其全球市场份额，增加竞争力，并更好地满足不断增长的能源需求。

（3）市场扩展

在能源行业，跨国并购协同联动是一种常见的策略，旨在实现市场扩展、资源整合以及提高竞争力。壳牌公司与 BG Group 的合并是一个典型的案例，展示了跨国并购协同联动如何对能源发展产生深远的影响。BG Group 的市场份额与壳牌公司合并整合后，使壳牌公司能够更广泛地满足全球能源需求。壳牌公司因此扩大了其在 LNG 市场的市场份额，成为全球领先的 LNG 供应商之一，使得壳牌公司在 LNG 领域的竞争力显著提升。BG Group 在多个地区拥有 LNG 项目和资源，包括澳大利亚、巴西等地。通过整合这些资产，壳牌公司不仅在 LNG 市场上提升了自己的地位，还巩固了其在全球能源市场中的地位。这使得壳牌公司能够更好地与其他能源巨头竞争，争取更多的市场机会。LNG市场迅速扩展，为壳牌公司创造了更为稳固和持久的盈利机会。全球能源需求不断增长，LNG作为清洁能源的地位不断提升，这为壳牌公司提供了持续发展的机会。通过与BG Group合并，壳牌公司能够更好地满足这一增长需求，确保公司能够长期实现经济增长。

壳牌公司与BG Group的合并案例展示了跨国并购协同联动对能源发展的积极影响。通过整合市场份额、资源和地区优势，壳牌公司不仅提高了其在LNG领域的市场份额，还巩固了其在全球能源市场中的地位。这一战略不仅有助于公司实现短期盈利，还能为其创造长期可持续的经济增长机会。由此可见，跨国并购协同联动是能源行业中实现市场扩展和竞争力提升的有效途径之一。

3. 协同联动的好处

（1）提升能源供应安全性

通过整合更多的资源和多元化的供应来源，壳牌公司能够降低供应链的脆弱性。当某个地区或供应商受到不可预测的挑战或突发事件的影响时，公司可以依靠其他资源来弥补损失，保持供应的连续性。这种多元化的供应策略有助于减少公司在面临供应链问题时的风险。同时，促使壳牌公司能够更加灵活地调整其供应链，以适应市场的波动和变化。公司可以更容易地重新分配资源，优化生产和分销网络，以满足不同地区和市场的需求。这种灵活性使壳牌公司能够更好地应对突发性事件，如自然灾害、地缘政治紧张局势或能源价格波动。另外，跨国并购可以帮助壳牌公司分散其供应来源，减少对特定地区的依赖。这有助于降低地缘政治风险，因为公司不再过度依赖来自某个地区或国家的能源供应。这种多元化还有助于减少国际政治经济事件对公司的潜在影响。当然，协同联动也有助于提高能源供应的可持续性。通过整合可再生能源、清洁技术和能源效率措施，壳牌公司可以更好地满足全球对可持续能源的需求。这有助于公司在未来的能源市场中保持竞争优势，并适应不断加强的环保法规。总之，协同联动使壳牌公司能够提升其能源供应的安全性，壳牌公司可能通过多元化和灵活性来降低风险，并更好地满足全球不同地区的能源需求。这有助于公司在竞争激烈的能源市场中取得竞争优势，并为可持续能源未来提供支持。

（2）推动可持续发展

协同联动对于推动能源行业的可持续发展具有重要意义。首先，通过协同联动，公司能够更好地应对能源行业的挑战，包括能源资源的有限性、环境污染及能源供应的不稳定性。这种协同联动有助于公司在各个层面上进行资源的共享和优化，降低了能源生产和运营的成本，同时也减少了对有限自然资源的过度开采。其次，协同联动也能够帮助公司更快速地实现可持续发展目标。以壳牌公司为例，其通过跨国并购加速转型，将业务重心逐渐从传统石油向更为环保和可持续的能源形式转移，如 LNG。这一转型不仅有助于满足社会对环保的日益增长的期待，还能够满足政府和国际机构减少碳排放和气候变化的压力。通过在可持续能源领域的投资和创新，公司能够更好地适应未来的市场需求和环境法规，为长期可持续成功奠定坚实基础。最后，协同联动也有助于推动全球范围内的可持续发展。跨国公司在不同国家和地区的合作和投资能够促进技术和经验的传递，加速可持续能源解决方案的普及和推广。这有助于全球范围内减少温室气体排放和环境破坏，为未来创造更加可持续的生活条件。

（3）提高竞争力

跨国并购不仅令壳牌公司在全球范围内更有竞争力，还为公司带来了多重益处。首先，通过跨国并购，壳牌公司能够实现资源和优势的整合，这有助于公司更好地应对市场波动和国际政治经济变化，不再依赖单一市场或国家，公司能够分散风险，降低了受特定地区经济情况影响的风险，从而提高了竞争力。其次，跨国并购也为壳牌公司提供了更广阔的市场和客户基础。这意味着公司可以更轻松地推广其产品和服务，吸引更多国际客户。这种多元化的市场鼓励技术创新和效率提升，因为公司需要不断提高其产品和服务，以满足不同市场的需求。这进一步提高了壳牌公司的竞争力，使其在全球范围内更具吸引力。再次，跨国规模的经营优势还增强了壳牌公司在全球市场上的影响力。公司的品牌在不同国家和地区更为知名，有助于吸引更多的客户和合作伙伴。这种全球影响力不仅提高了公司的市场份额，还为未来的业务拓展和多元化提供了坚实的基础。综合而言，跨国并购不仅提高了壳牌公司在全球市场上的竞争力，还为其未来的成长和多元化提供了重要支持，巩固了其在能源行业的领导地位。这使得公司能够更好地适应不断变化的市场环境，实现可持续增长，并为股东和投资者创造更大的价值。

4. 协同联动的问题

尽管壳牌公司收购 BG Group 带来了许多积极影响，但也存在一些潜在的挑战和问题。这一重大并购交易旨在增强壳牌公司在能源行业的地位，并为其在石油、天然气和 LNG 等多个领域的业务提供了更广泛的国际市场准入可能性。然而，尽管交易在战略上带来了一系列优势，如规模扩张、资源多元化和战略地理位置的提升，但也伴随着一些令人担忧的挑战。这些挑战可能涵盖从业务整合到市场波动及环境可持续性等多个方面，需要壳牌公司及其管理团队认真应对和解决。以下将深入探讨这些潜在问题，并分析它们对壳牌公司及整个能源行业的影响。

（1）整合难题：文化差异的影响

壳牌公司和 BG Group 作为两家跨国公司，在文化、管理风格和组织结构方面存在显著的差异。这种差异可能导致以下挑战。首先，不同的企业文化和管理风格可能导致员工之间的沟通问题和不适应。员工可能会感到困惑，不清楚如何在新组织中找到自己的定位，这可能影响团队的协同合作。其次，文化差异可能引发员工的不满情绪，因为他们可能感到自己的价值观和工作方式受到了影响。如果不及时处理，这可能导致员工流失，损害整合后的组织稳定性。最后，整合过程中的文化冲突和不协调可能会分散员工的注意力，导致业绩下滑。员工可能会花更多的时间解决内部问题，而不是专注实现公司的战略目标。

（2）市场波动：战略的灵活调整

市场波动对能源行业的影响不容忽视，这些波动通常受到多种因素的影响，包括全球能源需求的波动、国际政治经济事件的发展，以及新能源技术的涌现。壳牌公司等能源公司必须在这个多变的环境中提高战略的灵活性，以保持竞争力和盈利能力。

首先，全球市场的动荡要求公司具备灵活的战略规划。能源并购是一个关键的战略举措，能够帮助公司在市场波动中获得竞争优势。然而，这些并购需要适应不断变化的市场条件。壳牌公司必须随时准备调整其战略方向，以便在市场趋势发生变化时能够迅速做出反应。这可能包括扩大或缩减某些业务领域，重新配置资源，或者寻求新的市场机会。其次，对国际政治经济风险的敏感性对于能源公司至关重要。国际政治事件和经济波动可能导致能源价格的波动，同时也可能对公司的运营和投资产生不利影响。壳牌公司必须不断监测和评估这些风险，以便及时做出反应。这可能包括改变供应链战略，调整市场定位，或者采取其他措施来减轻风险。此外，灵活性还包括对新技术和创新的接纳。能源行业正经历着快速的技术变革，包括可再生能源、电动汽车和智能网格等领域的创新。壳牌公司必须积极投资于研发和采纳这些新技术，以确保在未来的能源格局中保持领先地位。这可能涉及与创新公司的合作，推动内部研发项目，以及调整产品和服务组合以适应市场的需求变化。

（3）环境监管：合规经营的重要性

环境监管在能源行业，特别是天然气开发和LNG生产方面，扮演着至关重要的角色。壳牌公司必须高度重视合规经营，因为这直接关系到公司的声誉、法律风险和可持续性经营。当前，各国和国际环境法规对能源行业的监管日益趋严格。未遵守这些法规可能导致重大法律后果，包括罚款、法律诉讼和项目暂停。合规经营可以帮助壳牌公司避免这些风险，确保业务在法律框架内运作。

能源公司对环境的负责不仅体现在法律上，还包括社会和道义层面。合规经营有助于公司履行其环境责任，降低其对生态系统的负面影响，提高社会声誉。同时，合规经营还要求公司加强监测和报告机制，确保透明度和可追溯性。这不仅有助于满足法规要求，还增强了其与利益相关者的沟通和信任。此外，合规经营与可持续性发展目标相协调。通过减少环境影响、提高资源效率和推动清洁能源转型，公司可以为未来的能源格局做出贡献，同时满足环保要求。因此，在并购过程中，合规经营尤为关键，因为公司往往会继承被收购公司的环境责任和法律风险。在并购决策中，壳牌公司必须充分考虑环境合规问题，进行尽职调查，确保被收购资产符合法规，避免可能引发的法律纠纷和带来的环境负担。能源行业的环境监管和合规经营不仅是法律要求，也是企业的社会责任。壳牌公司必须积极采取措施，建立完善的环境管理体系，以确保其业务在合规框架内运营，同时积极参与可持续性发展，以满足未来的环保目标。这不仅有助于降低法律风险，还有助于提升公司的可持续性和声誉。

（4）成本控制：整合过程中的财务策略

成本控制在并购过程中至关重要，特别是对于壳牌公司这样的大型能源公司。以下是在整合过程中实施财务策略的一些关键要点：首先是识别重叠和冗余部分，壳牌公司应该进行深入分析，确定并购中存在的重叠和冗余的部分，包括人力资源、设备、技术和流程。通过清晰识别这些方面，公司可以有针对性地降低成本，避免不必要的资源浪费。一旦重叠和冗余部分被确定，壳牌公司需要精细制定整合计划。这个计划应该明确规定哪些资源将被保留，哪些将被削减或整合，以及如何管理员工和技术的转移。整合计划的执行需要明确的时间表和监督机制。

在整合过程中，财务透明度也至关重要。壳牌公司必须确保财务信息和数据准确且可供管理层和投资者查看。这有助于评估整合过程的进展，以及识别潜在的财务挑战。合理规划资本管理对于确保整合后的公司财务稳健非常重要，这包括确定合适的资本结构、管理债务和股本，以及优化资金的使用。公司还应该考虑如何降低融资整合过程中的成本，并确保不会对公司的长期财务健康造成负面影响。在整合过程中，壳牌公司应该识别并管理潜在的风险，特别是与财务方面有关的风险。这包括监控汇率波动、市场变化和法律风险等，以避免不必要的损失。最终，财务策略的合理规划和执行将有助于壳牌公司确保整合后的公司能够在财务方面稳健运营，并为未来的发展提供可持续的资金支持。这将有助于公司实现合并、并购的战略目标，同时避免增加不必要的费用。

5. 结论

壳牌公司收购 BG Group 的案例表明，跨国并购协同联动对能源发展具有重要的推动作用。通过资源整合、技术共享和市场扩展，公司能够提升能源供应安全性、推动可持续发展并提高竞争力。然而，需要认识到整合过程中可能面临的挑战，并采取有效措施来解决这些问题，以确保收购能够实现预期的战略目标。首先，跨国并购可能涉及不同文化、法律和业务环境的融合，这可能会导致管理层和员工之间的摩擦。为了成功整合，公司需要建立一个跨文化团队，培训员工以适应新的工作方式，并制定明确的文化整合计划，以促进团队理解和信任。其次，技术整合是一个关键挑战。不同公司可能使用不同的技术平台和系统，将它们整合在一起可能会导致系统不兼容和数据丢失的问题。因此，公司需要投入足够的资源来确保技术整合的顺利进行，以确保数据的准确性和安全性。此外，市场扩展可能需要应对竞争对手和监管机构的挑战。公司需要进行市场研究，了解目标市场的法规和竞争格局，制定合适的市场战略，并与监管机构合作以确保合规性。在不断变化的能源市场中，灵活性和创新将是公司成功的关键因素。公司需要不断调整战略，适应市场变化，积极寻找新的商机，并积极投资研发和创新，以保持竞争优势。

总之，跨国并购给能源行业带来了机遇和挑战。公司可以通过资源整合、技术共享和市场扩展来实现战略目标，但同时也需要认识到可能出现的问题，并采取适当的措施来解决这些问题，以确保成功整合并实现可持续的发展。在不断变化的市场中，灵活性和创新将是公司取得成功的关键要素。

10 结论与政策建议

10.1 结论

在当前全球经济一体化和气候变化的大背景下,市场协同联动和能源转型已成为推动可持续发展的关键因素。通过对国内外市场协同联动的背景、理论基础、现状分析,以及能源转型的研究现状、挑战与机遇进行深入探讨,本研究揭示了两者之间的内在联系和相互作用机制,为理解并推动能源转型提供了新的视角。研究发现,市场协同联动不仅促进了区域经济的整体发展,而且在能源转型中起到了关键作用。市场协同联动通过资源共享、技术创新和市场择优,为能源转型提供了强有力的动力和支持。这种联动关系特别体现在技术创新和资源优化配置上,有助于推动能源结构的优化和清洁能源技术的广泛应用。

市场协同联动通过促进资源共享、技术交流和市场扩张,为能源转型创造了有利条件。国内市场协同联动的分析表明,地区之间的紧密合作有助于整合资源、优化能源结构、促进清洁能源的开发和利用。然而,地区之间也存在合作不足和资源分配不均等问题,这些问题的解决需要政策引导和制度创新。在国际层面,通过比较分析国外市场协同联动的案例,本研究发现跨国合作模式和国际竞争格局对能源转型有重要影响。特别是跨国并购活动,它不仅促进了技术和资本的流动,还加速了清洁能源技术在全球的传播和应用,对能源转型起到了积极作用。通过对国内外市场协同联动现状进行深入分析发现,尽管各国在市场协同联动的策略和实施方式上存在差异,但共同点在于各国都认识到了协同联动在促进经济发展和能源转型中的重要性。国外的成功经验,尤其是在政策制定、跨界合作和技术创新方面的实践,为我国提供了重要的借鉴。

此外,本研究还关注了我国重大国家发展战略区的经济和能源转型现状,通过深入分析京津冀、长江经济带、长三角、粤港澳大湾区和黄河流域的具体情况,揭示了区域协同发展与能源转型的紧密联系。这些区域的发展策略和实践经验为我国其他地区的能源发展提供了重要借鉴。针对不同产业部门的能源转型，本研究通过分析农业、制造业、交通运输业和服务业的转型现状和挑战，提出了相应的对策和建议。产业部门的协同联动对于促进能源效率提高和低碳发展具有关键作用。通过对重大国家发展战略区的案例分析，研究发现协同联动对于促进区域经济发展和能源转型具有显著影响。特别是在京津冀、长三角、粤港澳大湾区等区域，通过政策引导和市场机制，已经形成了较为成熟的协同发展模式，这为能源转型提供了有效的实践路径和借鉴经验。而不同产业部门之间的协同联动对于能源转型也具有重要意义，尤其是在制造业、交通运输业和服务业等领域，通过促进产业链上下游的紧密合作，能够有效提升能源利用效率，推动清洁能源技术的应用和能源消费结构的优化。

综上所述，市场协同联动与能源转型之间存在着复杂而深刻的相互作用。为了推动能源转型和实现可持续发展目标，需要政府、企业和社会各界共同努力。政策建议方面，本研究强调了加强国际合作、优化跨国并购政策、深化能源转型产业政策和激励绿色投资的重要性。通过这些综合措施，可以促进市场协同联动，加速能源转型进程，为我国乃至全球的可持续发展贡献力量。通过加强市场协同和促进能源结构的优化转型，可以有效推动我国经济的高质量发展和能源的可持续利用。同时，借鉴国内外成功经验，加强政策引导和支持，对于实现更加有效的市场协同联动和能源转型具有重要的理论和实践意义。

10.2 政策建议

10.2.1 政府方面

在能源转型发展领域，特别是在成本问题上，各国纷纷采取以政府为主体的强制或半强制措施，以保障其在生物能源产业中所占的份额及利益相关方的权益。目前，各国主要采取了法律、行政、税收、财政等多种措施，包括投资补偿、技术创新补贴、税收优惠、金融支持、政府绿色采购措施、强制生物能源消费、电价补贴等。

1. 财税政策

生物能源作为一种可再生能源，具有环保、可持续和低碳等特点，受到广泛关注和重视。尽管我国能源结构仍以煤炭为主，但随着经济发展加快和人民生活水平提高，人们对健康饮食的追求使得对可再生能源的需求不断增加，生物能源产业也得到了快速发展。在欧美发达国家，生物能源技术已相当成熟，并成为一些国家主要的发电和供暖方式。税收优惠和财政补贴是各国常用的激励政策手段，以鼓励企业进行绿色创新。

目前，欧洲各国在生物能源产出和消耗方面居全球首位，美国排名第二，两个主体共同推动了全球生物能源的发展。欧洲国家一直采取减免税收的优惠扶持政策来支持生物环保产品的发展。在欧盟成员国中，英国是石油和天然气的生产和出口大国，而其他一些成员国则是石油和天然气的消费大国。这些国家将本国能源安全战略置于首要位置，利用农作物生产生物能源成为缓解库存压力、减少财政负担和提高能源安全的主要途径。针对我国国情，应该积极发展生物能源产业。欧盟国家生产燃料乙醇的原材料主要是小麦和薯类，而我国拥有丰富的秸秆资源，但大部分被废弃或焚烧，由此造成环境污染和资源浪费。因此，我国应该大力发展秸秆资源利用方式，以推动生物能源产业的发展，实现能源的可持续利用。

2. 实行财政补贴

目前，中国生物能源产品在市场竞争力、投资回报率和消费者接受度方面存在不足。因此，财政补贴是中国政府最常采用的政策手段，以支持生物能源的发展。尽管中国政府已经制定了一系列支持可再生能源行业可持续发展的政策，但在生物能源发展方面的政策仍需更具操作性。相比之下，一些国家已经投入了大量资金，并出台了多项激励政策来推动生物能源的发展。例如，美国农业部通过资金补贴项目支持可持续和创新的生物化肥生产，帮助农民提高农作物产量。同时，政府也出台了禁止焚烧秸秆的法规，鼓励农民利用秸秆生产生物能源，并加强宣传推广，增进民众对秸秆资源利用价值的理解。综上所述，中国政府需要更积极地出台切实可行的政策，支持生物能源产业的可持续发展，提高其竞争力和投资回报率。

此外，政府还可设立专项资金，用于支持生物能源和生物化工领域的研发和基础设施建设。政府可鼓励农民和新兴开发者利用农林废料、非粮食作物等资源生产生物燃料，这样不仅可以有效利用资源，减少污染，还能创造更多就业机会。同时，建立生物能源技术研究中心，为生物能源技术的研究和开发提供资金和技术支持，并对采用生物能源替代传统能源的企业进行补贴。这将进一步改造传统产业，推动技术升级，增强经济的可持续发展。

3. 完善生物能源政府绿色采购措施

绿色采购是推动绿色经济发展的重要手段之一。尽管《政府采购法》为绿色采购制定了法律框架，但该法在某些方面仍存在模糊不清的规定。为促进清洁生物能源的绿色采购，政府应积极发挥示范作用，依法承担绿色采购的义务，积极完善清洁生物能源的采购措施，把更多的绿色和清洁生物能源产品纳入公开招标，为生物能源项目提供资金支持。同时，还应进一步完善生物能源相关产品的绿色采购政策实施机制。生物能源产品一旦被纳入品目名录并通过国家认证，将获得强制收购或政府优先收购权。此外，还应关注采购人的绿色采购责任、推广和实施绿色采购标准，实现绿色采购政策目标。

然而，需要注意的是，在实施绿色采购政策时，应注重统一的标准和评估体系的建立，确保采购过程公平、透明、科学。政府应积极推动相关部门、科研机构和企业之间的合作，共同制定和完善绿色采购的技术标准和认证体系。此外，还应加强对绿色采购的监督和评估，确保政策的有效实施和效果的实现。

4. 制定生物能源产业的发展规划和相关标准

目前我国的生物能源产业发展仍处于起步阶段，经验不足，因此应尽快制定生物能源产业发展规划和相关标准，引领生物能源产业朝着良好的发展方向前进。政府在培育生物燃料、开发生物燃料等方面应制定规划，在不同的发展阶段合理规划生产能力、市场占有率、推广力度等方面的发展。除了乙醇汽油已有较为完善的技术规范、产品和市场实施办法、技术和使用政策等系统化、规范性制度外，我国在其他生物能源产品方面还缺乏相应的规范和标准。为了防止市场混乱，需要对生物能源的安全生产和市场进行规范，并尽快制定符合我国生物能源特点的生产技术规范。

我国生物能源产业还存在行业管理机制不健全、市场准入政策法规体系不完善、技术标准不明确和发展规划不科学等突出问题，生物能源产业在发展过程中将面临日益激烈的国际竞争。因此，必须制定相关标准，积极创造有利条件，加快推进生物能源产业发展，推动生物能源技术创新。中国作为工业和制造业大国，传统工业，如钢铁、化工、水泥等行业的碳排放较高，应严格控制各产业部门的标准，促进其转型升级，加快发展新兴产业，减少能源消耗，实现经济发展与环境污染的脱钩。因此，可以制定一系列生物能源相关标准确保企业的快速转型发展。以乙醇燃料为例，可以制定乙醇燃料原料分析、质量控制方法、乙醇燃烧生产过程控制标准、质量标准分级和安全性评估等标准。此外，还应建立健全能源产业链的碳排放标准，加快能源企业由传统能源向生物能源的转变。通过制定这些标准，企业能够改进其产品标准和碳排放标准，以实现减污降碳的目标。确保能源标准的制定与技术创新和产业转型密切配合，为能源部门实现"碳达峰"和"碳中和"提供有力支撑，为环境保护做出更大的贡献，从而实现可持续的经济发展。

5. 建立健全生物能源的法律体系

法律法规可以作为具体执法的依据，以支持和引导生物能源企业快速健康发展。随着生物能源的蓬勃发展，我国已制定了许多相关的法律法规，《中华人民共和国可再生能源法》是我国首部关于可再生能源的法律。该法从宏观角度明确了可再生能源开发利用的范围、主体、责任等内容。根据该法律，可以制定一系列配套法规，对相关制度进行调整，构建生物能源法律体系。通过完善生物能源技术法律体系，建立相应的生物能源技术研究开发、生产利用和市场流通等方面的规章制度。例如，在京津冀区域，应尽快完善符合双碳目标的低碳技术规范标准体系，推动地方生物能源技术相关法律法规的建设。发挥法律法规的约束和引领作用，加快地方低碳技术标准的更新和升级，逐步推行低碳技术法规和标准体系。京津冀区域的中央企业、市属和省属的国有企业应发挥示范带动作用，先行先试，开展生物能源替代行动。

此外，可以建立专门的管理机构，对生物能源企业进行监管。为推动我国生物能源的开发与利用，必须充分发挥中央政府与地方政府的作用，采取"资源管理"与"部门治理"分离的理念，构建统一的监督机制，以有效解决各部门职能交叉、分割管理造成的责任错位问题。以农业部门为例，法规应涵盖生物能源生产中的土地使用，并对通过燃烧、非法采伐或两者兼而有之的森林砍伐行为进行严格管理。在种植园管理中，应用最佳做法管理和使用对环境无害的技术。

6. 加强区域合作建设推动生物能源企业发展

生物能源企业的加速发展及产业链的不断完善离不开交通运输。因此，京津冀多式联运系统的信息共享和运能调度平台的建立，可实现多种交通方式之间的信息互联互通，实现区域内的货物运能一体化，从而提高货物的运输效率和联运能力。就京津冀区域而言，推动京津冀能源低碳转型，应加强区域生物能源合作开发，推进生物能源基础设施互联互通，大力开发区域性生物能源资源，协同推进"碳达峰"工作，以北京率先"碳达峰"带动京津冀区域能源低碳转型。以北京经济技术开发区、河北雄安新区、天津滨海新区为支撑点，打通三地技术交易市场，构建连接京津冀的创新交易平台网络。加强区域技术合作，推动京津冀区域技术网建设，完善京津冀基础设施建设，交通运输互联互通，实现区域低碳转型发展。

7. 完善碳市场

根据人民银行的统计数据，目前有70多个国家和地区承诺在2050年实现净零排放。其中21个国家和地区拥有碳排放交易体系，覆盖的碳排放量约占全球的10%。自2011年起，中国开放了北京、天津、上海等7个省市的碳排放权交易试点，中国的碳市场发展迅猛，配额成交量规模在全球排名第二。为了加快国内碳交易市场的建设进程，特别是生物能源的碳交易体系，使中国各省市的生物能源生产企业能够参与碳交易，分享红利并从中受益，应积极建设国内碳交易市场。碳交易市场的建立还旨在向国际碳交易市场靠拢，使中国企业能够参与国内和国际碳市场的交易，获取更多的价值。

政府需要制定符合"双碳"目标的投资、融资和价格政策，建立适当的国家财政激励机制，并建立市场机制。同时完善碳市场要素建设，充分发挥碳排放权交易机制的作用，发展创新的碳减排交易和碳普惠交易机制，促进多方参与，扩大碳市场的影响力。加快建立全国统一的碳交易市场体系，促进能源生产消费革命，加强碳汇项目的开发管理，推动构建绿色金融体系，引导更多的社会资金流向低碳领域。完善绿色金融政策的规划设计，通过综合运用财政、金融、环保等政策，构建合理的激励和制约机制，实现资源的优化配置，逐步完善绿色金融体系。此外，政府还应加强与民间资本的合作，解决我国目前面临的资金短缺问题，缓解绿色低碳发展所面临的资源不足情况，构建一个统一、规范的绿色金融市场，推动绿色金融试点，支持金融机构创新绿色金融工具，充分发挥政府资本的引导和激励作用，完善应对气候变化的绿色金融顶层设计。以绿色金融为引领，逐步完善中国的碳市场，推动生物能源产业的发展。

10.2.2 企业方面

在实现双碳目标的过程中，加快形成绿色发展方式，推动生物能源协同创新，离不开企业的参与。双碳目标的提出，将对我国企业转型与创新产生持续影响，绿色低碳转型升级和可持续发展将成为企业高质量发展的必由之路。生物能源是可再生清洁能源之一，生物能源的发展与利用，与可持续科学发展观、循环经济等思想不谋而合，企业要顺应潮流，利用生物能源转型升级，高质量发展，为实现"双碳"目标做出更大的贡献。

1. 转变发展观念，进行产业结构升级

在国际经验的启示下，必须认识到，在经济和人口迅速增长的背景下，资源环境问题与经济发展之间的矛盾不断加剧。许多国家已经历了类似的挑战，而其中一些国家已经开始采取积极的措施，以平衡经济增长与环境保护之间的关系。例如，一些欧洲国家和北美地区的政府已经开始推动可持续发展战略，通过鼓励绿色技术创新和减少碳排放来实现经济增长。这些国家的做法表明，绿色发展已经成为应对气候变化和人力资源短缺的必然选择。

随着生态环境形势日益严峻，粗放式的发展模式已经不再可行。为了实现可持续发展，我国生物能源企业必须转变发展观念，制定相应的发展战略，以提高其竞争力。这意味着要从传统的依赖化石能源的生产方式转向更加环保和可再生的能源生产模式。在双碳目标的背景下，采用清洁能源技术和提高能源利用效率将成为企业获得竞争优势的关键。同时，积极探索和采用符合生态保护要求的生产技术和管理模式也是至关重要的。只有这样，企业才能在绿色发展的潮流中立于不败之地，并为未来的可持续发展做出贡献。

2. 树立低碳观念，开展节能减排

企业应当积极开展节能减排工作，提升能源效率。作为低碳产业的重要组成部分，生物燃料行业也需要探索一条新的发展道路，以满足人们对清洁能源日益增长的需求。企业可以加大节能环保的力度，提高环保技术水平，开发新型节能产品，提升减排水平，促进企业节能。生物能源通过先进技术可以转换成电力的同时,也可以生产油料、天然气和一些固体燃料,这些能源可以直接用于汽车和其他运输机械,也可以用于柴油机、燃气轮机、锅炉等传统热力设备。生物能源几乎可以在人类工业生产和社会生活的方方面面得到广泛应用。因此,在各种新能源中,生物能源在很大程度上能够替代一些传统能源,对企业的生产起到重要的促进作用,有利于企业节能减排,助力实现"双碳"目标。

对于农业部门而言,利用作物残余物生产生物能源是促进可再生能源发展的重要机遇。农业在包括土地利用变化、淡水利用、生物地球化学流动、生物圈完整性和气候变化等方面发挥着重要作用。通过提高农业供应链上产生的副产品的利用率,有助于保护生态环境。在这些副产品中,作物残余物是一种广泛可用但尚未被充分利用的资源,有多种与能源相关的用途。以秸秆为例,很多地区会将秸秆就地焚烧,然而实际上秸秆可以作为肥料使用。农业部门可以加强对作物残余物的利用,而不仅仅是简单的焚烧处理。秸秆生物能源能有效避免将额外的土地资源重新用于能源生产,在一定程度上有助于维护粮食安全,减少农田秸秆焚烧,以及相关的有害大气污染物和温室气体排放,有助于农村家庭实现收入来源多样化。

以钢铁行业为例,通过提高生物能源利用率、原材料效率及优化工业生产流程,可以减少约70%的碳排放;非金属矿产行业则可以减少约90%的碳排放。传统工业,如钢铁、水泥、有色金属等行业对化石能源有很强的依赖性,在短时间内进行业务转型非常困难,因此应更多地依靠节能减排技术和低碳技术来提高能源效率,降低能源成本,提高竞争力。可以将安全、清洁、低成本且高效益的能源,如风能、太阳能和生物能源,应用到生产过程中,并通过废物能源的再利用(如废钢、废塑料、废轮胎等)来实现废弃物的处理。此外,还可以研发一些低碳技术,如高炉煤气循环利用技术、可再生能源替代技术、电解铁矿石技术,以及二氧化碳捕集和封存技术等。同时,应充分利用碳中性甲醇技术、新型零碳燃料电池、光电化学水解、绿色制氢、零碳建筑材料、生物基复合材料等绿色低碳能源。对于冶炼工业企业来说,可以进行能源结构转型升级。对于汽车、家电等传统制造业来说,应抓住新能源技术发展的机遇,实现低碳与节能转型。因此,对于高度依赖化石能源的行业,一方面可以适应能源转型,尽可能高效地利用煤炭资源,淘汰高能耗的行业和工艺,提高能源转换效率，减少碳排放；另一方面，可以选择采用清洁能源，如生物能源等替代化石能源。

3. 利用数字经济推动产业转型升级

企业需要不断进行产业转型升级，充分利用数字经济的力量来推动企业的发展。在这个过程中，生物能源行业被认为具有巨大的社会和经济价值。除了为国家带来显著的经济效益外，它还在我国的节能减排事业中扮演着重要的角色。加速产业结构调整不仅是降低碳达峰值的重要途径，而且还能为实现2060年碳中和目标创造有利条件。数字化驱动和智慧赋能已经成为全球产业转型的主要趋势。随着人工智能、大数据分析等数字化技术的迅速发展，将低碳化的数字智能融入企业的核心业务和产业链中，可以推动绿色低碳发展。生物能源企业可以利用数字智能来推动自身的发展。一方面，对于技术底蕴雄厚、资金实力强大的企业来说，可以通过加强数字化监控，推动上下游产业链的低碳技术研发应用，实现数字化转型。另一方面，企业还可以与华为、百度、施耐德等企业展开合作，借助互联网企业的技术实现能源数字化，从而助力自身的低碳转型。此外，生物能源企业还可以利用绿色金融产品和工具筹集资金，投资建设合格的绿色项目。这不仅有助于企业享受相关的优惠政策，还有利于塑造企业的品牌形象。与此同时，能源企业也在不断披露其环境效益信息，向广大投资者介绍企业在能源转型方面的努力和前景。这种透明度和承诺有助于提升投资者对企业的信任，进而吸引更多的资金用于支持可持续发展。

4. 创新低碳技术，构建技术支撑

低碳技术是中国生物能源企业实现低碳发展和提升竞争力的重要工具。然而，与一些国外企业相比，中国的生物能源企业在低碳技术和研发能力方面仍存在差距。因此，企业需要加大对低碳技术创新的投入，加强低碳技术创新，构建低碳竞争力的技术支撑。

首先，要增加对技术创新的投资。在这一过程中，要以"碳排放"为主线，通过技术创新和制度创新等方式来提高能源利用效率，减少二氧化碳排放量，并利用清洁能源技术降低温室气体排放，提高能源利用效率，进而推动低碳经济发展。发达国家企业通常注重技术创新的投资。例如，2021年，总部位于英国的能源企业SSE（南苏格兰电力公司）计划投资近20亿英镑（合28亿美元）用于低碳电力项目，这项投资是公司到2025年

75亿英镑（合105亿美元）投资计划的一部分。中国企业应在前期研发过程中增加投资，充分利用政策扶持提供的各种技术和资金支持，探索多渠道融资，进入资本市场，以确保企业在低碳技术研发方面拥有充足的经费支持。

其次，应扩大内外合作，强化企业在低碳技术创新中的主体地位。由于许多生物质进口国使用的锅炉是基于木质生物质设计的，而木质生物质的物理和化学特性与马来西亚的棕榈基生物质不同，因此国际合作对于开发适用于棕榈基生物质的锅炉设计极为重要。目前，已有超过120个国家提出了"碳中和"目标。作为世界第一大能源消费国，中国提出"碳中和"目标，体现了中国对绿色发展的高度重视，这无疑将加快全球气候治理进程。加强技术方面的国际交流与合作，不仅有利于提升中国的影响力，也有利于各国在生物能源技术领域实现优势互补与加强交流。因此，我国应加强国际技术交流与合作，尽快实施生物能源的国际科技合作计划。

在低碳技术领域积极开展内外部研发也是提高企业竞争力的重要手段之一。在公司内部，成立低碳技术研发小组，积极研究相关技术，能够系统、合理地将公司的传统技术转化为低碳技术。此外，在公司内部推动大规模的技术试验，能够创造一个良好的低碳创新环境。同时，还应建立和完善公司与外部合作的产学研平台。目前，中国的许多中小企业缺乏科研创新能力，但与市场紧密相连；而研究机构和高校拥有丰富的人力资源和研究成果，但缺乏市场知识。产学研合作可以极大地刺激和改变生物能源领域的研发创新。

最后，注重对技术的专利保护。专利制度通过维护专利权人在低碳技术上的排他性独占权来实现，是维护创新者权益、激发企业技术创新的重要方式。目前，中国企业的专利申请数量和质量远不及国外。因此，中国企业应提高对专利技术的知识产权保护意识，积极制定专利战略，建立符合国家和国际知识产权保护标准的法律法规，以及符合企业间知识产权保护协议标准的技术专利保护体系。

5. 实施低碳管理，提供管理保障

第一，建立低碳管理制度。企业作为市场机制下的行为主体，其低碳管理的优劣将直接影响碳市场中那些需要减排企业的生存状况。根据国家的相关法律法规与政策，企业应结合自身实际情况和管理目标，建立符合企业发展需求的低碳管理制度。管理是组织企业生产和贸易活动的最基本手段之一。在"双碳"目标下，生物能源企业的技术创新需要一个低碳的科学管理体系，低碳管理是企业成长的有效保障，也是构建企业低碳竞争力的关键。只有通过高效、科学的管理制度，才能有效组织生产要素，从而实现低碳发展的目标。同时，低碳经营也是实现科技成果向低碳产品转变的必要前提。

低碳管理需要在低碳理念的指导下进行，企业要实行低碳的管理模式，需要树立低能耗、低污染的观念。传统的高能耗、高污染、高排放的不可持续粗放型生产模式必须得到改变。在这种情况下，企业要想取得长远发展，就必须重视低碳战略的制定与执行，以适应经济全球化和可持续发展的需求。通过对内外环境因素的分析，充分利用机会、避免风险，挖掘企业节能减排潜力和潜在市场需求，明确企业战略目标，并给出具体实施方案。当然，也要在实施效果的及时评估中做出相应调整。从目前我国的经济发展状况来看，实现低碳发展是必然的选择。在生产管理方面，企业应根据自身情况制定适合自身发展的低碳战略。

第二，建立低碳管理企业的监督体系。企业的商业经营活动需要受到监督，否则将存在风险。因此，有必要建立一个管理监督机构的反馈系统。首先，对公司的预算和支出进行监测十分必要。在"双碳"目标下，企业需要有组织、有计划地进行经营管理。与以往的管理体系不同，"双碳"目标下的管理体系需要对预算和成本进行更加科学和现实的规划。这是提高公司管理效率和加强决策科学性的重要要求。其次，需要建立监督和反馈渠道。制度体系的设计和实施，以及在实施过程中出现的问题，都需要有具体的反馈渠道。这样才能让管理者了解情况，并根据问题改变相应的管理制度，以达到完善和修正的目的。当然，有效实施管理制度也需要设立一定的奖惩机制。一个科学的系统是保证管理制度的有效实施的重要前提。企业可以通过成本管理、反馈渠道、奖惩制度等手段，建立科学的监督体系和监督平台，提高成本管理水平和企业管理效率，从而提高其竞争力。

第三，创建低碳文化是增强和提高企业竞争力的重要前提。多年来，企业已经形成了一套具有独特特征的价值观，这构成了企业低碳文化的基础。低碳价值观确定了企业的价值观和信念，又反过来指导企业的行为和创新，是形成低碳文化的核心。因此，企业需要将低碳发展理念融入企业价值观，使之成为企业创新发展的核心价值取向和战略管理思想。企业可以通过应用低碳技术和改进工艺来开发和生产低碳产品，并通过市场营销向社会传播低碳企业文化理念。企业还可以通过对公司大楼、办公室、工厂、商场和其他企业环境的低碳设计，向员工和公众传达低碳生产和管理文化的理念。此外，企业还可以通过低碳形象的企业标识系统，包括标识、名称和广告元素，向公众展示企业的低碳文化。

参考文献

[1] 王建冬，童楠楠.数字经济背景下数据与其他生产要素的协同联动机制研究［J］.电子政务，2020（03）：22-31.

[2] 陈寒松，牟筱笛，贾竣云.创业企业何以提高创新绩效——基于创业学习与商业模式创新协同联动视角的QCA方法［J］.科技进步与对策，2020，37（06）：19-26.

[3] 唐葆君，李茹，王翔宇，等.中国碳市场与电力市场联动机制与协同效应［J］.北京理工大学学报（社会科学版），2023，25（06）：25-33.

[4] 尚楠，陈政，卢治霖，等.电力市场、碳市场及绿证市场互动机理及协调机制［J］.电网技术，2023，47（01）：142-154.

[5] 苏屹，曹铮.京津冀区域协同创新网络演化及影响因素研究［J］.科研管理，2023，44（03）：43-55.

[6] 刘志彪，陈长江，叶茂升.以区域协同融通推进长江经济带高质量发展［J］.当代财经，2024（02）：3-10.

[7] 陈浩，罗力菲.区域协同发展政策对要素流动与配置的影响：京津冀例证［J］.改革，2023（05）：105-123.

[8] 王兆华，邹朋宇，李浩，等.经济-能源-水耦合视角下黄河流域区域协同发展路径［J］.中国人口·资源与环境，2022，32（08）：10-19.

[9] 原毅军，高康.产业协同集聚、空间知识溢出与区域创新效率［J］.科学学研究，2020，38（11）：1966-1975，2007.

[10] 苏屹，姜雪松，雷家骕，等.区域创新系统协同演进研究［J］.中国软科学，2016（03）：44-61.

[11] 鲁继通.京津冀区域协同创新能力测度与评价——基于复合系统协同度模型［J］.科技管理研究，2015，35（24）：165-170；176.

[12] 刘志彪，孔令池.长三角区域一体化发展特征、问题及基本策略［J］.安徽大学学报（哲学社会科学版），2019，43（03）：137-147.

［13］徐宜青，曾刚，王秋玉．长三角城市群协同创新网络格局发展演变及优化策略［J］．经济地理，2018，38（11）：133-140.

［14］程恩富，王新建．京津冀协同发展：演进、现状与对策［J］．管理学刊，2015，28（01）：1-9.

［15］孙瑜康，李国平．京津冀协同创新水平评价及提升对策研究［J］．地理科学进展，2017，36（01）：78-86.

［16］周春山，邓鸿鹄，史晨怡．粤港澳大湾区协同发展特征及机制［J］．规划师，2018，34（04）：5-12.

［17］郭湖斌，齐源．长三角区域物流与区域经济协同发展水平及空间协同特征研究［J］．经济问题探索，2018（11）：77-85.

［18］何俊阳，贺灵，邓淇中．泛珠三角区域入境旅游发展效率评价及影响因素［J］．经济地理，2016，36（02）：195-201.

［19］刘毅，王云，杨宇，等．粤港澳大湾区区域一体化及其互动关系［J］．地理学报，2019，74（12）：2455-2466.

［20］吕海萍，池仁勇，化祥雨．创新资源协同空间联系与区域经济增长——基于中国省域数据的实证分析［J］．地理科学，2017，37（11）：1649-1658.

［21］孙振清，李欢欢，刘保留．中国东部沿海四大城市群协同创新效率综合测度及影响因素研究［J］．科技进步与对策，2021，38（02）：47-55.

［22］陈子真，雷振丹．产业协同集聚对区域经济的影响研究［J］．区域经济评论，2018（03）：50-58.

［23］张贵，温科．协同创新、区域一体化与创新绩效——对中国三大区域数据的比较研究［J］．科技进步与对策，2017，34（05）：35-44.

［24］汤长安，张丽家．产业协同集聚的区域技术创新效应研究——以制造业与生产性服务业为例［J］．湖南师范大学社会科学学报，2020，49（03）：140-148.

［25］刘军，曹雅茹，吴昊天．产业协同集聚对区域绿色创新的影响［J］．中国科技论坛，2020（04）：42-50.

［26］樊霞，陈娅，贾建林．区域创新政策协同——基于长三角与珠三角的比较研究［J］．软科学，2019，33（03）：70-74；105.

［27］崔志新，陈耀．区域技术协同创新效率测度及其演变特征研

究——以京津冀和长三角区域为例［J］.当代经济管理，2019，41（03）：61-66.

［28］何喜军，魏国丹，张婷婷.区域要素禀赋与制造业协同发展度评价与实证研究［J］.中国软科学，2016（12）：163-171.

［29］张虎，韩爱华，杨青龙.中国制造业与生产性服务业协同集聚的空间效应分析［J］.数量经济技术经济研究，2017，34（02）：3-20.

［30］崔书会，李光勤，豆建民.产业协同集聚的资源错配效应研究［J］.统计研究，2019，36（02）：76-87.

［31］向晓梅，杨娟.粤港澳大湾区产业协同发展的机制和模式［J］.华南师范大学学报（社会科学版），2018（02）：17-20.

［32］吕平，袁易明.产业协同集聚、技术创新与经济高质量发展——基于生产性服务业与高技术制造业实证分析［J］.财经理论与实践，2020，41（06）：118-125.

［33］赵青霞，夏传信，施建军.科技人才集聚、产业集聚和区域创新能力——基于京津冀、长三角、珠三角地区的实证分析［J］.科技管理研究，2019，39（24）：54-62.

［34］伍先福.产业协同集聚对全要素生产率影响的门槛效应研究——基于中国246个城市的实证检验［J］.经济经纬，2019，36（02）：72-78.

［35］邹才能，何东博，贾成业，等.世界能源转型内涵、路径及其对碳中和的意义［J］.石油学报，2021，42（02）：233-247.

［36］高丹，孔庚，麻林巍，等.我国区域能源现状及中长期发展战略重点研究［J］.中国工程科学，2021，23（01）：7-14.

［37］陈国平，董昱，梁志峰.能源转型中的中国特色新能源高质量发展分析与思考［J］.中国电机工程学报，2020，40（17）：5493-5506.

［38］马丽梅，史丹，裴庆冰.中国能源低碳转型（2015—2050）：可再生能源发展与可行路径［J］.中国人口·资源与环境，2018，28（02）：8-18.

［39］张所续，马伯永.世界能源发展趋势与中国能源未来发展方向［J］.中国国土资源经济，2019，32（10）：20-27；33.

［40］杨宇，于宏源，鲁刚，等.世界能源百年变局与国家能源安全［J］.自然资源学报，2020，35（11）：2803-2820.

［41］王利宁，彭天铎，向征艰，等.碳中和目标下中国能源转型路径

分析[J].国际石油经济,2021,29(01):2-8.

[42]舒印彪,薛禹胜,蔡斌,等.关于能源转型分析的评述(一)转型要素及研究范式[J].电力系统自动化,2018,42(09):1-15.

[43]范英,衣博文.能源转型的规律、驱动机制与中国路径[J].管理世界,2021,37(08):95-105.

[44]李洪言,张景谦,陈健斌,等.2021年全球能源转型面临挑战——基于《bp世界能源统计年鉴(2022)》[J].天然气与石油,2022,40(06):129-138.

[45]高虎."双碳"目标下中国能源转型路径思考[J].国际石油经济,2021,29(03):1-6.

[46]李世峰,朱国云."双碳"愿景下的能源转型路径探析[J].南京社会科学,2021(12):48-56.

[47]曾诗鸿,李根,翁智雄,等.面向碳达峰与碳中和目标的中国能源转型路径研究[J].环境保护,2021,49(16):26-29.

[48]赵云龙,孔庚,李卓然,等.全球能源转型及我国能源革命战略系统分析[J].中国工程科学,2021,23(01):15-23.

[49]张抗,苗淼,张立勤."双碳"目标与中国能源转型思考(一)——能源转型与碳达峰、碳中和[J].中外能源,2022,27(03):1-6.

[50]谢克昌.面向2035年我国能源发展的思考与建议[J].中国工程科学,2022,24(06):1-7.

[51]刘明明."双碳"目标下可再生能源发展规划实施的用地困境及其纾解[J].中国人口·资源与环境,2022,32(12):21-30.

[52]林冬.浅谈我国可再生能源发展现状及对策研究[J].中国工程咨询,2022(03):16-20.